房地产系列教材

房地产经营与管理

王新军
王　霞　编著

复旦大学出版社

内 容 提 要

本书系“房地产系列教材”之一种，全书共分十章，内容有房地产商品与房地产市场、房地产市场供求分析、房地产企业组织资源及其管理、房地产企业经营管理、房地产项目管理、房地产资产经营管理、房地产经营风险和风险管理、房地产估价、房地产经营的收益分析和房地产管理法。书末还有两个附录，分别介绍了财务数学的基础知识和 Microsoft Excel 软件在财务分析中的简单运用。

本书注重理论和实务的合理平衡，内容丰富详实，适合各大专院校房地产专业师生、房地产实务人员等。

目　　录

导　　论

一、房地产和房地产业

1. 房地产的概念

房地产也叫不动产，它是房产和地产的总称，它包括土地和土地上永久性建筑物及其衍生的权利和义务关系的总和。具体而言，地产是土地及其上下一定的空间，房产是建筑在土地上的各种房屋，房地产则是房产和地产的结合体和同一物。

根据房屋的不同用途，一般可以分为住宅房产和非住宅房产，后者一般指生产用房、经营用房、行政用房及其他用房四个方面。其中，住宅房地产在房地产的开发中占了绝大部分，在本书中介绍的主要是对住宅房地产的经营和管理。

2. 房地产的特性

和一般的商品相比，房地产商品具有以下五个显著特点。

(1) 位置的固定性和品质的差异性。房地产商品与其他商品的显著不同是其位置的固定性，作为房地产的载体，土地的位置总是固定的在地球的某一个特定的经纬度上，不可能改变。这就说明了任何一块土地只可能就地利用或开发，而不可能开发后再转移到其他更加有利的地方去销售。房地产界普遍认为，房地产开发的地理位置是房地产开发成功的关键。

位置的固定性同时导致了房地产商品的差异性，由于地理位置的不同，世界上不存在两处完全相同的物业。

(2) 需求的普遍性。衣、食、住、行是人类需求的最基本的层次,作为基本的生活资料,社会对房地产有着普遍和巨大的需求。同时,房地产还是投资的重要品种,投资的需求也是房地产需求的重要方面。房地产作为人们生活和从事生产的场所,具有基础性作用,随着经济的发展,其对国民经济发展的作用愈来愈明显,已经成为重要的支柱产业。

(3) 价值难以确定。房地产是房产和地产的结合,它的价值包括房产价值和地产价值两个部分,它的价值难于确定在于其土地价值的难确定性。土地具有自然属性和社会属性,一方面,作为自然的产物,它没有价值但是有使用价值;另一方面,它又是社会的产物,拥有土地的所有权可以得到一定的收益,即地租,地租的资本化就是土地的价格。由于地租的形成受多方面的影响,造成房地产的价格难以确定,这也是房地产业容易形成泡沫的一个重要原因。

(4) 供给的稀缺性。由于人口不断增加和社会经济文化的发展,对土地需求量不断扩大,虽然自然土地几乎是无限的,但是可供开发利用的土地是有限的。这种供给的稀缺性,不是指自然的土地不够用来开发,而是指有开发价值的土地是有限的。这不但表现在土地供给总量与土地需求总量的矛盾,更重要的是由于土地空间位置固定性的异质性导致某些地区和某种用途的土地的稀缺,比如由于自然条件优越,可以用来开发顶级别墅的用地总是有限的,从而也导致了这类房地产价格远远高于一般的房地产。由于供给的稀缺性,房地产的价格从长期而言存在上涨的趋势。

(5) 房地产使用的耐久性和用途的多样性。相对其他商品而言,房地产商品的使用寿命时间很长,有的甚至长达数百年。作为房地产一个部分的土地,存在的时间更是远远超过了一般人的寿命。由于土地的永久性,为了房地产业的可持续发展,客观上要求它的使用权和所有权是分离的。

地产的用途更是具有多样性，一个同样的地块可以用于居住、商业、工业、公共设施等用途，如何最大效用地利用才能使土地的价值最大化是开发商要考虑的首要因素。

3. 房地产业的概念和特征

房地产业是指从事房地产开发、经营、管理和服务的行业，它是一个综合性很强的产业，和其他的产业有显著的不同，具有以下三个特点。

(1) 对国民经济的发展有重要作用。在美国，房地产占 GDP 的比重达到 14%左右，与汽车、医药并称为三大支柱产业；在其他西方发达国家，房地产的比重也在 10%以上。同时，房地产业关联度极大，与建筑、建材、冶金、纺织、化工、机械、金融、家具等其他行业有很大的相关度，房地产的发展对它们有很大的带动作用，同时，很多基础设施的建设也是其他产业能够发展的前提条件，它对国民经济的作用是显而易见的。

(2) 风险性和投机性。房地产开发投资大、周期长，开发中自有资金占有的比例小，这些特点使房地产开发存在很大的风险。对于发展商而言，信用风险、市场风险、通货风险、内部风险和政策风险是最常见的，这些风险可能为发展商带来意外的利润，也可能造成重大投资损失。房地产商品保值、增值的特性功能以及房地产价格的难以确定性，为房地产投机提供了基础和可能。地皮、楼花频繁被炒，产权异常转让在房地产中十分常见，它一方面给房地产整个行业带来了泡沫经济的风险，另一方面，适当投机有助于促进房地产市场活跃，是房地产业健康发展所必需的催化剂。

(3) 受政策、法律和法规的影响很大。房地产是国民经济的支柱产业，是其他社会活动开展的基础，是国家财政收入的重要来源，房地产的发展关系到国计民生。为了能够使房地产健康持续地发展，多数国家先后出台了众多优惠或限制政策对房地产项目予以鼓励、约束。房地产经营活动，从地产的出让，房地产的开发，房地产的买卖、租赁、抵押等，都受到法律、法规的约束，需要契约的确认。契约规定了参与各方的权利和义务，而契约的履行又要由法律、法规确保。同时，当房地产的发展偏离正常的轨道时，国家还会利用财政政策、货币政策或是其他的行政手段对房地产市场进行干预，使它回到健康发展的轨道。

二、学习房地产经营与管理的意义

自从 1978 年中国开始改革开放以来，中国的房地产业已经经历了 25 年的风风雨雨。从计划经济走向市场经济的过程当中，伴随着许多政策的变革，房地产市场从无到有，从小到大，从无序走向规范。据统计，2003 年，房地产和建筑业的增加值达到 9 000 多亿元，占国民生产总值的比重接近 9%，同时它还直接地间接地影响着数十个下游产业，我国房地产业的触发系数约为 1.5—1.7，即每 100 元的商品房销售额将引起其他相关行业 150—170 元的消费，显而易见，房地产业已经成为我国最重要的支柱产业之一。

据世界银行统计，当一个国家人均 GDP 达到 600—800 美元之间时，住宅产业将进入高速增长阶段；达到 1 300 美元时，进入稳定的快速发展阶段；超过 1 500 美元时，住宅建设投资占 GDP 的比重将达到顶峰。而我国的人均 GDP 才刚刚达到 1 000 美元左右，从长远来看，随着 GDP 的进一步增长，以商品住宅为主的房地产业将进入一个快速发展的新阶段。

同时，也应该看到，在过去的 25 年中，中国的房地产市场是在波动中一步一步发展壮大的。我们对于中国 20 世纪 90 年代初的房地产泡沫破裂，以及随后几年的房地产不景气还记忆犹新。期间，有 1/3 的房地产公司倒闭了，1/3 的公司处在没有项目开发的半倒闭状态，但是还是有很多经营良好的公司挺了过来，并在 1998 年到现在的房地产景气中取得了很大的发展。在房地产业的发展中，我们认识到房地产行业是一个资本密集、高风险、高收益的行业，要在激烈竞争的市场中发展壮大，具有一定的房地产经营管理知识是必需的。

在计划经济或商品经济发育不完善的短缺经济条件下，市场一般是卖方市场，企业生产的产品供不应求，房地产的开发企业不用担心利润和效益等问题，经营和管理就显得没有那么重要。但是，随着一系列政策的出台，房地产市场的发育越来越完善，以最小的投入获取最大效益为目的谋划、决策和实施，必然贯穿于房地产企业的生产经营的经济活动全部过程。房地产的开发建设、流通交易、维护管理全过程的每一个环节，都有经营管理问题。技术和管理是一个企业竞争力的根本，面对我国房地产业的蓬勃发展，房地产开发企业只有把经营管理放到一定的高度，才可能获得持续的竞争力，成为房地产市场中的佼佼者。

系统地学习和研究经营管理的理论，是培养房地产经营管理人才，提高房地产企业经营管理水平的重要途径。

三、本书的结构体系

房地产经营管理，有狭义和广义之分。狭义的房地产经营管理，就是指对房地产企业经营活动的管理，它主要涉及对房地产企业在流通领域经济活动的管理，如建筑地块和房屋的销售、租赁及售后服务等；广义的房地产经营管理，是指对企业全部生产、经营的经济活动进行管理，它涉及土地开发和土地使用权转让、房屋建造、销售和租赁、售后服务、物业管理、房地产再开发以及资本运作等活动。

在本书中的经营管理是针对广义的房地产经营管理而言的，除了导论中对房地产的基本知识、学习意义和本书的结构体系介绍以外，本书还有以下十章内容。

在第一和第二章中，介绍了房地产商品、房地产市场以及房地产市场供给与需求的特点，它们是房地产企业运行面临的无法改变的外部环境，掌握它们的特点和规律是房地产经营与管理的前提。

在第三章中，从现代企业组织理论的基本内容出发，对我国的房地产企业的组织结构和特点进行了详细的阐述，使读者对我国房地产企业的组织结构及各自的缺点有了一个大致的认识。

第四、五、六章是本书的核心内容，从三个方面具体说明了房地产经营与管理的内容。第四章首先从总体上介绍了房地产经营的环境、方式以及发展战略；接着在第五章又从管理学的视角，结合房地产产品的特性，具体阐述了现代房地产项目管理的基本内容和过程；由于资产经营在现代企业经营管理中居于越来越重要的地位，在第六章我们阐述了房地产的资产经营方式。

在第七章中，介绍了对房地产风险的管理。由于房地产业是公认的高风险、高收益产业，在房地产的开发过程中特别关注对风险的管理是十分必要的，本章介绍了房地产经营中会面临的最常见的风险，以及对这些风险进行管理的相关方法。

在第八章中，介绍了房地产的估价。估计房地产的价格是房地产经营和管理的基础，由于房地产的价格具有难以确定的特点，对房地产估价的方法很多，在本章中介绍了每种方法的原理、优点和缺点。

在第九章中，介绍了房地产企业的收益分析。房地产企业经营管理的最终目标是为了理想的收益，本章主要介绍了对房地产经营管理效益进行评估的方法。

在第十章中，介绍了房地产经营的法律环境。法律是房地产经营和管理中常常碰到的问题，国外有的国家甚至把房地产归入法律系。在本章中，对房地产经营与管理过程中所涉及的众多法律问题作了系统性地阐述，让读者对中国目前的房地产法律制度有一个大致的理解。

由于在本书中用到了一定的财务数学方面的内容，所以在最后的附录 1 中简单介绍了财务数学的一些基本知识。同时，在财务分析的过程中，常常需要用到财务分析软件，在附录 2 中介绍了最常见的 Microsoft Excel 软件在财务分析中的简单运用。

第一章　房地产商品与房地产市场

第一节　房地产的商品特性与经济特性

一、房地产的概念

所谓房地产就是房产和地产的总称。房地产的法律内涵是指房地产具有某种特定的财产权利,而其物质形态是土地和房屋。因此应从两方面来理解其概念:房地产既是一种客观存在的物质形式,也是一项法律上的财产。

1. 作为物质存在形态的房地产

作为物质存在形态的房地产是指土地、房屋及附着于土地、房屋上不可分离的部分,如树木、水、暖、电、卫生、通风、电梯基础设施和自然物质,一般也可以看作是土地或房屋的构成部分。因此,房地产实质上包括土地和房屋两大部分。

土地是地球的主要组成部分,是人类生存发展的基础和前提。自然科学家认为:"土地是一种垂直系统。它是由气候、地貌、岩石、土壤、植被和水文等组成的一个独立的自然综合体。"作为地产,土地是指包括地上空间和地下空间的地表。前者是指从地球表层向上扩展到一定高度的天空空间,很显然,没有起码的空间,土地失去存在价值;后者则是指从地球表层的土地边界呈锥形而延伸到地心的地下空间,它包括地下的资源、埋藏物。

关于房屋，广义上讲，是指土地上的房屋等建筑物及构筑物。所谓构筑物是指除房屋以外的工程建筑，如桥梁、水井、水塔、水坝、隧道、烟囱、道路等。

2. 法律意义上的房地产

法律意义上的房地产本质上是一种财产，这种财产是指蕴含于房地产实体中的各种经济利益以及由此而形成的各种权利，如所有权、使用权、租赁权等等。

房地产是房产和地产的统称。房产是指建设在土地上的各种房屋，包括住宅、商业、服务、文化、教育用房等以及随之衍生出来的所有权和使用权；地产是土地和地下各种基础设施的总称，包括供水、供热、供气、供电、排水排污地下管线、地面道路等以及随之衍生的所有权和使用权等权利。房产和地产是紧密联系不可分割的：一方面，房屋必须建在土地上，房产必须以地产为基础点；另一方面，地下的各项设施是房屋主体不可缺少的组成部分，如果地下设施不齐全，整个房地产的功能就会受到很大影响。房地产的价值在很大程度上取决于其附属设施或周围房产的价值。因此，人们通常把房产和地产合称为房地产。

作为物质存在形态的房地产即为土地和房屋。由于房屋总是固定在土地上，土地是不可移动的，所以房地产又称“不动产”。不动产的英文名称为 real estate 或 real property。在英语中，real estate 一词具体是指土地及附着在土地上的人工构筑物和房屋；real property 一词具体是指 real estate 及其附带的各种权益。

二、房地产商品的特性

房地产是一种特殊的商品，它是由土地的开发和利用过程引申出来的一系列商品的总称，因此房地产的特性与土地特性息息相关。

1. 土地特性

(1) 承受性。承受性又称支持力，就是负荷各种物品使其能发挥功能的能力。土地能赋予人类活动的立足基地,可以兴建各类建筑物,因而具备作为各种基地的价值。

(2) 不可移动性。土地为不可移动的物质,这一特性使土地利用方式和程度严格地受到地理位置的限制,因而使土地有优劣之分。这也是马克思的地租理论所说明的级差地租的来源。

(3) 不可灭失性。一般的商品经过一定年限的使用之后,不管如何小心谨慎、使用得当,最终难免损耗,而土地则不然,土地是永久存在的。这就是房地产富有投资价值的重要原因。

(4) 差别性。不同的土地都有其独特的环境、位置等特征,因此土地之间不能实现完全的替代,致使土地市场不能实现完全的竞争,所形成的价格也千差万别。

以上所讲的是土地的自然特性,是指自然物体的土地本身所具有的特殊性质;而土地与人类发生某种关系时所表现出来的则是土地的人文特性。这种特性在房地产市场中表现的更为明显。

(5) 用途的多样性。一块土地,可以做各种不同的用途使用,可以成为农业用地,生产人类所需的粮食;可以成为住宅,供人类居住使用;可以成为工厂,供生产之用;可以开辟成道路,供人类行走。这种用途的多样性,使得土地的需求大大增加,土地市场的活跃性也非常高。

(6) 土地使用方式的可变性。随着经济的不断发展和社会进步,人类的需求水平和需求模式也随之发生变化。人类不同的需求会引起对土地开发和使用方式的不同需求,因而造成土地使用方式的变化和革新,例如原来的农业用地出于经济发展的需要,被转为工业用地或商业用地等等。从我国的土地使用情况来看,城市化进程的不断加快,农村用地相当一部分已经被工业部门所征用。

(7) 社会经济位置的可变性。交通、市场距离可以影响土地的社会经济位置。由于交通、市场是可变的,因而土地的社会经济位置也可变动，尽管其自然地理位置因不可移动而固定不变。这也是消费者在购买房地产时特别关心的问题。

了解了土地的特性以后，下面我们可以进一步了解房地产的商品特性。

2. 房地产的商品特性

(1) 位置的固定性。土地具有不可移动性，房屋由于建筑在土地上，所以一般来说是不可移动的，其位置是固定的。由于房地产位置的固定性，从而使人们无法将房地产本身移至市场销售或在不同地域市场间流转，即房地产在空间上不构成互为补充、互相竞争的关系，例如上海地区住宅供给不足时无法由杭州的空置住宅来补充，因为房子无法搬移到上海去。房地产的流动性是很差的。

(2) 长期使用性。土地具有不可毁灭性，其寿命几乎是永久的。土地上的各种建筑结构寿命较长，少则几十年，多则甚至几百年，因而相对一般商品而言，对它们的使用具有长期性。由于房地产具有长期使用性以及位置固定、不可移动性，使得它本身成了相当理想的抵押担保品，因此房地产业比较容易获得长期性融资。这是其有利的一面。这个特性也可能带来不利的一面，当一个区域由于各种原因逐渐失去其重要性时，一些房地产持有人将减少甚至停止对该现有房地产的维修或更新，使得该区域内的房地产价值降低。房地产贬值的可能性与城市的发展规划和经济周期有很大关系。这种现象最常见于大都市中早期发展的地区。

(3) 高价值性。相对于其他商品，房地产商品的高价值是其重要商品特性之一。一般居民储蓄的大部分都用来购买房产。昂贵的价格使得许多人无法进入房地产市场。就住宅而言，昂贵的住宅价格使得许多家庭或住宅需求者无法进入住宅市场，而那些得以进入住宅市场的购房者，则必须依赖长期的负债。因此，房地产市场深受融资成本的高低以及房地产抵押贷款是否容易获得这两个因素所影响。从近几年的房地产市场来看,消费者的观念有了很大的变化,已经习惯于充分利用各种金融工具来实现购买住宅的愿望,相应地,房地产企业的土地成本和开发成本上升也很快,所以房地产融资市场的活跃性也大大增加了。

(4) 异质性。房地产商品不同于一般商品,一般商品中任何一种都存在着相当数量单位的商品是完全一样的,因为它们都是批量生产的产物,如一批同一商标品牌、同一款式、同时生产的汽车,在市场上出售时,消费者认为它们的价值是相同的。在这种产品同质度高的市场上,生产企业可以实现规模经济,消费者也可以通过较为优惠的价格来购买该产品。房地产则不同,房地产位置的固定性,以及地形、地势等因素,使得每一件房地产商品都是世上独一无二的产品,即没有两宗房地产是完全相同的。人们可以造两栋结构、造型、装饰完全一样的建筑,但由于建在不同的位置,处在不同的环境,由于支撑这两栋建筑的土地是不同的,因此,这两栋建筑仍然是不同的。房地产产品的内在的异质性使得房地产企业的开发成本和消费者的购买价格都处于较高的水平,房地产企业也无法实现规模经济。

(5) 有限性。这主要是指土地的供应是有限的,当然这里的“有限”主要是指适合于人类生存和发展的土地非常稀缺。随着人类社会经济的发展,人们对土地的需求日益增多,然而土地又是不可再生资源,供应是有限的,现有的土地可以说已是供应的极限,因此,土地是一种稀缺资源。这种稀缺性直接导致了房地产价格的波动性。从我国的经济发展现实情况来看,加强土地的规划和使用管理,提高土地的开发使用效率,控制耕地工业化的比例是政府有关部门必须解决好的几个问题。

3. 房地产的经济特性

(1) 具有双重经济身份。房地产商品既是一种消费物品,也可以是一种资本财产,是一种十分特殊的商品。它可以是一种最终消费品，如人们购买住宅房地产可以满足居住这一基本生活消费需要，因此这种住宅房地产可视为一种消费财产；而土地、仓库、厂房、办公大楼、旅馆等等，人们占有它们并不是为最终消费使用，而是为生产其他物品的中间投入，因此房地产又可称为资本财产。称房地产商品是一种财产，从法律角度看，从房地产市场购入一项商品，不仅意味着得到了有形的房地产商品本身，同时也获得了该商品附带的各种权益，包括所有权在内的以及与此相关的享用权、管理权、处分权等。

(2) 高昂的投资金额特性。房地产开发投入量十分巨大。从事房地产开发，需要购入土地，进行基础设施的建设，有的还要进行征地、拆迁，对土地进行再开发，然后才能动工建造房屋。不仅生产周期长，占用资金多，而且地价和建筑物的工程造价也很高，需要进行大量投资。例如，1992 年珠海经济特区恒通置业股份有限公司与北京市东城区房地产综合开发总公司合作开发改造的北京市东四北大街西侧地区，土地面积约 24 000 平方米，计划兴建一座集商业、娱乐、购物、餐饮、文化、休闲为一体的大型现代化国际购物中心。当时预计总投资为 11 亿元人民币，每平方米土地的投资为 4.6 万元。又如，深圳特区 1993 年 5 月拍卖的火车站附近的一幅土地，每平方米成交价为 7.2 万元人民币。在香港，情况尤为突出，1994 年上半年尖沙咀重庆大厦一带地铺，每平方米售价高达 129 万港元。房屋建筑也是房地产开发的主要投资项目，在当今建筑标准要求很高、建筑材料价格不断上涨的情况下，房屋建造的工程造价也相当高。因此，房地产商品的经济规模是远非一般耐用消费品和生产资料所能比拟的。

(3) 固定性。从表面上来看，房地产商品地理位置的固定性并由此而产生不可移动的物理特性，但从较深层次来看，固定性其实是房地产商品相当重要的经济特性。房地产商品空间位置的固定性使得其供给和需求的相互适应只能局限在一定的市场区域。

房地产市场主要是本地市场，是区域性市场；同时，区域市场之间的供求关系可能互不影响。例如，深圳房地产市场的供求变动在短短两三年内不会对上海市场产生很大的影响，除非在深圳活动的房地产资金有足够的条件流动到上海，才会对上海房地产市场产生影响。由于房地产空间位置的固定性，某一地区房地产业的发展与当地经济的发展关系十分密切，当某一地区的经济不景气时，可能会终止多项房产租赁合同，而此时的房地产投资者很难找到其他的替代者，因而会使整个地区的房地产业蒙受巨大的打击。

(4) 抵御通胀性。通货膨胀因消费过旺、成本提高、货币发行过多等种种因素引起。房地产属于真实资产，其价值随着物价的上升而上升；同时，因出租所产生的收入也通常会随着通胀而调整。从一般的研究结论来看，房地产抵抗通胀的能力至少好过股票和债券。研究人员发现，通货膨胀，不管是预期内或预期外，对股票都有负面影响。

(5) 房地产商品间具有交叉弹性。这里的交叉弹性指的是价格交叉弹性，用以说明相关物品之间价格与需求量或供给量的相互影响。其关系可用公式 $E_{xy}=\dfrac{V_{Q_x}/Q_x}{V_{P_x}/P_x}$ 表示。其中，X 与 Y 分别表示两种相关物品，Q 与 P 则表示数量与价格。所谓相关物品间的相关关系，主要指互补关系和替代关系。通常就需求而言，在互补的情况下，两商品具有负交叉弹性。例如住宅房地产的价格下降，导致对住宅的需求量增加，进而产生其他房地产的引申性需求的增加，如零售商业活动、休闲设施等，因此对商业大楼、娱乐设施等房地产商品的需求量便会增加。因而，在其他情形不变的条件下，伴随住宅房地产的价格下降，上述其他房地产商品的需求量上升，即具有负的交叉弹性。

(6) 受外界影响性。这是指房地产商品与周围环境不可分割地联系在一起，受外界影响很大。主要表现在：

其一,一定区域内房地产项目之间互相影响。一般来说,住宅房地产与商业房地产之间相辅相成。比如2010年世博会、2004年F1大赛在上海举办,一大批设施完善、宏伟壮观的建筑物拔地而起,周边地区的住宅新村和商业店铺必然会身价倍增,可见其辐射效应之强。

其二,房地产对市政设施和各种社会职能部门有很强的依赖性。在上海,地铁一开通,曾经被市民视为城市边缘地带的居民住宅区的楼价急剧上涨,与此同时带动了其他项目房地产的发展。因此,交通是否便捷,水、电、气、排污是否顺通,学校、医院、邮电、消防等设施完善以至治安状况等等,都直接影响房地产价值。这种公共设施的便利性对消费者的购买行为产生很大的影响力。

第二节　房地产的物理特性与分类

一、房地产的物理特性

房地产商品经营有着不同于其他商品经营的特殊规律,前面已论及房地产的商品特性,也已涉及房地产的物理特性,所以下面对房地产的物理特性不作详尽阐述,只对房地产的不可移动性、耐用性、异质性及土地资源的有限性作简单的概括和说明。

第一,房地产的不可移动性、耐用性。房地产的不可移动性是指房地产商品一旦开发或建成以后,在地理位置上无法改变的固定性。房地产商品的耐用性指房地产产品在开发完毕后,可以供消费者使用很长时间,在商品的形态和质量方面房地产商品的耐用性是很突出的。这两个物理特性使房地产本身成了最理想的抵押担保品,因此,房地产业比较容易获得长期性融资。

第二,房地产的异质性。房地产的异质性使得房地产商品价格千差万别。房地产商品的使用和价值的决定严格受到地理位置和社会环境的支配，进行房地产交易时，房地产消费者一般来说应该到实地考察，不能采取样品交易方式。

第三，由于土地位置固定，而且土地资源不可再生，土地供给具有有限性。土地的稀缺性在我国表现得尤为突出。这是因为我国处于经济飞速发展的时期，城市化进程不断加快，工商业用地需求直线上升。这样的现实状况要求我国的政府和房地产开发商要以动态的、宏观的视角来开发、经营土地，在注重可持续发展的战略基础上，提高土地的使用效率。

第四，房地产的二元性，我们通常把房地产中的房产、地产或它们的综合物统称为“物业”。在房地产中已建成的物业由两部分内容组成，即土地和建筑物。更确切地说，物业就是由土地和资本的变形——建筑物、道路、围墙、下水道等组成。对不同的物业来说，它们的二元组成比重是有所不同的，例如农村的物业(包括农田水利设施与房屋)的建筑面积与土地面积的比值就低得多。这表现在农村住宅的院落比较大，但是整个房屋的居住面积并不是很高。可是城市中的物业，其建筑面积与土地面积的比值就较高。因此，城市物业中建筑的价值与土地价值之比就高于农村物业。

二、房地产的分类

按不同的方法可以对房地产进行不同的分类。房地产最基本的分类方法是按房地产的基本构成来分类，可分为土地和房屋或地产和房产两大类。对土地和房屋还可根据不同的方法进行分类。

1. 对土地的分类

(1) 按开发利用的程度，可将土地分为过生地、生地、熟地、过熟地。

过生地是指未开发的荒地，一般位于远离城市的乡村，何时能开发是未知数，因此这种土地不是房地产投资的重点；生地是指已经完成规划的土地，一般位于城市边缘，而且已纳入城市规划；熟地是指已经完成开发，可供建设地上物的土地。生地和熟地是最理想的房地产投资对象。过熟地是指已经完全开发好的土地，这种土地往往价格极其昂贵，寸土寸金，因此投资回报率一般不会很高，但其投资的风险较小。

(2) 按是否具有建筑功能用途，可将土地分为建筑用地、非建筑用地。

建筑用地是指主要供建设地上建筑物和其他构筑物使用的土地；非建筑用地是指耕地、森林地、水流地、山岭、荒地、草原、滩涂地等自然资源地。非建筑用地价值一般低于建筑用地，与房地产密切相关的土地主要是建筑用地。

(3) 按是否与城市经济紧密相连可将土地分为农村土地与城市土地。在我国，城市土地是指市、县城、县属建制镇行政划区内和工矿区范围内的土地。根据《城市用地分类与规划建设用地标准》的规定，城市用地分为九类，即居住用地、公共设施用地(包括商业用地)、工业用地、仓储用地、对外交通用地、道路广场用地、市政公用设施用地、绿地、特殊用地。

(4) 按所有制的不同，可将土地分为国有土地、公有土地和私有土地等十几种。在我国只存在国有和集体所有土地。

2. 对房屋的分类

(1) 按建筑结构的不同，可将房屋分为钢结构、钢筋混凝土结构、砖混结构、砖木结构和其他结构五类。

钢结构房屋主要是指承重的主要结构是用钢材料建造的，包括悬索结构。从我国近几年的房地产开发情况来看，钢结构房屋已逐步成为建筑业的发展趋势。这是由于钢结构建筑物承载压力的能力更强，建筑物使用寿命也较其他类型的房屋更长。

钢筋混凝土结构房屋是指全部或承重部分为钢筋混凝土结构，包括框架大板与框架轻板结构等建筑物或构筑物。这种类型的房屋在我国属于传统的建筑类型,数量极多。

砖混结构房屋是指具有部分钢筋混凝土,主要是砖墙承重的结构。砖混结构具体又分为两等:砖混结构一等、砖混结构二等。其中,砖混结构一等:部分钢筋混凝土,主要是砖墙结构,外墙部分砌砖、水刷石、水泥抹面或涂料粉刷,并设有阳台、内外设备齐全的单元式住宅或非住宅房屋。砖混结构二等:部分钢筋混凝土,主要是砖墙承重的结构,外墙是清水墙,设有阳台、内部设备不齐全的非单元式住宅或其他房屋。

砖木结构房屋是指承重的主要结构是用砖、木材建造的。砖木结构通常又分为三等:砖木结构一等、砖木结构二等和砖木结构三等。其中,砖木结构一等:材料上等,标准较高,一般外部有装修处理、内部设备完善的庭院式或花园洋房等高级房屋。砖木结构二等:结构正规,材料较好,一般外部没有装修处理,室内有专用上、下水等设备的普通砖木结构房屋。砖木结构三等:结构简单,材料较差,室内没有专用上、下水等设备,较低级的砖木结构房屋。砖木结构实际上更多用于开发高品质住宅,比如花园别墅、度假村等类型房屋时使用。

其他结构,凡不属于上述结构的建筑物和构筑物都可归于其他结构房屋,如竹楼、窑洞、石屋、木板房、土草房等等。这些结构的房屋的分布都有很强的地域性,比如窑洞是我国晋陕两省的广大农村地区广泛使用的房屋类型。

(2) 按功能用途的不同,可将房屋分为八类。

住宅,主要是用来满足各类消费者居住和生活的基本需求;

工业厂房和仓库:这类型的房地产需求属于生产性的需求,近几年我国的工业用地需求非常旺盛,带动了房地产平均价格的走高;

商场和商业店铺用房:以上海为例,各类商业用房的租金之高在全国名列前茅;

办公用房(即写字楼)：在我国的核心大都市，比如广州，上海，北京写字楼的开发速度和开发数量非常惊人；

宾馆饭店；

文体、娱乐设施：包括体育馆、文艺中心、歌剧院等设施；

政府和公用设施用房；

多功能建筑(即综合楼)。

(3) 按所有权的归属不同，可将房屋分为公房和私房，这是我国惯用的分类方法。

公房又可分为两类：直管公房和自管公房。其中，直管公房是指由国家各级房地产管理部门直接经营管理的国有房产；自管公房是指由各机关、团体、企事业单位自行经营管理的国有或集体所有的房产。

(4) 按价格的构成不同，可将房屋分为商品房、微利房、福利房、成本价房和优惠价房。这是我国特有的分类方法。住宅商品化的改革已经在全国广泛地开展起来，传统的福利分房制度也由社会公积金制度取代，这些政策的变化趋势都对房地产开发商和整个房地产行业产生了深远的影响。

第三节　房地产市场及其特征

一、房地产市场概述

1. 房地产市场的概念

房地产市场是开展房地产经营的舞台，它是社会统一市场体系中的一个重要组成部分，且是这一市场体系中最为活跃、最具有显著特征的专门市场之一。从狭义上来说，房地产市场是指以房地产作为交易对象进行交易的场所；从广义上来说，房地产市场是指以房地产作为交易对象进行交易所发生的经济关系的总和。房地产市场是由不同的市场变量组成的集合体,或多元复合物。从交换关系来看,房地产市场的组成要素有交易主体、交易客体和交易行为;从市场的交易主体的意图来看,可划分为自用、投资和投机三种。房地产市场还可以依据各类信息反映房地产市场价值状况的不同,分为弱性、强性、中性效率市场;从房地产开发、交换、分配、消费的经营流程来看,我们可将房地产市场划分为房地产金融市场、开发市场、经营市场和物业市场。从产权交易内容看,我们可将房地产市场划分为房地产所有权交易市场、使用权交易市场。从房地产交易客体构成上看,有房地产金融市场、土地出让市场、土地征用开发市场、房地产交易市场、房地产租赁市场、房地产劳务市场、房地产信息市场等。我们可以根据其构成将房地产市场整合为硬件(土地、房产)、软件(如技术、信息)、活件(活劳动)三种基本类型。

2. 房地产市场的结构

按照不同的标准,房地产市场本身可划分为不同的层面或部分。

首先,以交易是否转让房地产产权为标准,房地产市场可分为买卖市场和租赁市场。房地产买卖市场又称房地产产权市场,即交易成交后,房地产所有权易主;而房地产租赁市场是承租人仅获得一定时期的使用权,并不涉及产权转让。

其次,按照房地产业各部门各环节划分房地产市场,又可分为房地产开发市场、投资市场、中介服务市场等。

再次,按照房地产市场区域范围的大小,可分为区域房地产市场、国内房地产市场和海外房地产市场。

对房地产市场最基本的分类方法是按照市场结构分为三级:

(1) 房地产一级市场,具有国家垄断经营的性质,房地产呈纵向流通。政府出让国有土地使用权即是典型的房地产一级市场行为。

(2) 房地产二级市场，具有经营性质，房地产呈横向流通。房地产开发企业出售商品房即是一种典型的房地产二级市场行为。

(3) 房地产三级市场，具有消费和经营性质，房地产呈横向流通。购买商品房的买家将商品房再行转让，即是一种典型的房地产三级市场行为。

由此可见，房地产市场是个复杂的结构，是一个由多方面、多层次内容组成的复合体。

二、房地产市场的特征

市场是指商品、服务或某种权责关系进行交易的场所，市场交易过程实际上是建立在供求关系的基础上，交易双方通过竞争手段来决定交易品种的价格的过程，而价格的变动则受制于市场供求力量的对比，当市场供求力量不相匹配时，即供不应求或供过于求时，价格就趋于上升或下降。房地产市场作为一种具体的市场类型，同样也具备上述市场的一般规律性，同时又有它自身的特殊性，房地产市场的特征大致可以归纳为如下九个方面。

1. 房地产市场的地方性(局部性)

房地产商品的地理位置是不可移动的，因而房地产商品也是不可移动的，房地产商品的不可移动性使得房地产市场具有地域性、局部性，而不可能形成全国性甚至国际性的统一市场。房地产亦即不动产，由于房地产固定于某个地段，不能移动，因而地域性非常强。它与周围环境关系极为密切，不同的地方性市场，如东京、纽约、上海等房地产市场，1990 年前后最高地价分别为每平方米 40 万美元、2 万美元和 0.2 万美元，可见价格差别是非常明显的。即使在同一国家之内，不同地区同一交易种类的房地产市场也有很大差异。以住宅区为例，区域影响因素有消费习惯、气候因素、交通设施、商业街配置、治安情况、市容与环境、污水处理、供电、学校、医院、公园等多种因素。而这些区域环境因素则是该区域房地产的更大的系统,房地产只是其中的一个组成要素,只有当房地产市场与其他要素协调一致时,该区域房地产的价值才能得到消费者的认可,房地产开发企业的市场占有率才能得到保证。

2. 房地产市场的不充分性

房地产市场与完全竞争市场相差甚远,发育还不很充分,称之为准市场。缺乏信息是房地产市场显著特征之一,在其他许多市场上,商品明码标价,交易公开进行。而在房地产市场上,买主或卖主往往可能不了解行情,缺乏必需的知识和信息,产品又往往是唯一的,因而价格的变化不明朗,而且不存在统一的价格水平;甚至许多房地产交易和定价是悄悄进行的,很大程度上取决于交易双方相互之间的交情关系,这种成交也往往不能反映房地产的真实价值。

3. 房地产市场的专业性

进行房地产交易需要多方面的专业知识,比如法律、工程学、估价、结算、推销等方方面面的知识,因而人们进行交易时必须求助于各种各样的专业人员和专业机构。

4. 房地产市场直接接受政府有关法律规定的调节与干预性

其他市场也都接受政府的管理,但在市场经济运行中,政府在一般情况下,并不针对市场上具体或个别的商品及其交易流通制定法律来进行直接调节与干预。然而对房地产市场的土地、房屋的交易活动,国家则制定具体的法律、规章和制度进行管理。原因是房地产的投资、开发、经营、管理等,对国民经济各方面以及对城市的规划建设影响很大;另外,房地产是重要的财产,对房地产的买卖、租赁、赠与、互换、继承、抵押等,都要从相关的法律中获得法律依据,在法律上做到确实保护投资者、产权人以及使用者各方的利益。总之,房地产市场的开发经营管理都应合乎国家各部门有关法律和制度的规定。

5. **房地产市场价格难以确定性**

由于房地产的区域性，导致任何两个房地产品总会有所不同，比如地理位置、建筑等级、建造成本、建筑风格、质量及折旧程度等都有所不同，所以其价格一般来说难以得到规范统一。因此，房地产商品只能依据某些原则与标准，结合市场的供需状况进行个别估价，而难以像一般产品那样形成统一规范的市场价格。即便建筑的各环节没有多大区别的房地产商品，由于其周围环境的不同也会带来价格的很大差别。

6. **房地产市场交易形式的多样性**

一般来说，由于房地产产品的价值较高，而且其消费也是逐步实现的，对于普通消费者来说，一次性购买存在很大的困难。因此，一般房地产市场中都存在多种形式的房地产交易，如部分产权出售、分期付款、分期出售、阶段性出租及附条件出让等。

7. **房地产市场交易的程序性**

房地产交易具有实物交换与权利证书交换的双重性，而权利证书一般要经指定的专业机构予以确认才能保证其合法性。所以，房地产市场交易必须按规定的程序进行，才能成为合法有效的交换。

8. **房地产市场的层次性**

房地产商品是房地产市场的基本要素，而房地产商品的形成经历了征地、土地开发等流程。土地市场的交易就有土地所有权变更、土地经营权租赁、土地使用权转让等多种方式，与此相应的有一级、二级、三级房地产市场。而房地产市场交易要经过接待、登记、调查、议价、估价、报批、收费、统计和发证等过程才能完成。因此，房地产市场结构构成由支持系统、交易系统和约束系统组成。由此可见，房地产市场本身就是一个多层次的市场体系，每一市场都是由多种子市场组成的复合体。

9. 房地产市场的开放性

房地产市场虽然具有很强的地域性,但同时我们又应该认识到这是一个非常开放的市场。其开放性体现在市场自身是在不断地进行市场变量的输入,根据房地产企业力求尽量减少投资风险,提高投资回报率的一般经营目标,我们可以把土地和房产分成细小的权益证,借助金融机构的中介作用,将投资者与投资标的物的关系由拥有土地或房屋产权改变为拥有有价证券的债权,通过房地产市场的交易聚集投资资金,开发房地产业。其实质就是通过房地产产权的证券化,变不动产为动产,利于小额投资者参与投资,这就为发展房地产业开辟了稳固的资金渠道。房地产证券化是美国房地产界和金融界的重要的业务创新,实践表明,这种业务创新活动既解决了房地产企业的融资困难,又为金融界增加了一种有效的获利手段。目前,我国涉外房地产业发展迅速,近年来,北京、上海等一线城市的海外房地产公司投资项目非常多,房地产基金、房地产证券化的引入为我国的房地产市场增添了前所未有的活力,这也带动了我国房地产企业集团的现代化发展步伐。

三、房地产市场的功能

房地产市场作为一种特殊市场。其功能作用既带有一般市场的共性,又具有其特殊性。这具体表现为以下三个方面。

1. 在市场经济条件下,房地产市场是唯一合理确定房地产价格的经济机制,为评价房地产业活动、建筑活动以及相关的一切经济活动提供了重要的价值尺度

房地产产品是建筑业和房地产业的产出品,其价格是否合理直接关系着这两个部门效益的评价问题。评价过低,这两个部门得不到应有的重视和关注,缺乏适当的资金积累,就会阻碍房地产市场的健康发展。相反,评价过高,房地产行业就会出现盲目投资、盲目发展的状况,从而带动国民经济其他行业过快的发展,造成整个宏观经济发展的过热。这种房地产过热的现象在我国经济发展的不同时期都发生过，给国家宏观经济的整体走势和调控带来非常不利的影响。所以，具备完善的市场机制和科学合理的评价准则是房地产业和建筑业稳定健康发展的基础。房地产商品是社会各行业和个体消费者进行经济活动和生存发展的基本投入品，所以其价格是否合理直接关系到全社会经济活动的投入成本是否合理的问题，当然也就影响着对这些部门经济效益和未来的发展。

2. 房地产市场是社会资源配置机制的重要组成部分

房地产是一种最基本的社会生产要素或生产要素，是一种任何组织和个人进行社会活动和生存发展的基本物品。在房地产市场中，不同的消费者的购买目标和消费水准大不相同。在我国市场经济快速发展的今天，人们的收入差距已经相当明显，房地产市场为不同收入阶层和不同社会地位的消费者提供各式各样的房地产商品，实质上，这也是社会资金的一种再分配。国家对高级住宅的征税标准也体现了政府的政策对房地产市场的影响作用。

3. 房地产市场是国民经济体系的重要组成部分

房地产行业市场容量大，占用资金多，而且涉及国民经济体系中的多个行业，对宏观经济的走势有显著影响。房地产市场的繁荣，不但可以为广大消费者提供质优价廉的房地产产品，而且有利于建筑业、建筑材料行业、金融业、服务业、钢铁工业的发展。房地产市场的繁荣直接关系着房地产建筑业的发展水平，近年来，我国的房地产建筑的质量和风格都有了很大的改善，从上海、北京等核心城市的城市建筑外观我们可以看出我国的建筑业的发展速度和质量水平。房地产市场的快速发展也为金融业的业务创新和利润来源奠定了扎实的基础，由于房地产行业的发展需要大批的资金作保证，因此房地产信贷、房地产基金，以及房地产证券化等多种金融产品的出现大大活跃了房地产市场和金融市场。银行、信托公司以及股票市场、债券市场等对于房地产市场的敏感性非常强，房地产行业的发展为这些行业带来了前所未有的发展机遇。房地产市场关系着钢铁工业的发展前景，建筑用钢是钢铁企业的一个重要的产品品种，在市场销售额中占据很大的比例。近年来，由于钢结构房屋的流行，给钢铁企业带来了很好的市场机会。因此，房地产行业也可以对重工业的发展产生显著的影响。房地产市场的繁荣带动了餐饮业、服务业、商业的快速发展，以上海、北京为例，中央商务区、大型娱乐场所、大卖场等建筑带动了周边地区的经济繁荣和兴旺。房地产市场的发展对于水泥行业、玻璃行业等建材行业的前景有直接影响，我国房地产开发的热潮给水泥行业和玻璃行业、装饰材料等行业提供了广阔的市场和丰厚的利润。研究表明，房地产行业与建材行业的经济周期有惊人的相似性。

房地产行业对宏观经济的贡献是有目共睹的，对国民生产总值的增长有不可替代的重要作用。但是我们也要注意到，因为房地产行业对于整个国民经济有非常明显的联动作用，因此我们对于房地产行业的发展要有节奏、有秩序地保持合理的管理和控制，避免因为房地产过热给整个宏观经济带来冲击。只有房地产行业保持平稳有序的发展趋势，国民经济的持续繁荣才有坚实的基础。

四、房地产市场与其他资产市场的比较

房地产产品也属于一种重要的资产，不同类型的消费者都可以通过拥有房地产产品实现资本保值增值的目的。在众多资产市场中，房地产市场有其具体的特征，与其他资产市场进行比较，我们会发觉它的与众不同之处。现在，以资产市场中的证券市场为例，来进行一下比较。由于房地产市场与证券市场所交易的品种

具有很大的差异性，因此，两类市场不可避免地也具有明显的差异性。现在对如下五个方面进行比较。

1. 市场交易品种的品质

房地产市场的交易对象是作为实物资产的房地产，单位价值高、难以分割且异质，特定的房地产又都有一定的使用寿命，在此期间的交易次数只能是有限的；而证券市场的交易品种则是作为虚拟资本的证券，单位价值低、平均分割且基本同质，就股票而言，理论上只要发行公司存在，其交易次数是无限的。可以说，两类市场的差异很大程度上源自其交易品种的品质差异。

2. 市场参与者的动机

由于房地产的真实资产属性，市场参与者的交易动机就可以兼具价值动机和使用价值动机，前者的目的在于通过房地产的交易获得价值保值与增值，后者的目的在于获得房地产的使用价值。而证券是一种虚拟资本，因此从事证券买卖的动机只有一个，那就是价值动机。市场动机的差异明显地决定着两类市场的需求特征及交易的频率等。

3. 市场的完整性

房地产商品不可移动这一物理特性决定了房地产市场不存在商品流向规律，即房地产不会因为价格的差异和供求的变化在不同地区市场进行流动，因而房地产市场只能是分散的、局部的地方市场，不可能形成全国性，以至国际性的统一市场；相反，证券作为一种虚拟资本，交易者围绕着价值增值和价值实现进行买卖，不受地域的限制，其在二级市场(如证券交易所)上的供给、需求、信息传递与价格形成都具有较强的统一性。因此，相对房地产市场而言，证券市场更具完整性。较为完善的证券市场可以形成全国性甚至国际性的市场。

4. 市场的流动性

流动性又称变现力，是指一项投资迅速转变为现金的可能性。

一项投资转变为现金的速度越快,它的流动性就越大;反之,流动性就越小。房地产投资最大的弱点之一就是缺乏市场流动性。由于房地产的高价值且又难以分割,因此,在单位交易中,就会碰到交易额大,而又要使供求在品质与时间上对称的困难,这就限制了房地产市场的流动性或变现力,尤其在宏观经济不景气时表现得更为明显。而证券的低值且平均分割特征,使得交易相当容易,交易频繁而活跃,因而其流动性或变现力很强。如股票投资者可以瞬间在全国,以至世界各国证券市场上将股票售出获取现金,而房地产的出售、变现所需要时间往往长达几个月。

为了减轻这个问题,在美国有所谓"不动产投资信托基金"(Real Estate Investment Trust, REIT)。这种投资途径是把房地产的所有权进行转换,发行为股票,成为在市场上可随时交易的证券。但是,并不是每个房地产都可以证券化。

5. 市场效率

市场的一个重要功能就是传递产品和价格的信息,从而使得市场买卖双方能够作出合理的决策。获得反映市场价格最新信息的时间通常可用市场效率来衡量。在有效率的市场中,市场价格的相关信息能够得到迅速反映,如股票证券市场。在股票市场上,数以千计的证券分析师时刻跟踪着各种信息,且在股票市场上参与者甚多,交易速度频繁,交易数额大,因此,价格方面的最新信息能够迅速得到反映;在无效率的市场中,人们需要更长的时间去综合相关信息,而且有些价格信息永远得不到反映,如房地产市场。由于缺乏实质性的公开财务制度,缺乏集中市场以及由于各个房地产商品异质,各房地产价格的可比性差等原因,使得获得房地产市场信息比股票证券市场信息要困难得多,相应的费用也要高得多,导致房地产交易成本通常比证券市场高得多。

第四节　不同土地制度下的房地产市场比较

一、土地所有制形式

土地所有制形式是土地制度的核心，是土地政策的出发点。当今世界上存在着的土地所有制形式，并非如我们通常所想象的区分为公有与私有那样简单，而是极为复杂多样的。综合起来，主要有以下11种。

(1) 全民与国家所有。将全民所有与国家所有划等号，具体又由国家机关或国家机关依法确定的组织与个人行使占有、使用、收益和处分的权利。如原苏联、原东欧各国、蒙古、朝鲜、越南和中国等，普遍存在着这种土地所有制形式。

(2) 国家与中央政府所有。把国家所有与中央政府所有划等号，其存在于日本、新西兰等国中。

(3) 各级政府分别所有。若为某级政府所有，即算为某某政府所有，且各级政府之间都是互相独立的，其普遍存在于美国等实行联邦制的国家中。

(4) 国王与国家所有。将国家所有与国王所有划等号，这是从严格的法律理论上来说的，事实上这是一种名义上的所有，其存在于英国及英联邦国家和地区等。

(5) 合作组织集体所有。这是指一个合作组织内的全体成员共同拥有土地，其普遍存在于社会主义国家的农村地区，以及一些实行资本主义制度的发展中国家中，如叙利亚、坦桑尼亚等。

(6) 公共部门或团体所有。如学校、教会、福利院等对土地拥有所有权，其普遍存在于资本主义国家中。

(7) 部落、氏族、村社、宗教等所有。如非洲和拉丁美洲的一些地方，及美国的印第安人保留地等。

(8) 数人共有。这是指两个以上主体共同拥有同一块土地的所有权。数人共有又分为共同共有和按份共有，其在世界各地普遍存在。

(9) 区分建筑物的持分所有。这是指数人就一栋建筑物区分为若干部分，区分所有人可就各区分部分对于整个建筑物的地基享有相应比例的持分权利，自 20 世纪 20 年代以来，世界许多国家都制定有关于建筑物区分所有的专门法律制度，如美国 1961 年通过的住宅法中，创立了一种叫"Condominium"的共有制度，依照该法的规定，对于基地及房屋的持分所有或区分所有，视为个别独立的权利客体，各持分或区分所有人之间不负连带责任。

(10) 公司所有。这是指由公司拥有某一块土地的所有权，而公司的财产归全体出资人或股东所有，其普遍存在于资本主义国家中。

(11) 个人所有。即土地为某个个别自然人所有，一般普遍存在于资本主义国家中。

二、不同土地制度下的房地产市场比较

当今各国(地区)土地所有制状况都是历史演变的结果。为了便于分析，我们将世界各国或地区的土地所有制分为三个组团，对这三个不同组团下的房地产市场进行简单比较。

1. 美日等诸资本主义国家和地区的所有制

美日等诸资本主义国家和地区的所有制，既有私有制，也有公有制，不同的国家公有制和私有制所占的比重不尽相同，但私有制一般占主要的成分。在这样的土地制度下，形成的是以土地私有制为基础的完全市场模式——土地私有，允许买卖，价格由供求关系决定。这是完全市场经济条件下的房地产发展模式。

2. 英联邦国家的土地所有制

英联邦国家的土地所有制特点是，土地名义上归英王或国家

所有，但实际上都存在着各种土地所有制形态，私人所有的土地也占一定的比重。这里需要指出的是香港地区，它的土地制度比较特殊，我国在 1997 年 7 月 1 日已恢复对香港行使主权，香港回到了祖国的怀抱。虽然实行“一国两制”，保持香港原有的资本主义制度和生活方式不变，依法保护私有财产权，但对香港的土地明确规定全部属于国家所有。目前我国内地实施的国有土地有偿出让转让制度，即是学习借鉴香港地区的土地批租制度。这是一种由国家控制的市场模式，即土地属于国家所有，使用土地通过批租获得，国家控制土地市场并获得批租收入。

3. 前苏联、东欧等社会主义国家的土地所有制

这类国家土地所有制的特点是：土地全部为国有(全民)所有或公有(集体)所有，形成了建立在土地公有制基础上的非市场模式，使用土地一律由国家统一安排，无偿无限期地提供使用，我国在传统体制下对国民经济实行高度集中的计划管理，因而土地也无偿划拨使用，不作为商品，不存在土地市场。

本 章 小 结

在房地产商品与房地产市场这一章中，我们讨论了房地产产品的概念以及不同的分类，详细论述了房地产产品的特征。具体地，我们从房地产产品的物理特性、经济特性等方面对房地产概念的内涵进行了深入的剖析。在对房地产产品的分析基础上，我们对房地产市场进行了进一步的考察和论述。我们从房地产市场的概念、分类入手，对房地产市场的特点、功能作了详细的阐述。同时，为了便于从制度方面认识房地产市场，我们对不同国家的房地产市场作了比较说明。

第二章　房地产市场供求分析

第一节　房地产市场需求与供给

一、房地产市场的需求

房地产需求是指在一定的时期内，在某一价格水平下，房地产的消费者在市场上愿意且能够购买的房地产数量。经济学上所指的需求不同于人们自然的、主观的需要，它必须以人们的货币购买力为前提，是有支付能力的需要。

房地产需求包括土地需求、住宅需求和工商企业用房需求等，其中土地需求是引致需求，住宅需求是城市房地产市场需求的最主要的部分。

二、房地产需求的特点

房地产需求与一般商品需求基本上是相同的，因此经济学中所描述的需求曲线、需求函数、需求定理等一般原理对房地产需求也是适用的。但是，由于房地产商品是一种特殊的商品，它还具有其他商品需求所没有的显著特点。

1. 区域性

大部分购买房地产的居民都是为了自己居住的需要，他们会选择在交通便利、靠近自己工作或是学习的场所购买房地产。所以，一个房地产项目开发完成以后，它的大部分需求都是来自于它附近的居民，需求具有很强的区域性。房地产开发商在开发项目时应该特别注意本地居民需求的特点。

2. 多样性

人类社会活动是丰富多彩的，不同的社会群体对于房地产商品的需求也是多种多样的。同一块土地，既可用于居住，也可用于批发和零售业、餐饮业和社会服务业，还可用于制造业、交通运输业、邮电通信业和其他行业。房地产经营者应该根据城市规划和地块本身的特点提供符合消费者需求的产品。

3. 层次性

房地产需求的层次性包括两种含义：一是从消费者对房地产商品的偏好方面具有层次性。比如，普通职工对住房的需求主要考虑生存和安全方面的因素，而经理阶层对住房的需求则更注重社会交往、体现身份等。不同的需求层次，要求不同的功能，需要房地产商提供不同的产品与之相适应。二是从社会需求总量的不同形态方面所体现的需求层次性，包括房地产的现实需求和潜在需求两种。所谓房地产现实需求，是指消费者在当前愿意而且能够在房地产市场上购买房地产商品所形成的需求，它直接参与当前房地产市场的交易活动，决定当前市场上房地产的销售量。所谓潜在需求是指按目前社会一般收入水平和生活水平而计算出来的房地产商品应有的需求量，它包括当前由于各种原因没有实现的需求。潜在房地产需求是一定时期内该地区房地产需求的最大可能值，也称房地产边界需求，会随着社会经济发展水平而变化。作为开发商，在开发经营中应该尽量挖掘潜在需求中的当期没有实现的需求，把握未来可能增加的需求。

4. 与城市的住房制度有很大的关系

在实行福利分房制度时，对住房的需求不受市场和支付能力的约束，造成长期的供不应求，只能通过行政配给来分配住房。这种制度压制了人们对住房的需求，导致长期人均住房消费水平低下。在实行双轨制住房分配制度以后，出于利益的驱使，在有些人看来既然单位里可以无偿分房，又何必去出钱自行买房呢？这同样也扭曲了正常的住房需求，造成不少职工不愿意买房而去等待分房。在双轨制取消以后，通过市场来分配住房资源，人们对房地产的正常需求才开始逐步显现，这是近年来房地产市场繁荣的主要原因之一。

三、影响房地产需求总量的主要因素

1. 国民经济发展速度

纵观世界各国经济发展的历史，国民经济的快速发展总是伴随着旺盛的房地产需求，它对房地产需求的影响主要来自两个方面。首先是对经济发展的良好预期导致投资规模的扩大，从而对工商企业用房需求的增加；其次是人均可支配收入提高相对比较快，人们改善生活的愿望使对住房的需求迅速增长。而在国民经济发展缓慢时，由于投资和需求都比较疲软，人们的收入水平也不会显著增加，对房地产的需求一般不会有太大的变化。

2. 城市人口数量和结构的变化

伴随着我国经济的发展，城市化进程的不断加快，城市的规模变得愈来愈大，人口的数量越来越多。这些新来的移民要在城市中长久地定居下来就需要购买住房，他们是对住房需求的最直接的来源。人口的结构也在发生变化，人的平均寿命变长、大量的青年进入适婚年龄、家庭的小型化都将导致对住房的需求增加。同时，城市规模的扩大必然需要更多的商店、银行、学校、医院等城市基础设施，需要更多的工厂提供就业，这必然对房地产提出更多更大的需求。

3. 消费者收入水平和消费结构

消费者要把对房地产的需要转化为对房地产的有效需求，需要经济收入的支持。特别是对于房地产这种价格很高的产品，常常要动用十几年的储蓄才能购买，在其他条件不变的情况下，人们对住房的需求与其收入水平正相关。同时，对房地产的需求还与消费结构有关，根据发达国家的经验，人均年收入达到 1 000 美元以后，人们的消费需求开始升级，对住宅、汽车、文化教育、医疗卫生、养老保健、环境保护以及生活质量等方面的需求有明显提高。现在，我国的人均年收入已经接近 1 000 美元，对房地产的需求已经开始有大幅度的增加，并将持续很长的时间。

4. 房地产本身的价格

房地产商品与其他商品一样，价格的高低对于房地产的需求有很大的影响，在正常情况下，价格与需求量之间负相关。房地产的价格应该和人们的收入水平相对应，如果房价过高，则会阻碍房地产市场的正常运转，按照国际经验，房地产的价格不应该超过家庭收入的 3—6 倍。

5. 消费者对未来的预期

在房地产的需求中，除了小部分是生产需求以外，大部分是消费性需求和投资性需求。但是，即使大多数家庭买房的目的是为了自己居住，是用于消费的，它同样也是家庭拥有的一份重要的资产，所以，对房地产价格的预期是影响房地产需求的重要因素。在房地产市场上常常出现这样的情况：在住房价格下跌时，即使跌幅很大，如果消费者预期还会下跌，则他们会持币待购，迟迟不肯入市；当住房价格上涨时，若消费者预期还会上涨，即使价格偏高，消费者还是会购买住房。这种情况在房地产投机需求方面表现得特别明显。如果房地产市场上的投机氛围很严重，人们预期房地产的价格将持续上涨并能进行投机买卖从中获利时，可能导致房地产的需求曲线向右上倾斜，即价格越高需求越大。

6. 国家有关经济政策

国家的土地政策、货币政策和财税政策的变化，都会对房地产的价格和交易费用产生影响，从而影响房地产商品的需求。同时，房地产商品的购买通常要动用很大一笔资金，如果没有银行消费信贷的支持，消费者要通过很长时间才能积累到足够的资金来购买房产，所以国家的消费信贷政策对房地产的需求同样有很大的影响，国家可能通过调整消费信贷政策的松紧来调节对房地产的需求，从而规范房地产市场的发展。1998 年以来，我国银行开始发放的个人住房贷款，使得很多的潜在需求释放出来变成了现实需求，导致了近年来房地产市场的繁荣，但是当房地产市场出现过热的苗头时，国家立即采用了控制信贷的政策来减少市场中投机的需求。

四、房地产市场的供给

1. 房地产供给的概念

房地产供给与房地产需求是相对应的概念，是指在一定时期内，在一定价格条件下，房地产开发企业愿意生产并租售房地产商品的数量。在房地产的供给中，既包括新生产的房地产商品，也包括已经在市场上流通的愿意租售的存货。要形成有效的房地产供给必须具备两个条件：一是有租售的愿望，二是有供应能力。

在我国现阶段的住房供给中，除了一般的商品房以外，政府还会向城镇中低收入家庭供应一部分经济适用住房，以满足他们对住房的需求。经济适用住房是指由政府提供政策优惠，限定建设标准、供应对象和销售价格，具有保障性质的政策性商品住房。

2. 房地产供给的特点

房地产供给和房地产的需求一样，与一般的商品供给基本上是相同的，但是也具有其他商品供给所没有的一些显著特点。

(1) 土地供给的刚性和一级市场的垄断。土地的供给可以分为自然供给和经济供给,自然供给是指天然可利用的土地,它是相对稳定的,具有刚性。经济供给是指在自然供给的基础上经过初步的开发可以用于各种用途的地块。土地的经济供给是城市房地产建设的基础,具有一定的弹性,但由于受自然供给刚性的制约,可以转换为经济供给的土地会越来越少,其弹性也是不足的。

我国实行的是土地所有权公有制,土地的所有权不能买卖,在市场上转让的只能是土地的使用权。城市土地的所有权属国家所有,由各级政府具体行使,所以代表国家利益的各级政府就成了城市土地使用权市场的唯一供给主体,垄断土地的一级市场。

(2) 房地产供给的滞后性和风险性。房地产的开发周期长,至少需要一两年,这决定了房地产的供给滞后于房地产的需求。房地产的需求是时刻变化的,所以可能一个在目前看来完全可行的市场开发计划,到房地产真正推出时才发现需求已经不存在了,房地产商品的这种特性给房地产的经营带来了很大的风险。房地产开发商应该认识到房地产供给的滞后性,加强对房地产需求的走势进行研究和预测,以避免可能带来的损失。

(3) 房地产供给的时期性。所谓时期性是指在不同长短的时期内房地产供给所呈现出的不同特征和规律。经济学中,时期长短的划分不是以时间的长短为标准的,而是依据投入要素的可变程度大小作为划分标准的。在通常情况下,房地产供给的时期被划分为特短期、短期和长期三个时期。在特短期,所有的投入要素都不能变化,这时房地产的供给量保持不变。在短期,部分投入要素可以变化,比如劳动力,其余的都保持不变,比如设备和土地的供给,这时可以通过加快在建工程的施工或是对现有房产的改造来改变房地产的供给量,但是改变的幅度很小。在长期,所有的投入要素都可以变化,这时房屋的供给量可以有较大的变化。由于房地产的生长周期很长,所以它的特短期、短期和长期所经历的时间要比一般的商品来得长。

3. 影响房地产供给的主要因素

(1) 土地的价格和供给数量。土地是房地产开发中必不可少的要素,且是房地产开发成本的重要组成部分。当土地价格上升时,开发商可能会提高房屋的容积率,促使单位建筑面积所含的地价比重下降,以消化地价成本的上涨。但同时也应该注意到,容积率的大小需要符合建筑规范和城市规划,且会对房产的销售价格产生影响。开发商更有可能推迟投资计划或是被迫减少投资的规模,从而导致房地产供给的减少。而在我国目前实行的土地挂牌招标拍卖的制度下,政府在一级市场上供给土地的数量和区位是决定土地价格的关键。

(2) 建筑材料供应能力和建筑能力。当社会对房地产的需求十分旺盛时,建筑材料的供应能力和建筑的能力就成为影响房地产供给的主要因素。以我国为例,由于近年来对房地产的需求迅速膨胀,房地产开发升温,对建筑材料的需求超过了供应能力的增加,钢材、水泥等重要的建材价格大幅上升,导致房地产开发成本的上升,从而使房地产的供给扩大的趋势得到了一定程度的遏制。

(3) 房地产的市场价格。虽然房地产的供给在短期内是没有弹性的,但是从长期而言,房地产商品的供给曲线和一般商品是一样的,是一条向右上倾斜的曲线。房地产价格是影响房地产的供给的最重要的因素之一,因为在成本一定的情况下,房地产的价格越高,则开发房地产的盈利,就会刺激房地产供给的增加;反之,房地产的供给就会减少。

(4) 房地产开发商对未来价格的预期。开发商对房地产未来的预期同样重要。因为房地产的开发周期比较长,开发商真正关心的是房地产商品面向市场时的经济形势,它主要包括对通货膨胀率的预期,对房地产需求和房地产价格的预期。不同的开发商对未来会有不同的预期,如果预期的投资回报率高,开发商一般会增加房地产投资,从而增加房地产供给;如果预期的回报率低,开发商一般会缩小规模或放慢开发进度,从而会减少房地产供给。对未来的预期是一件复杂的工作,需要经营者掌握众多的经济信息,进行科学的综合分析,才能得出正确的结论。

(5) 国家的有关政策。国家可以通过改变土地政策、金融政策、税收政策等对市场进行干预,从而影响房地产的供给。我国土地的一级市场由国家垄断,国家可以通过土地政策改变一级市场的土地供给来影响土地的价格,从而影响房地产的供给。在房地产的开发中,开发商的自有资金只占了一部分,其余的要通过各种融资渠道解决,国家可以通过改变金融政策来改变融资的成本或是直接控制融资的渠道,从而影响房地产的供给;改变税收政策同样可以起到影响开发商的成本和利润的作用,从而改变房地产的供给。

五、房地产供求关系均衡分析

1. 房地产的需求和供给曲线

(1) 房地产的需求曲线。在房地产市场中,能对房地产需求量产生影响的因素很多,如房地产本身的价格、消费者收入水平和消费结构、国家有关经济政策、消费者对未来的预期等。因此,房地产需求函数可以表示为

$$Q_d = f(P, y, e, w, \cdots) \tag{2-1}$$

式中: Q_d 表示房地产的市场需求量;P 表示房地产价格;y 表示消费者的收入水平;e 表示消费者对未来的预期;w 表示国家有关经济政策的影响;还有其他的影响因素都没有一一列举。

公式(2-1)说明,市场上消费者对房地产商品的需求量,是一个具有多变量的函数。通常认为,对房地产需求量影响最大的是房地产价格,其他因素的影响则相对弱一些和间接一些。为使研究的问题简化,对影响需求量的其他因素忽略不计,即在

假定其他因素不变的情况下，研究房地产需求量与价格之间的变化规律。

图 2－1 就是在只考虑价格对需求的影响时，房地产的需求曲线。当房地产价格下降时，需求量就会增加，而当其价格上升时，需求量就会下降。这条曲线较好地刻画了房地产需求量和房地产价格的关系，它和一般的商品需求曲线是一致的。

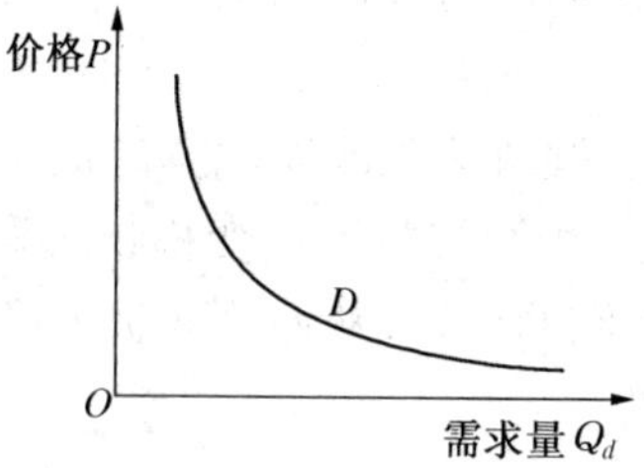

图 2－1　房地产商品的需求曲线

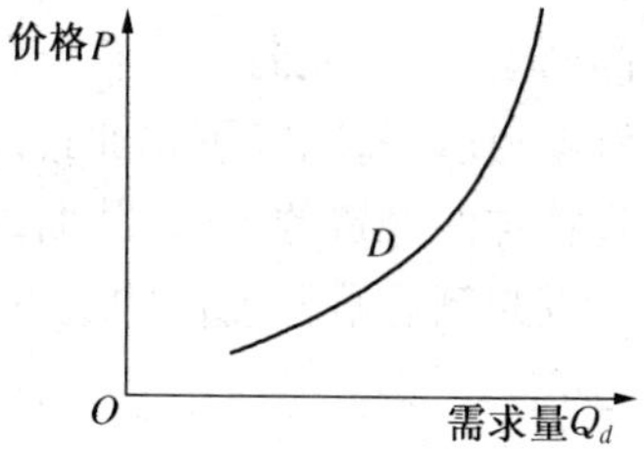

图 2－2　特殊情况下房地产商品的需求曲线

但是，由于房地产商品可以用于投资的特点，消费者对房地产价格预期可能对房地产的价格产生重要影响，特别是当房地产需求中有很大一部分是投机需求时，需求曲线就有可能如图 2－2 的形状。当房地产价格上升时，如果消费者的预期是房价还会再上升，则对房地产的需求反而会上升；不过，这只是一种特殊情况，不可能长期存在。

(2) 房地产的供给曲线。与房地产需求量类似，房地产供给量也受到一系列因素的影响，如房地产的价格、房地产开发的成本、国家的有关政策、房地产开发商的预期等。其供给函数可表示为

$$Q_s = f(P,\ c,\ e,\ w,\ \cdots) \qquad (2-2)$$

式中：Q_s 表示房地产开发企业在一定时期内愿意向市场提供的

房地产数量；P 表示房地产价格；c 表示房地产成本；e 表示房地产开发商预期价格变化；w 表示国家有关政策的影响。

同样地，把其他的影响因素去掉，保留最主要的影响因素 P，只研究房地产供给量与价格之间的变化规律。当房地产价格下降时，开发企业愿意向市场提供的房地产数量就会减少；而当其价格上升时，开发企业愿意向市场提供的房地产数量就会增加。图 2－3 较好地刻画了房地产供给和房地产价格之间的关系，它和一般商品的供给曲线也是一样的。

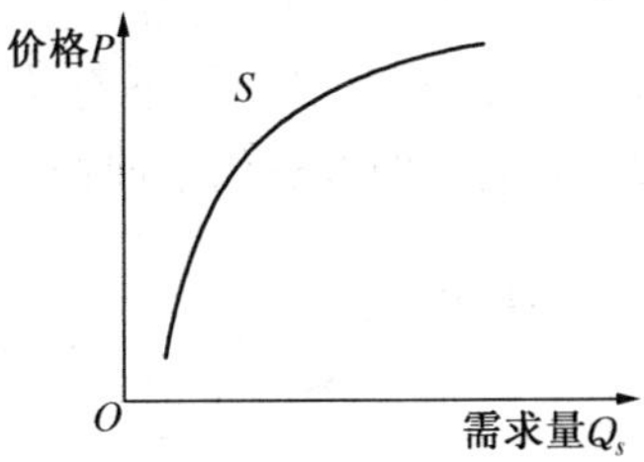

图 2－3　房地产商品的长期供给曲线

但是，房地产商品的供给还具有一般商品没有的特点，图 2－3描述的只是它的长期供给；而在特短期内，它的供给是固定不变的，供给的价格弹性为零，如图 2－4；在短期内，它的供给的价格弹性也要比长期小得多，如图 2－5。所以，在特短期、短期和长期，房地产的供给呈现不同的特点，这是因为房地产的生产周期比较长，导致供应量的变化相对于价格的变化来说有一个时间上的滞后。

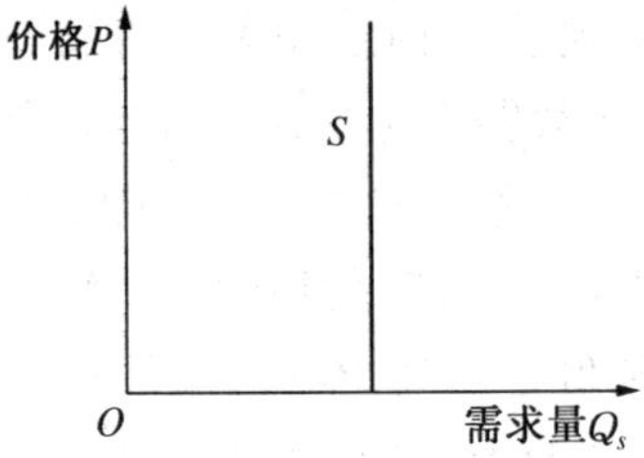

图 2－4　房地产商品的特短期供给曲线

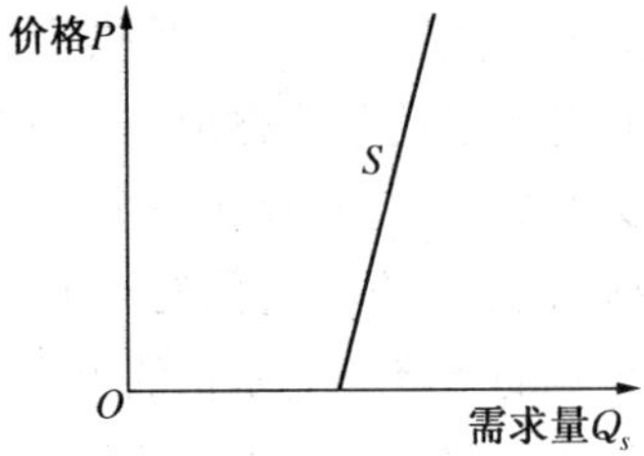

图 2－5　房地产商品的短期供给曲线

2. 房地产的供求均衡分析

(1) 房地产供给与需求的均衡。房地产市场供给与需求的均衡是指这样一种状态,在某一价格水平上,开发商所愿意供给的数量与消费者所愿意购买的数量正好相等,既不存在短缺,也不存在过剩。在这种状态下,不存在使价格进一步变化的压力。如图 2-6,需求曲线和供给曲线的交点 E 就是均衡点。

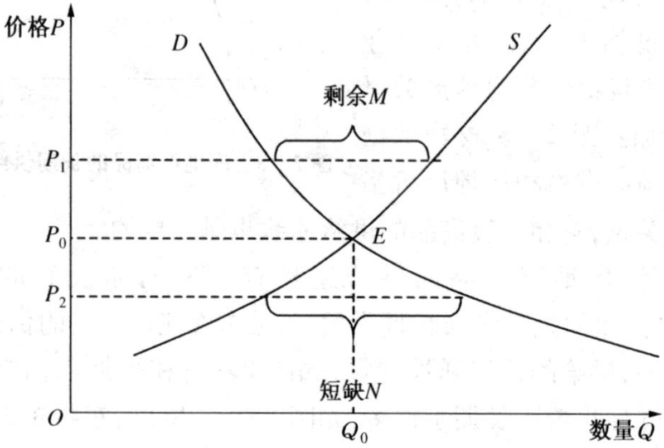

图 2-6 房地产市场供给与需求的均衡

当供给和需求不均衡时,市场的力量会使它走向均衡。如图 2-6,假定市场上的价格为 P_1,则从供给曲线和需求曲线可以得到对应于这一价格房地产开发商愿意供给的数量和消费者愿意购买的数量,这时存在一个大小为 M 的过剩供给,为了能够卖掉这些房子,开发商之间的竞争将使得价格下降,价格的下降又导致供给量的下降和需求量的上升,直到价格达到 P_0 时,市场重新达到均衡。假定市场上的价格为 P_2,这时的供给与需求也是不均衡的,存在一个大小为 N 的过剩需求,消费者之间的竞争将使得价格上升,同时导致供给量的上升和需求量的下降,直到价格达到

P_0 时，市场达到均衡。

市场的力量总是会使供给与需求从非均衡走向均衡，但是市场中的均衡点却是随时会变动的，因为房地产的供给和需求都是动态的，表现为供给曲线和需求曲线的左右移动。如图 2-7，消费者收入的提高和开发商成本的下降会使需求曲线和供给曲线向右移动；反之，则供给曲线和需求曲线向左移动。这时，市场上的价格对新的均衡点就会产生偏离，新一轮的从非均衡走向均衡的过程就开始了。在市场中，供需双方的均衡是相对的、有条件的，而非均衡则是绝对的、常见的，但其趋势是均衡，市场总是处在从非均衡走向均衡的过程当中。

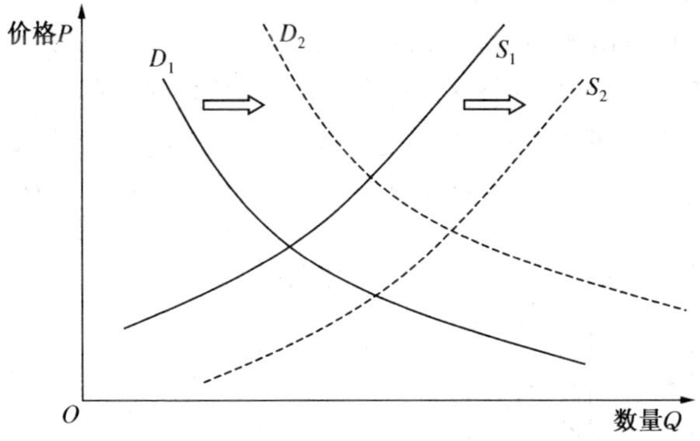

图 2-7　房地产市场供给和需求变动对均衡的影响

(2) 房地产的动态均衡。以上模型说明了一个市场常常处于非均衡状态的原因，以及从非均衡走向均衡的过程。用这个模型来描述房地产市场的均衡存在一定的缺陷，因为以上模型是假定供给量能对价格迅速作出反应的，但是由于房地产的生产过程比较长，这一期生产的住房可能是面对后一期的需求的，用以上的模型来说明房地产的供需均衡存在一定的缺陷。在本小节，我们将用蛛网模型动态的描述房地产的均衡。

蛛网模型有两个基本的假定：① 市场信息极不灵通，生产者对产品的预期需求和价格一无所知，只能以目前的价格作为决定下期产量的依据，目前的产量也是由上期的价格决定的，表现为它的供给函数为：$S_t = mP_{t-1} + n$；②需求量随市场的价格随时变动，表现为它的需求函数为：$D_t = aP_t + b$。根据需求曲线和供给曲线的价格弹性不同，蛛网模型的均衡最后可能有三种结果。

其一，房地产的需求曲线和供给曲线的价格弹性相同。当房地产的需求曲线和供给曲线的价格弹性相同时，房地产的价格从高到低，再从低到高，均按同一幅度不断波动，永远也达不到均衡。其过程如图 2-8，假定生产周期为一年，P_1 为第一年的价格，供给对价格的反应滞后一年，根据供给曲线，与 P_1 对应的第二年的产量为 Q_2，有根据如图的需求曲线，第二年的产量 Q_2 决定了第二年的价格 P_2，即 Q_2 只能按 P_2 的价格才能卖掉。根据第二年的较低价格 P_2，我们可以在供给曲线上找到第三年的产量为 Q_3，以 Q_3 的产量又可在需求曲线 D 上找到第三年的市场价格为 P_1。

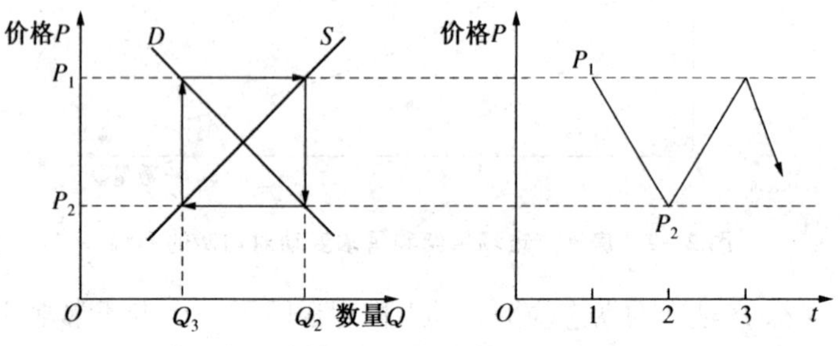

图 2-8　房地产需求曲线和供给曲线价格弹性相同时的动态均衡

上述循环过程会不断持续下去，房地产的价格和供给量的波动既不远离均衡点，也不能达到均衡点。

其二，房地产需求曲线的价格弹性大于供给曲线的价格弹性。当房地产的需求曲线的价格弹性大于供给曲线的价格弹性时，价格和产量会以越来越小的幅度波动，直至达到均衡为止，其过程如图 2－9 所示。

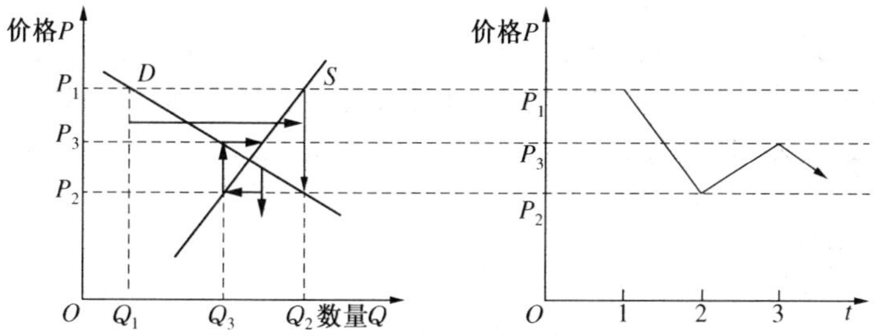

图 2－9　房地产需求曲线的价格弹性大于供给曲线的价格弹性时的动态均衡

假设第一年房地产实有的供给量为 Q_1，由需求曲线 $D_t = D(P_t)$ 可以得到房地产的销售价格为 P_1，又根据供给曲线 $Q_t = S(P_{t-1})$，第一年的成交价格决定第二年的供给量为 Q_2。再次从需求曲线可知，要使 Q_2 的供应量全部卖出去，其销售价格应为 P_2。接下来，当第二年的成交价格为 P_2 时，第三年的房地产供应量可从供给曲线上看出为 Q_3。当第三年的供应量为 Q_3 时，从需求曲线上可以寻找到第三年的价格 P_3。

按照上述的推理继续下去，在以后连续的时间序列中，房地产逐年的成交价格和交易量将环绕均衡值波动，且波动的幅度逐渐变小。在达到均衡值以后，这种均衡状态将年复一年地保持下去，不再变化。

其三，房地产的需求曲线的价格弹性小于供给曲线的价格弹性。当房地产的需求曲线的价格弹性小于供给曲线的价格弹性时，房地产价格变动引起的供应量的变动大于价格变动引起的需求量的变动。这样，当房地产市场出现供过于求时，为了使市场能够出清，价格将按照需求曲线下降，从而导致下一年的供应量缩减而出现供应短缺。供应量的短缺又导致该年成交价格的上升，进一步导致再下一年的供应量更大幅度的增加和该年价格更大幅度的下降(供给曲线的价格弹性较大)。因此，在这种情况下，一旦出现失衡状态，竞争机制不但不能使其恢复均衡，而且会使房地产价格和产销量的变动在时间序列中呈发散型，越来越偏离均衡，其过程如图 2－10 所示。

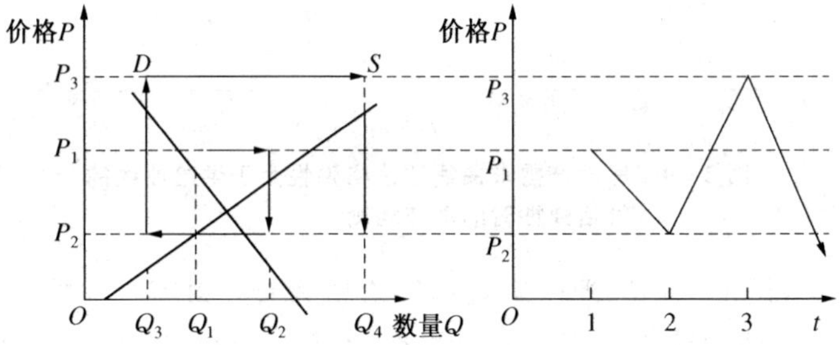

图 2－10　房地产需求曲线的价格弹性小于供给曲线的价格弹性时的动态均衡

从以上动态均衡的模型中可以看出，如果只有市场的力量来参与房地产需求和供给的调整，房地产市场的波动是必然的，而且这种波动还有可能会愈来愈大。

(3) 房地产的结构均衡。按照房地产的功能进行分类，可以分为住宅、写字楼、商业用房、工业厂房和其他房屋。按照档次高低，住宅可分为低档住宅、中档住宅和高档住宅；写字楼可分为甲级、乙级、丙级；商业用房按功能及面积不同，可分为商铺、商场、酒店、宾馆和娱乐用房等。房地产种类的多样性，以及各种类之间很少的通用性，导致房地产的结构可能出现失衡。例如，有些城市房地产开发中，高档办公房过多，商业娱乐用房过多，而住宅比重太小；住宅开发中高档别墅太多，而普通住房太少等都是房地产开发的结构失衡导致的。

同时,由于房地产的需求具有很强的地域性,在不同区域之间也有可能出现供求的失衡。比如最近几年上海、北京等城市由于需求暴涨,导致房地产价格上升很快,而同时在全国的其他地区则价格相对要平稳得多。结构不均衡也是房地产市场中常见的现象。

3. 宏观调控

根据以上对房地产市场均衡的研究表明,由于市场需求和供给的变动,常常导致价格偏离均衡点,市场均衡是相对的、有条件的,而非均衡则是绝对的、常见的;在蛛网模型中,还有可能出现不能回到均衡点的状况,而房地产市场的实际运作要比抽象模型复杂得多。同时,各种市场失灵也会对房地产的正常发展带来不利影响,由于房地产在整个国民经济中的重要地位,就需要国家的宏观调控来起作用,保证房地产业的正常健康发展。

国家可以通过财政政策、货币政策、土地政策等途径来实现以下宏观调控的目标。

(1) 实现供求总量的均衡。房地产发展的实践表明,只有在社会总供给与总需求的差距不大时,通过市场机制自行调节才能达到供需均衡。而当社会总供给与总需求的差距过大时,人们对房地产价格的预期可能产生变化,导致投机盛行,干扰市场机制的自行调节作用。在这种情况下,防止房地产价格产生泡沫,保证房地产业的健康发展,只有依靠国家的宏观经济调控才能实现。

(2) 实现供求结构的均衡。实现房地产的结构均衡同样十分的重要,以住房为例,低档住宅、中档住宅和高档住宅的开发应该按一定比例进行。以北京为例,由于一个阶段别墅的热销,导致大量的开发商开发别墅而忽视了对普通住房的开发,一段时间以后,供求的结构出现失衡,别墅供过于求而普通的住房供不应求。这时,政府可以通过控制出让土地的用途,通过向开发普通用房的开发商倾斜来调整结构的均衡。

(3) 合理解决中低收入居民住房问题的需要。由于市场失灵,在市场经济国家出现贫富差距是很普遍的现象。如何解决城市中低收入居民的住房问题困扰着世界各国,目前我国这一问题也愈来愈突出。为了解决好这些居民的居住问题,仅靠市场机制是无法实现的,必须在坚持住房商品化的同时,对中低收入者进行适当的政府支持,兼顾住房分配的公平性。

近 20 年来,我国房地产市场在供给、需求、政府宏观调控的共同作用下,出现了周期性的波动,在下一节中将着重介绍我国的房地产经济周期。

第二节　我国的房地产经济周期

一、房地产经济周期概述

一般地讲,经济周期是指国民经济整体经济活动随着时间的变化而出现的扩张和收缩交替反复运动的过程,又称国民经济周期。现代经济周期理论认为,经济周期是建立在经济增长率的相对变化上的,其所指的经济周期是指经济增长率上升和下降的交替运动过程,而不是经济总体水平的波动,即我们讨论的经济周期是"增长周期"。与宏观经济的周期波动相似,房地产业发展也存在有迹可循的周期波动现象。认识和了解房地产业周期性发展的规律,对于房地产开发商和投资者,具有重要的引导作用,有助于选择合适的投资时机;对于政府而言,有助于根据周期性发展的规律而采取适时的反周期调控手段,保证房地产业在正常的轨迹上健康地发展。

本节主要关注由供给、需求、国家的宏观调控共同决定的我国房地产经济波动与周期,研究其特征、各阶段的表现形态和传动机制,并在此基础上进一步分析我国通涨周期与房地产经济周期的差异性与联动规律。

1978 年以来，我国房地产经济得到长足发展，房地产市场逐渐形成并成功地实现了由卖方市场向买方市场的转变，标志着市场行为的理性化与市场发育的成熟度都有了很大的提高。由于我国社会主义市场经济体制总体尚在形成过程之中，制度上还存在很多不健全，投资工具也相对缺乏，市场信息和投资研究不充分，时常造成经济体系内投资性资产价格的不正常波动，并产生巨大的超额利润或亏损，这种表现为波动的轨迹是由特定时空中共同作用于城市房地产发展的各种内外因素综合叠加、均衡的结果。在市场飙升期间，完全不需要任何投资分析即可获取厚利；在市场紧缩期，则呈现大量房地产投资商与金融机构被“套牢”现象。这与发达国家的房地产市场形成很大的差异。在社会主义市场经济条件下，对房地产市场运行规律和投资机构、投资者的理性投资行为及动态策略研究成为中国经济理论界必须面临与担当的责任。与中国土地制度类同的发达国家的房地产市场发展历程以及在此历程中所发展的房地产投资技术为我国房地产研究界提供了现实的研究框架。

20 世纪 90 年代起开始，美国 Stephen A. Pyhrr 等房地产经济学家开始致力于西方房地产市场的经济周期研究，探索在资本主义制度下房地产的经济发展周期、形成周期的机理与在市场不同时期的动态投资策略。一般而言，房地产经济周期是由影响房地产收益的一系列不同因素共同作用形成的，包括总体经济运行周期、通货膨胀波动周期、建设周期、城市建设与规划周期等，其中，总体经济运行周期和通货膨胀周期对房地产周期的影响起主导作用。本节通过实证方法，阐明我国房地产经济周期的特征、各阶段的表现形态与传动机制，并通过分析我国通胀周期与房地产经济周期的差异性与联动规律，说明我国房地产经济周期与西方国家的不同特征。

二、我国房地产经济波动的特征和传动机制

一般地讲,经济波动主要是由消费需求与投资需求的共同扩张与收缩造成的。房地产商品具有很多不同于一般商品的特点:房地产商品既是生产资料又是消费资料,兼有投资品与消费品的双重性,是消费需求与投资需求扩张的良好载体;房地产市场为不完全竞争市场;市场中短期供给因建设周期长而呈现供给刚性;影响需求的因素除人口、购买力、消费偏好之外,还有投机因素。因此,在一般意义下,房地产经济波动有其自身的特征与传动机制。

房地产经济学认为,在一般市场经济前提下,由房地产总供给与总需求的波动及其相互作用产生周期性房地产经济波动如图 2-11所示,供需双方有如下特点与力量作用关系:

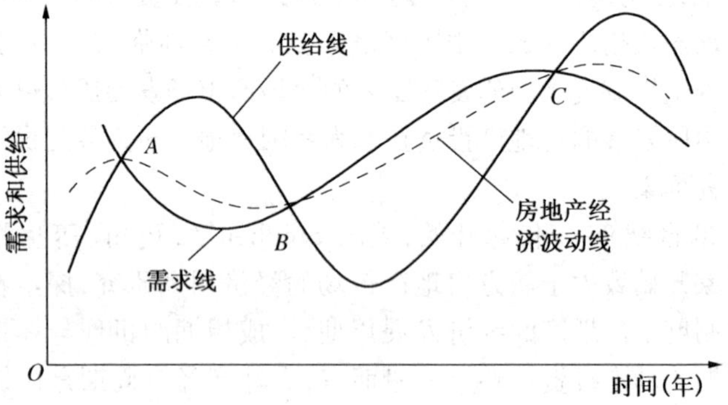

图 2-11　房地产经济的周期性波动

(1) 供给变化比需求变化剧烈。由于供方对市场的乐观预期使供给线顶峰高于需求线的顶峰,而供方对市场的悲观预期又使供给线的谷底低于需求线的低谷。而人们对于房地产的需求变化则相对要平稳得多。

(2) 需求线波动超前于供给线波动。这是由于房地产商品的

短期供给刚性造成的，由于房地产的开发周期比较长，当需求产生变动以后，就算房地产开发商立即行动，要在供给上反映出来也需要比较长的时间。

(3) 供给线与需求线的周期性波动共同决定房地产经济的周期性波动。供给和需求是影响房地产经济的两个基本元素，即使是国家的宏观调控，也是通过影响房地产的供给和需求来影响经济周期的。

在我国周期性房地产经济波动过程中，供需双方相互作用所产生的关联性经济变量有如下的特征。

当房地产经济波动线呈下降趋势，从 A 点波动到 B 点时：

(1) 销售率和价格。这时房地产经济处于下降阶段，由于建造过多导致的供给过剩或者由于经济疲软所导致的需求不足，使得销售率相对比较低，价格呈下降趋势。销售率的下降会导致开发商的财务危机，引起开发商偿付能力不足，为了避免破产，开发商可能竞相出售房地产套现，导致价格下降。对未来价格的消极的预期也极大地影响了现价，使之甚至有可能低于重置成本。

(2) 出租率和租金。出租率和租金通常滞后于销售率和价格的变化。因为：① 租金通常已由合同约定；② 经营者通常不愿意降低租金，除非长期的市场需求下降已经成为定局，他们更倾向于短期的额外设备和服务，比如免收一个月的租费或免费提供微波炉，以此来增加租户市场的竞争力。

(3) 财务比率和条件。拥有富余房地产的贷方，如果急于把这些非盈利资产(提前破产的房地产)转变成盈利资产(抵押资产)，往往会提供低于市价的利率和优惠条件来促成谷底时期的买卖。

当房地产经济波动线呈上升趋势，从 B 点波动到 C 点时：这时需方力量开始持续超过供方，房地产市场开始回暖，关联性经济变量呈反向变化。销售率和价格首先起步，出租率和租金紧随其后，人们对于未来价格的乐观的预期导致投资需求增加，房地产价格上升速度加快。开发公司的财务状况得到迅速改善,供/贷方不再为尽快促销而开始提供财务方面的优惠条件。

在我国社会主义市场经济条件约束下,供给与需求除来自于市场的自发因素外,还含有政府的计划性因素。如政府的旧城改造计划既含有指令性供给又含有指令性需求。在市场因素中,仍有相当部分的国有企业依然受计划支配,其经营活动在很大程度上依赖于各级地方政府的计划,软预算约束依然存在。这类企业行为在相当大的程度上受到中央政府与地方政府的影响。作为国家与地方城市建设的主体,中央政府和地方政府的行为缺乏约束,使得我国房地产供给与需求带有较浓郁的计划色彩,市场与计划的作用力大小以及各种均衡的磨合形式决定了我国房地产经济发展的走势与力度。由此可知我国的房地产经济波动,与西方的情形本质不同,是计划与市场因素共同透过现实市场中的需求与供给变量,相互作用的结果。我们将我国房地产需求与供给的传导机制归纳为图 2－12。

图 2－12 中,房地产供给与需求透过各种层面作用最后生成市场信号:空置率、房价与房租、开发成本、利润与风险指标。政府的都市开发计划因城镇动拆迁补偿与农地征用安置产生房地产计划性需求,因城镇改造计划带来房地产计划性供给,计划性供给与需求结合政府都市开发计划中的其他成本因素一定程度上决定土地出让市场的价格水平,它们共同对房地产市场产生影响。同时,房地产市场开发利润与风险指标决定市场开发量的规模,一定程度上制约于政府的城市开发计划。

近年来,国家开始更多地用市场手段来解决房地产开发中的问题,比如用“招标拍卖挂牌出让土地”的政策来取代原来的“协议转让土地”,房地产开发中政府的计划性因素在逐渐减弱。但是应该看到,政府仍然控制着国家的土地一级市场,依然可以用宏观调控的手段对房地产经济产生巨大的影响,在房地产市场中仍然不

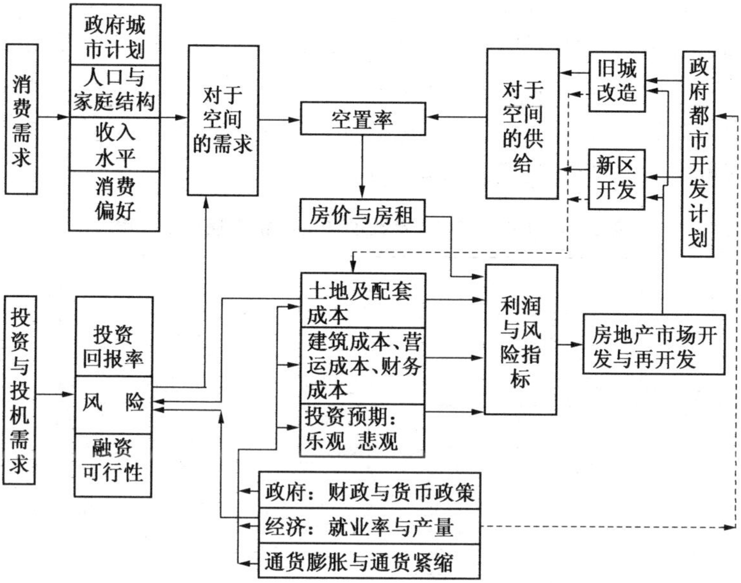

图 2－12　我国房地产需求与供给的传导机制

能低估政府的作用。

三、我国房地产经济周期的表现形式

国外经济学家利用房地产市场中交易发生量对于美国1795—1973年的房地产经济长周期进行研究，发现美国在此期间的房地产周期的统计平均量为$18\frac{1}{3}$年。由于住宅商品在整个房地产市场中占有绝大部分份额，在总量上远远超过商业商务物业与工业物业，所以国际上在讨论房地产经济周期时主要以住宅物业的市场表现为研究对象。

上节已说明，我国房地产的经济波动是在政府计划与市场机制双重作用下产生的，考虑到通胀对于房价影响的复杂性以及房地产商品的非同质性，我们摒弃一般使用价格增长幅度的方式而代之以用年商品房销售面积来刻画我国房地产供给与需求相互作用而产生的波动状况。按照前述约定，我们选择商品住宅的年销售量作为考察对象(参见表 2－1)。

表 2－1　1987—2002 年我国住宅年销售量和增长率

年　份	住宅年销售量(万平方米)	住宅年销售量增长率(%)	年　份	住宅年销售量(万平方米)	住宅年销售量增长率(%)
1987	2 376.72	0.29	1995	6 787.03	0.10
1988	2 549.12	0.07	1996	6 898.46	0.01
1989	2 491.38	－0.02	1997	7 864.3	0.14
1990	2 544.61	0.02	1998	10 827.1	0.37
1991	2 745.17	0.07	1999	12 997.87	0.20
1992	3 812.21	0.38	2000	16 570.28	0.27
1993	6 035.19	0.58	2001	19 938.75	0.20
1994	6 118.03	0.01	2002	23 702.31	0.18

资料来源：中国统计年鉴。

由于我国土地使用制度改革时间不长，受数据性资料的限制，我们对于我国房地产经济波动的研究是建立在短期历史数据观察基础上的。尽管如此，图 2－13 仍然清楚地反映了我国房地产经济的内在波动。

经济学家对于房地产经济周期的整个时段作分解，因一系列诱导房地产经济波动的因素的不同表现，概念性地划分整个周期为不同的阶段。从房地产周期波动的机理上看，我国的房地产需求与供给受市场与政府计划共同作用，与西方国家情形有很大的不同，但是根据图 2－13 可知，房地产经济波动的阶段性仍然是很

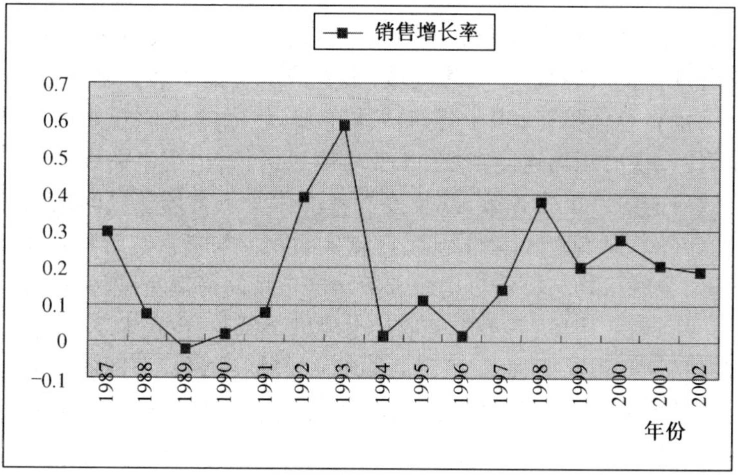

图 2-13　1987—2002 年销售量的增长率

明显的。

一般而言,对房地产经济波动的定义有三种观点:一种观点认为,房地产业在起伏发展的过程中,呈现出复苏、繁荣、衰退和萧条四个阶段;香港地区和台湾地区的很多学者认为,房地产经济周期可以分为景气和不景气两个阶段,这两个阶段彼此交替重复出现;还有一种观点认为房地产经济周期应该分为不动产供求失衡、市场趋于活跃、繁荣、紧缩和萧条五个阶段。在本节中,利用最后一种定义的观点,并结合 1987 年以来我国房地产经济波动所产生的相关特征,对房地产经济周期作相关说明。

第一阶段:房地产供给与需求之间出现不均衡。在这一阶段,失业率高,但总体经济环境、政府的财政与货币政策有扩张趋势;通胀率适中,人口、家庭数目与收入在增加;社会集团消费控制开始放松;住宅市场经过相当长时间营销竞争,现房价格与租金出现平稳,广告投放量不高,非住宅类房地产市场仍呆滞不前。

第二阶段：销售活动显著增长，市场趋于活跃。这一阶段的总体经济处于扩张状态中；在生产领域，由于企业收益逐渐提高，出现规模扩大趋势；在销售领域，个人消费与集团消费迅速增长，社会消费总体扩张；由于建筑成本增加，住宅的售价开始显著增长；住宅现房销售速度加快，并带动期房销售；由于中央政府与地方政府的经济扩张政策，以及投资者群体对于市场前景的乐观估计，伴随着通货膨胀率的提高，存款实质利率与贷款实质利率都在下降，金融机构与投资机构介入房地产市场的份额在显著提高；工业用房、商业用房、商务用房依次出现租金飙升、空置率下降现象，现有房地产供给明显落后于需求，房地产投资商对于投资环境与前景普遍持乐观态度，带动市场中的其他行业投资者开始进入市场；土地市场相当活跃，交易次数与交易额迅速膨胀，政府因得到丰厚的土地出让金，各种新城区开发计划迅速展开并不断修改，城市建成区面积增加显著；建筑及建材贸易业利润开始上升，带资承包的建筑商数目增加并有相当数目的建筑商通过与房地产开发者的协约关系，参与房地产超额利润的瓜分。

第三阶段：尽管供给以稳定的速度递增，但新建筑仿佛一下子投放到市场，市场达到繁荣的定点。因通货膨胀率继续攀升，政府开始通过货币与财政政策实施保值储蓄、提高利率、压缩投资规模、限制集团购买、恢复资金的指标控制而收缩银根等措施，力图控制消费、试图控制经济过热局面。经过一段时间，住宅类物业销售市场首先饱和，开发商在营销上广告战拉开序幕并开始允诺各种金融保障；商务与商业物业开始大量出现于市场；政府的宏观经济紧缩使得利率提高、营运费用与财务压力加大、市场中金融机构的房地产信贷违约率上升；房地产销售市场的悲观前景诱导整体经济运作中的企业倾斜于出租市场，并进一步带动仍在市场中运作的房地产开发商关注并进入以物业管理为主的物业出租市场；市场中旧屋价格开始下降，新屋的销售时间增长、销售率下降；第二阶段增加的土地成本与新增加的利息成本导致开发商总体投资回报的下降，并进一步降低在市场乐观期的项目可行性，城郊接合部开始出现开发不下去的地块；开发商开始从乐观逐步走向悲观。

第四阶段：政府的宏观经济紧缩政策发生作用，通胀率大幅度降低，房地产市场走向紧缩，房地产营销竞争走向白热化。市场中新开发的商业与商务物业开始大规模进入市场，其销售价格不因现房条件、装修成本增加与物业管理水平改善有大的提升，住宅物业的销售价格开始下降，尽管经营者提供更为便捷的购买方式、贷款办法与保值措施；由于受政府在第二、三阶段所取得丰厚的土地出让金的保证，各种旧城区开发计划仍在继续，产品以福利房等形式进入市场，并进一步加剧各种物业市场压力；社会失业率开始增加，尤以建筑业为甚。整体经济规模的缩减使得出租类物业的租金下降、营运费用与空置率同时增大。用之于开发的房地产抵押贷款违约行为经常发生，金融机构与投资者普遍有“套牢”之危，各种解套行为致使市场中存在灰色利率与大量“陷阱”。

第五阶段：房地产市场无论在规模、效益等方面出现全面下滑。整体经济在宏观层面上的收缩导致外延扩大再生产模式下我国企业收益整体下降，亏损面增加，失业率进一步上升，出租物业的收益开始降低(甚至低于利率水平)，房地产法律纠纷频繁；政府开始关注房地产市场对于政府计划性开发的约束，并采取措施减免房地产税费以期望房地产市场回升，但起色不大，房地产业出现整体下滑。何时走出低谷依赖于飙升期由市场开发与计划开发过量建造的建筑物的消化程度、政府的货币与金融紧缩政策的改变、市场中金融机构与投资者的“解套”程度，从直观上看，依赖于第二阶段波动的波幅与政府的宏观经济政策。

从图 2 - 13 可以看出，中国的房地产经济周期经历了一个半周期，1993 年和现在都处在房地产周期的繁荣阶段。另外，从图中还可以看出，1998 年以后，房地产经济波动有明显减小的趋势，一方面是因为政府取消了福利分房制度的干扰因素，统一采用货币分房，房地产市场由此从双轨制走向了单轨制；另一方面，政府对于房地产市场认识程度的加深，宏观调控手段的完善也是重要原因。

四、我国通货膨胀周期与房地产经济周期之间的关系

在我国经济发展过程中，伴随着通货膨胀与通货紧缩的周期性交替，房地产市场发展不可避免地受到影响。一方面，通胀带来房地产市场租金的飙升、售价的上扬、实际利率的下降与名义投资回报增加；另一方面，由此导致的建筑成本、营运成本的上升又会降低名义投资回报。同时，如果通货膨胀过高，导致政府因此而施行宏观紧缩政策时，通胀率开始下降，实际利率上升，销售价格下降；通胀期间所低估的债务负担与高估的市场价值加剧了投资者的财务危机，并导致整体市场竞争激烈与投资回报率的降低，房地产市场在总体层面上不可避免地出现过多的“套牢”现象。通胀的周期性波动长期地复杂地影响着房地产市场的投资。

不动产经济学家曾清楚地证明在发达国家，通胀周期与房地产经济周期正相关，我国房地产市场形成较晚，但情形又是如何呢？我们对 1987 年以来，我国房地产经济波动与通货膨胀波动之间的关系作实证分析。图 2－13 中利用物价指数年增长率来刻画通胀的波动，以住宅年销售量增长率来反映房地产经济波动，试图说明通胀与房地产经济波动之间的内在关系。

从图 2－14 看出，我国通胀波动与房地产经济波动在波幅、周期和同步性上均存在明显差异，差异性表现为：

(1) 通胀波动较为平稳，其波峰高度大致相似，对于房地产经济波动，其波峰要高于通胀波动之峰值。

(2) 通胀的波动滞后于房地产经济的波动，且通胀的周期要比房地产经济周期长。

上述关于房地产经济波动与通胀波动的差异性刻画与我们在

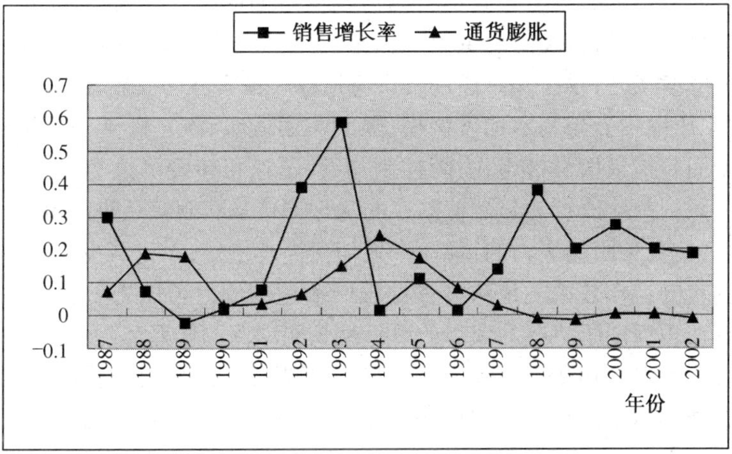

图 2-14　1987—2002 年销售增长率和通货膨胀

上节中对于房地产经济周期的五个阶段的划分不仅不矛盾，而且具有相当的吻合度。在我国，政府的宏观经济政策起相当大的作用，而宏观紧缩政策其中至关重要的一项是限制基本建设规模与限制社会集团消费。从我国现有房地产市场发展规模看，在市场扩张期，在外延式扩大再生产模式下，我国的企业在获得效益的同时有强烈的扩张冲动，职工在企业获得效益的同时，收入不断增加，个人消费与集团消费迅速增长而出现房地产消费总体扩张，需求与供给之间出现非均衡，房地产的投机需求、缺乏弹性供给与在通胀上升期的保值作用使得这种非均衡程度加剧，房地产经济波动曲线在较短的时间内出现陡升，较之于通胀波动曲线，其上升起点虽然大致一致，但房地产经济波动曲线上升速度更快，其波峰也比通胀波峰更高。

当房地产经济波动曲线爬高接近建筑周期(或预售期)之时，新建筑几乎一下子投放到市场，供给大增。在上一阶段所有乐观地介入市场的投资者或机构因市场供给面的扩大，其投资态势也转变为悲观，市场出现供给与需求的第二次非均衡。因通货膨胀率继续攀升，政府开始通过货币与财政政策实施保值储蓄、提高利率、压缩投资与基本建设规模、限制集团购买、恢复资金的指标控制而收缩银根等措施，力图控制消费、迅速扭转经济过热局面；这一系列的政府行为显然使既存的房地产市场悲观情绪进一步加剧化，社会集团购买力的锐减，个人消费需求不足，无论从投资回报、资本的运作效率还是从投资过程所遭遇到的财务压力上看，投资者在乐观期所持有的项目的可行性受到深深的怀疑与打击。双重行为使得非均衡进一步恶化。市场出现陡然下滑。注意到我国通货膨胀率是以消费品零售物价指数来衡量的，由于政策面的运行效率以及整体经济规模，尽管房地产波动曲线出现明显滑坡，通胀波动曲线还要经过一段高涨的惯性后才能出现平稳的着陆。这样形成房地产波动曲线陡降与通胀波动曲线在 1—2 年内的平稳着陆之间差距，这样房地产波动之波峰区间与通胀波动波峰区间相比要小得多，由此造成房地产经济波动波峰与波谷的后滞现象。

房地产经济波动走出波谷的时间长短决定于由政府投资与市场供给过量的建筑物的消化程度、市场中金融机构与投资者的“解套”程度、政府的货币与金融紧缩政策的改变，由此可见房地产市场回暖起动不仅仅只依赖于后者，这样房地产波动的低谷期区间自然长于由政府的货币与金融紧缩政策改变产生的通胀波动的低谷期区间。

对于 1987 年以来的房地产市场现实需求年递增率与通胀年递增率之间利用统计软件 Eviews 3.1 作相关性分析，发现总体上，两者之间存在负相关，其相关系数为 −0.27。而根据西方国家的经验，通货膨胀周期一般和房地产经济周期是正相关的。可见，由于我国房地产供给与需求的非均衡产生的经济波动，是由市场供给和需求与政府供给和需求共同作用决定的，使得房地产经济周期与通货膨胀周期之间的关系不同于西方国家。

第三节　房地产市场需求的预测

房地产经济产生周期性波动的根本原因是供给对需求的偏离导致的非均衡，总体的需求小于供给时，房地产价格上升，处于周期的上升阶段；总体的供给大于需求时，价格下降，处于周期的下降阶段。其中，需求起了决定性的作用，如果能够对未来的需求作出准确的预测，则可以减少投资开发的盲目性，对于国家的宏观调控、企业制定合理的发展规划、房地产经济的平稳发展都有很大的好处。

房地产市场需求的预测方法很多，有判断预测法、购买力估算法、相关因素法、时间序列预测法、回归预测法等。在本节中，我们将用计量经济学的方法建立一个简单的模型，对房地产市场需求的收入弹性进行测算。计算住房需求的收入弹性，会使我们更加明确地通过量化来把握居民住房需求随收入的变化情况。在计量分析之前，首先作几点说明。

第一，本节利用居民住房支出的横截面数据(见表 2 - 2)测算住房需求的收入弹性。对于同一年份的截面数据，可以近似认为除了收入之外其他因素并不变化，即不同收入组别的居民处于同样的相对价格体系与制度环境中，因而可以将收入水平视作决定各收入组别居民平均住房支出量的唯一变量。

第二，由于我国住宅商品房的需求主要来自城镇居民，为了减少不确定因素，在本模型中以上海市的数据为代表。

第三，由于我国特有的体制性因素，在 1998 年以前，住房支出既有来自于市场化的住房需求，也有来自于非市场化的住房需求部分。为了减少制度变化的影响，模型中采用 1998 年以后的数据。

表 2-2 上海市历年商品房销售面积和平均工资

年　份	上海市商品房销售面积(平方米)	平均工资(元)
1998	11 419 100	12 059
1999	13 283 670	14 447
2000	15 578 700	15 420
2001	17 966 400	17 764
2002	19 714 700	19 473

资料来源:《上海统计年鉴》2001—2003。

在以上的假定下,将住房支出量与收入水平之间的函数关系设定为如下的线性模型:

$$\ln Q = \alpha \ln Y + C + \varepsilon$$

其中,Q 是市场化住房需求,用支出量表示;Y 是城镇居民的收入水平;C 由相对价格及制度因素等决定,在横截面分析中被假定为是个常量;ε 为随机项,服从正态分布,符合零均值、同方差假定;而 α 即本文所要测算的住房需求的收入弹性。通过 Eviews 3.1 统计分析软件,利用最小二乘法,结果如表 2-3 所示。

表 2-3 统计结果

Variable	Coefficient	Std. Error	t-Statistic	Prob.
X	1.178 474	0.095 830	12.297 61	0.001 2
C	5.163 461	0.925 486	5.579 191	0.011 4
R-squared	0.980 549	Mean dependent var		16.543 03
Adjusted R-squared	0.974 065	S. D. dependent var		0.221 341
S. E. of regression	0.035 646	Akaike info criterion		−3.541 209
Sum squared resid	0.003 812	Schwarz criterion		−3.697 434
Log likelihood	10.853 02	F-statistic		151.231 1
Durbin-Watson stat	3.001 227	Prob(F-statistic)		0.001 158

从表 2－3 可以看出：$R^2 = 0.98$，接近于 1，拟和优度非常的好。同时 t 检验和 f 检验的数据都非常的理想，说明 Y 对 Q 具有很高的解释程度，这个模型是很成功的。把两个参数代入模型，得到

$$\ln Q = 1.18\ln Y + 5.16$$

由此可知，从收入变化的因素看，城镇居民收入水平平均提高一个百分点，则居民对住房的需求支出将提高 1.18 个百分点，从而会以更快的速度提高。

以上模型从住房需求函数中的解释变量出发，利用城镇居民消费支出的横截面数据测算了当前我国城镇居民住房需求的收入弹性，得出这一弹性数值在 1.18 左右，从而为更明确量化地预测现阶段我国住房需求的变化提供了依据。这个模型是相对简单的，在模型的建立中，可以加入其他的因素，比如价格等，这样建立的模型会更加符合实际情况，在这里我们只是简单地介绍这一重要的预测方法。

本章小节

房地产市场的供给和需求是影响房地产市场的两个主要因素，本章首先介绍了房地产需求和供给的概念、特点及影响因素，在此基础上又介绍了由需求和供给共同决定的房地产市场均衡。从静态模型中我们看到，供需双方的均衡是相对的、有条件的，而非均衡则是绝对的、常见的，房地产市场总是处在从不均衡走向均衡的过程中。为了弥补静态均衡的缺陷，我们引入了动态均衡模型，说明房地产市场总是处在波动之中，而且波动具有三种趋势：缩小、不变和扩大。

在从微观的角度介绍了房地产市场均衡的基础上，我们又从宏观的角度来看待房地产市场，即房地产市场的周期。在结合中国实际的基础上，我们介绍了房地产周期形成的原因，不同阶段呈现出来的特点，以及它和通货膨胀周期之间的关系。并得到了一个结论：由于我国房地产市场与西方国家的运行机制的不同，我国的通货膨胀周期和房地产经济周期并不像西方国家一样存在正相关。

由于对房地产市场的准确预测无论是对政府的宏观调控，还是对开发上的投资都有很重要的引导作用，在最后一节简单介绍了对房地产需求进行预测的模型。

第三章　房地产企业组织资源及其管理

第一节　现代企业组织结构概述

一、现代企业组织结构的含义

根据西方经济学的现代企业理论,我们对现代企业组织结构的分析,主要有两个角度。其一是从所有权与经营权结合的紧密程度及相互关系入手进行的。如公司制度的规范和相互制衡机制,股东大会、董事会、总经理三者关系问题,委托—代理及其效率等等。其二是从企业职能、产品、实际运作等角度进行的,是一种相对具体的应用分析。如根据企业业务范围、产品形式、地域分布、顾客特征所划分的不同部门及其相互关系。从企业经营管理的角度来看,本章更侧重于第二种分析角度。

一般而言,任何企业,包括房地产企业,都是由许多经济资源、部门、员工等,以某种特定形式组合而成的,是为达到特定经营目标而努力的系统结构。所谓企业组织结构就是企业内部各个要素发生相互作用、相互影响的方式。它是企业根据其经营目标及其他相互因素而形成的各种管理形式的总称。在管理实践中,经常用组织图的形式来表示某一企业的具体部门划分及组织层次的相互关系。

企业组织结构主要涵盖以下主要内容。

1. 职权与职责的配置

职权和职责都是依赖于企业的正式层级制度而产生的，是基于特定职位所拥有的权力和所要承担的责任的关系网络。通过组织图可以简明系统地表明企业组织的主要系统、各子系统以及各子系统之间的相互关系。这也表明了企业的正式职位系统，企业资源的基本流向、调整、组合的基本程序。对职权和职责的配置通常还需要一定的职务描述来辅助说明。职务描述是对某一特定工作、职位的工作范围、目标、权力、责任，与其他工作、职位的相互关系的书面陈述。通过职务描述能够更加详细地了解企业职权和职责的具体分配。

2. 达成企业目标的方式

不同的企业组织结构显示了不同的达成企业目标的方式。反过来讲，一定的企业组织结构表明了一定的达成企业目标的方式。它涉及在企业目标一定的情况下，企业较高管理层次与下级层次进行活动的方式。例如，职能型组织结构和分部型组织结构在达成企业目标的方式方面就存在很大的差异。

3. 协调企业经营活动的形式

一个正式的、明确界定的组织结构可以促进企业经营活动有序、高效、稳定。随着劳动分工的加深，企业活动逐步分化为各种各样分散的任务，如果没有一种机制进行协调，这些活动势必陷入混乱状态。组织结构恰恰指明了这些分散活动组合的方向。许多研究和管理实践证明，随着企业经营活动规模的扩大、劳动分工深化，需要协调的任务愈来愈繁重，也愈来愈重要。现实经济社会中，许多采用传统的简单组织结构的企业在专业化分工的压力下破产、重组，实际上就是因为组织结构不能适应大量涌现的协调任务。

二、现代企业组织结构的基本要素和主要形态

1. 企业组织结构的基本构成要素

按照美国著名管理学家斯蒂芬·P·罗宾斯(Stephen P. Robbins)的观点,企业组织结构可以被分解为三种成分,即复杂性、正规化和集权化。复杂性是指企业组织分化的程度。当一个企业的劳动分工越细致,具有愈多的纵向等级层次,企业单位的地理分布愈是广泛,则协调人员及其活动就愈是困难。正规化是指企业组织依靠规则和程序调节员工行为的程度。当一个企业使用的规章条例越多,其组织结构就越正规化。集权化则是指决策制定权力的分布。当决策制定权集中于组织的较高层次时,组织结构具有高集权化倾向。反之,如果决策制定权越分散于组织的较低层次,组织结构越具有高分权化倾向。企业组织结构三种成分的不同程度的组合配置,使企业组织结构呈现千变万化的形态。

2. 机械式组织和有机式组织的特征

从上述组织结构的基本要素出发,可以将组织结构划分为两种形态:一是机械式组织;二是有机式组织。机械式组织是指具有高度复杂性、正规化、集权化特征的组织结构。有机式组织是指具有较低复杂性、集权化、正规化特征的组织结构。

机械式组织的主要特征有:

(1) 组织具有严格的层级关系。这种严格的层级关系来源于劳动分工高度细化,进而产生了繁重的协调任务,必须进行严格的控制。相对而言,严格层级制对实施这种控制较为得心应手。

(2) 职责固定。严格的层级制下,机械式组织内部的成员的职权、职责关系较为明确,而且基本固定,个人可以调整的余地相当小,便于组织较高层次的整体协调和指挥。

(3) 高度正规化。由前两个特征可以自然得出,机械式组织管理过程中需要依靠大量的正式的规则和条例去推动企业目标的

达成，而且因为企业活动中碰到的大多数是日常的、常规性的决策问题，依照原来的经验、固定的程序即可很好地完成任务。

(4) 纵向的信息沟通渠道。机械式组织的信息沟通基本上是自上而下、自下而上的纵向沟通，自上而下传达命令和要求，自下而上反馈经营活动结果。

(5) 决策的集权化程度高。机械式组织的决策权基本上集中于企业的较高管理层次，中下层管理人员决策的余地极小，由于环境相对稳定，事实上也不需要中下层进行多少非常规的决策。

有机式组织的主要特征则表现在：

(1) 没有严格的组织层次关系，体现出纵向和横向的合作关系。主要焦点是在环境多变情况下如何达成组织目标，是任务导向的组织结构。

(2) 职责具有变动性。由于外部环境的不断变化，组织任务也要进行不断的适应性调整，因而职责无法明确固定下来。

(3) 正规化程度较低。任务多变性使组织管理无法运用更多的正式的规则和程序。

(4) 多向的信息沟通渠道。有机式组织中层级关系不太严格，组织各层次具有较强的合作意识，因而信息来源渠道较为广泛，包括自上而下、自下而上、横向以及交叉的沟通，便于企业根据外部变化及时调整。

(5) 决策的集权化程度低。在有机式组织中，员工多为职业化的，具有较为熟练的技巧，并且经过训练能处理多种多样的问题，因此对解决问题拥有较大的影响力，从而具有实际的决策权。

3. 企业组织结构的主要形态

根据上述特征，管理学者认为当：① 环境相对稳定和明确；② 企业目标明确而持久；③ 技术相对统一而稳定；④ 按常规活动且生产率是其主要目标；⑤ 程序化决策居于主导地位时，采取机械式组织较为适宜。

而当：① 环境相对不稳定和不确定；② 目标多样化并不断变化；③ 技术复杂且易变；④ 有许多非常规活动，需要较强的开拓创新能力；⑤ 非程序化决策居于主导地位时，采取有机式组织较为适宜。

在企业经营管理过程中，机械式组织主要有两种表现形式，即职能型和分部型。

(1) 职能型组织结构。职能型是以履行的职能来组合企业内部各种活动的组织结构形态。一般制造企业依据工程、制造、会计、人事、采购等职能将企业划分为几个部门，如图 3-1 所示。职能型组织结构的突出优点在于它可以从专业化中取得较高的效率。将履行同种职能的人员组合在一起可以产生规模经济效应，避免或尽可能减少人员和设备设施的重复配置。不过，职能型组织结构的突出缺点则是每一职能部门容易以部门利益、部门目标为主，容易产生以部门利益取代企业利益，部门目标取代企业目标的现象。这会使企业经营过程中产生一定的冲突。另一方面，只有企业最高层对本企业的最终目标负责，也会使权责分配不对等，企业最高管理层责任负担沉重。

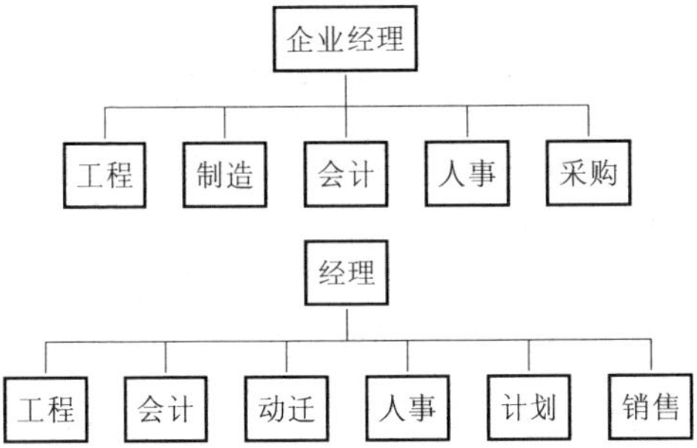

图 3-1 职能型组织结构

(2) 分部型组织。分部型组织与职能型组织不同，它更注意部门面向结果,对自身的最终经营成果负责,它是企业内部相对独立的自主单位,是企业内部的利润中心,对盈亏负责。分部的经理根据公司的方针、政策、统一制度,全权指挥所属各单位的经营活动,并对企业总部全面负责。这种结构中企业总部主要负责制定事关整个企业的方针、重大规划的决定、协调计划并行使较严密的财务控制,如图 3-2 所示。分部型组织的优点就是克服了职能型组织内部各部门各自为政,部门利益取代企业利益的弊端,使部门一级对全企业的利润负起责任来。而其缺点也是明显的,除了某些职能如财务以外,分部型组织容易产生资源重复配置的现象。例如,每一分部都有一个人事部门,浪费了资源。这种重复配置极易产生管理成本上升和效率下降的状况。

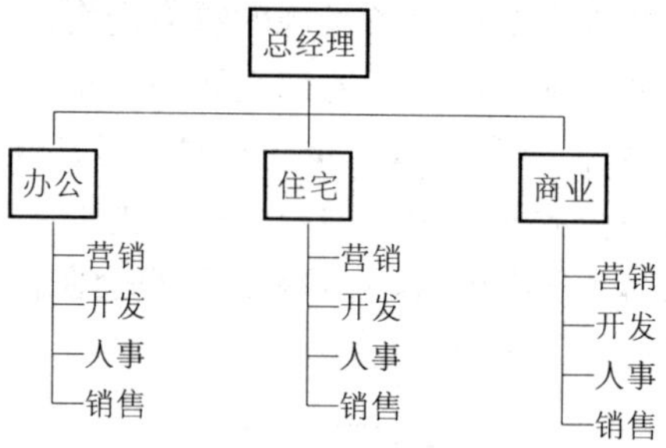

图 3-2　分部型组织结构

有机式组织主要的表现形式有简单式组织结构、矩阵式组织结构和网络型组织结构三种。

(1) 简单式组织结构。所谓简单结构是指低复杂性、低正规化和职权集中在一个人手中的组织结构。一般而言,只有两到三个纵向的组织层次,决策权集中于一个人。如我国的许多物业管理公司的组织结构就是简单式的。简单式组织结构的主要优点是反应快速、灵活、运营成本较低、责任明确,是小型企业的主要组织结构形式。其主要缺陷是只适合于小型企业或企业初创时期。随着企业规模和经营范围的逐步扩大,这种组织结构会越来越不适应。规模扩大以后,决策的困难度也会日益增加,信息来不及处理,会逐渐抵消掉其快速、灵活的优势。同时,决策权高度集中于某一个人所造成的企业经营风险极大,最高领导人的单一决策错误就可能导致整个企业运营陷入困境。

(2) 矩阵式组织结构。矩阵式组织结构吸收了职能型和分部型组织结构的优点,一方面它将分部型组织对结果的侧重和责任感较强结合进来;另一方面,则保存了职能型组织的专业优势。其组织示意图如图 3-3 所示。

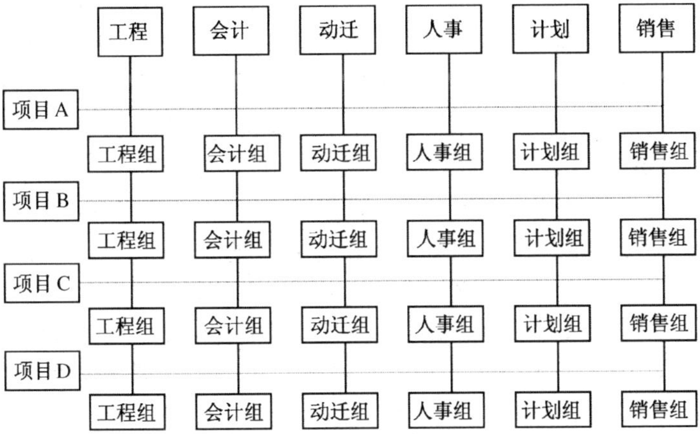

图 3-3　矩阵式组织结构

矩阵式组织结构的缺点是容易造成命令混乱,权责模糊或出现权责不对等的状况。在职能经理和项目经理之间容易产生分歧。实践中,一方面通过尽可能明确各自的权责,减少命令冲突;另一方面则主要由职能经理和项目经理的上一级管理层来协调两者的命令。这种组织结构在房地产企业中最为常见。

(3) 网络型组织结构。网络型组织结构是一种依靠其他企业以合同为基础进行开发、销售及安排其他经营活动的网状组织结构，如图 3－4 所示。

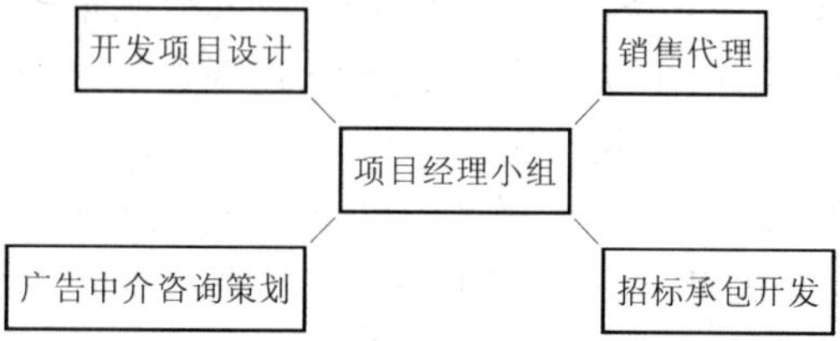

图 3－4　网络型组织结构

网络型组织结构的突出优点是快速、灵活，可以尽可能地利用社会性的、专业化的公司为其经营活动服务。网络型组织没有自己的单独的职能或产品等划分的部门，大多数活动依靠合同向外承包。项目经理小组对此进行协调和安排。开发某房地产项目的项目经理小组，将开发项目设计委托专业性机构承担，经理小组向其支付报酬。得到开发设计后，进行招标交由专业性的施工企业进行施工，竣工验收合格后，交由专业性的销售代理公司进行销售。期间也可委托专业性的广告中介咨询企业为其提供广告和策划服务。网络型组织结构的缺点是管理层无法像前面两种组织结构所具有的控制力，协调和讨价还价的成本较高，而且网络构成中的任一环节出现问题，都可能波及整个组织的生存，承包企业违约后也需要花费较高的成本进行法律诉讼，会使成本更加高昂。

三、企业组织结构有效性及其重要意义

从企业经营管理的实践活动来看，采用相同组织结构的企业，有的遭到了巨大的失败，而有的则取得了令人称羡的成功，还有的停留在半死不活的状态。这说明，并没有一种组织结构是全能的、普遍适用的。组织结构一定要同企业所处的行业、经营的范围、规模、技术，以及战略等结合起来，与之相互适应，才会对企业经营绩

效产生积极的推动作用。

企业组织结构的有效性是指对其达到企业经营目标所起的作用及贡献的大小。这也是选择组织结构的基本判断标准。要使企业组织结构具有较高程度的有效性,在组织结构设计选择中就必须考虑以下六个方面的因素。

1. 企业所处的行业

企业组织结构首先要与其所处行业的特性结合在一起。可以设想,一个要求协调配合精确度极高的企业采用松散的组织结构会对经营活动产生何种灾难性的后果。反过来,一个要求更多地发挥组织成员独创性的企业采取严格监督、控制的组织结构只会使企业的创新能力逐步降低,乃至消亡,企业的生存也将无法延续。概括而言,企业所处行业的行业特性包括行业的市场规模、竞争范围、市场增长率等几个方面。

2. 企业经营的范围

处于同一行业的企业在经营范围上也会产生一定的差异。例如,同样是处于房地产业,房地产开发企业、房地产中介咨询企业、物业管理企业的经营范围就有很大的不同,因而其组织结构就不可能趋于一致。有些组织结构形式适合于房地产开发企业,但对于物业管理企业则很难行得通。

3. 企业规模

许多管理实证研究表明,企业规模对组织结构有明显的影响作用。与规模较小的组织相比,规模较大的组织一般具有更高程度的专业化和横向及纵向的分化,劳动分工更细,而且规则条例对企业日常运行也显得更为重要。其原因在于某些程度的专业化,只有在规模达到一定水平以后,从经济上来看才是合算的。在较小规模水平上,专业化会显得过细,从而丧失了专业化带来的高效率,反而容易造成资源的浪费。例如,为一家杂货店设计成大百货店的组织结构显然十分荒谬,单从成本的角度看,就是不合适的。

4. 企业经营活动的技术类型和技术水平

美国管理学家查尔斯·佩罗(Charles Perrow)按两个维度,即任务多变性和问题可分析性,将技术划分为四种类型:常规技术、工程技术、手艺技术、非常规技术。他认为,常规技术只有少量的例外,问题易于分析。工程技术有大量的例外,但可以用一种理性的、系统的分析进行处理。手艺技术处理相对复杂,但有少量例外。非常规技术则具有例外较多和问题难以分析的特征。据此,他认为控制和协调方法,进而企业组织结构必须根据技术类型而进行调整。越是常规的技术,越需要高度结构化的组织,反之,非常规的技术,则要求较大的结构上的灵活性。此外,即使是相同的技术类型,还存在着一个技术水平高低的问题。技术水平问题就是在同种技术类型下,各种经济资源协调组合的比例存在差异的基础上产生的。一般而言,技术水平越高,组织结构正规化、标准化、集权度越高。反之,则越低。当然,这一关系也不是绝对的。

5. 企业的经营战略

从最根本的意义上看,组织结构是企业达到自身经营目标的一种手段,而企业经营目标又是从属于其经营战略的。这样企业组织结构和经营战略之间也存在着密切的联系。企业经营战略一般可分为三种类型,即低成本战略、差异化战略和集中一点战略。当企业经营战略是低成本导向的,其组织往往更倾向于高度的正规化、集权化的结构,以求获得较高的协调性、稳定性和效率性。当企业经营战略是差异化导向的,其组织则会倾向于较灵活且容易调整的结构。当企业经营战略是集中一点或者集中于某细分市场的战略时,则要依据其集中于低成本还是差异化来判断其组织结构的大致倾向。

6. 企业经营环境

企业经营环境对其组织结构的影响是相当直接的,而且是显而易见的。当外部环境,如政治、经济、法律、文化等各方面处于激烈变动的时期时，企业组织结构倾向于更加灵活，正规化程度较低，而分权程度较高，更依赖于横向及交叉的信息沟通渠道。反之，当外部环境比较稳定时，其结构则会倾向于更加正规和稳定，相对应地，正规化程度较高，集权化程度也较高，在信息沟通渠道方面会倾向于纵向的正式的。这一情况可以从我国企业20世纪80年代以前和以后两个时期得到直接的证实。

第二节　房地产企业组织结构现状与组织设计

一、房地产企业的特点

房地产企业的组织设计和房地产企业的特点有着密切的相关性，从某种意义上讲，房地产企业的特点决定了房地产企业组织结构的特点，所以在说明组织设计和我国房地产企业结构现状前，有必要首先介绍一下房地产企业的特点。

1. 房地产企业是房地产流通领域的非生产性经济组织，是房地产供需活动的重要中介

众所周知，房地产中的土地是非生产性产品，其供应者主要是土地所有者。在不同的土地管理制度下，土地所有权的归属不同，但一般来说，根据我国的土地制度，房地产公司都不是基本的土地所有者，而只能从所有者那里购置土地的所有权或使用权，然后直接或间接地经过适当的开发建设工作再转卖给土地消费者。同样，房地产中的房产，是建筑企业生产的产品，房地产公司只是通过某种形式组织购置建筑企业的产品，然后再销售给使用者。因此，尽管房地产公司也在一定程度上参与房地产生产活动，创造一定的社会价值，但在本质上是一种非生产性企业，是专业化的房地产流通企业。各种不同类型的房地产公司，如房地产咨询公司、房地产开发公司、房地产估价公司、房地产交易公司、物业管理公司、地产专营公司及各种专业化房屋销售公司等,都只是这一特点在某一具体方面的体现。

2. 房地产企业是典型的资金密集型的综合性经济组织

房地产品不同于一般商品,其建筑流程复杂,施工规模很庞大,造价昂贵,投资量大。因此,房地产公司投资某一房地产项目,必须具备筹集大量的资金的能力。此外,在决定投资某一房地产项目后,不仅要花大量的精力从事于房地产营销战略的策划和实施活动,而且常常还要参与房地产生产活动的总体组织与监控,以及房地产使用阶段的综合管理。因此房地产公司既是资金密集型的企业,也是综合性管理企业。

3. 房地产公司是以房地产项目为单位的经营管理型企业

房地产的单件性决定房地产企业的生产经营活动要以项目为单位来组织,并按项目管理的规律和方法进行。因此房地产公司是一种项目管理的专业化企业,其经营活动具有明显的目标性和单位性。

4. 房地产企业是以实现某种经济效益为目的的经济组织

房地产企业经营房地产,不是为了自己消费房产和地产,即不是为了实现某种使用功能,所需要的不是房地产的某种使用价值,而是希望通过房地产的交换实现其价值,从而达到使企业利润最大化的目标。所以,房地产公司不同于一般的为自己使用而购置建设房地产的公司或者其他组织,也不同于专门从事管理服务活动的房地产行政管理部门。

二、房地产企业组织结构设计

1. 房地产企业组织结构设计的基本原则

房地产企业组织结构是在其经营管理过程中逐步形成、发展和完善的。随着企业经营活动的变动,组织结构也要随之变动。

一方面，尽管房地产企业所处的行业是一致的，但组织结构仍呈现纷繁多样的性质，不可能也不应当追求组织结构的凝固性和不变性。另一方面，组织结构又是由管理人员来设计，并使之运作于某一具体组织的，呈现出一定的规律性。在管理人员大量实践的基础上，得出了一系列组织设计的基本原则，遵循这些原则能够尽可能使组织结构与企业经营活动结合起来，达到较高的企业经营绩效。

(1) 目标适应原则。任何房地产企业虽然是以利润为其主导目标，但在不同时间、不同地点、不同经营环境下，都有一定的特殊的任务和目标，建立一定组织结构的实质就是要为达到这些经营目标服务。因此，设立、调整、改组等组织设计活动都必须以与目标相适应为其标准。换言之，只要组织结构与其经营目标适应，这种组织结构就是有效的、可行的。反之，则应当重新设计。因而在房地产企业组织设计过程中，首先要明确企业的发展方向、战略、策略特征，并对之进行认真和全面的分析，据以确定如何安排各种组织资源，使组织结构最大限度地满足企业经营活动的需要。增设、删减、调整，甚至改组整个企业，都要根据企业目标而定。如目前许多房地产企业部门设置中存在动迁部，这是同我国城市发展中旧区改造任务繁重相联系的。动迁任务是企业经营活动的重要组成部分。动迁任务完成好坏，直接影响企业土地使用权获得、开工时间、建设周期以及经营绩效的高低，所以设立针对动迁业务的专门部门有其突出的必要性。当动迁任务日趋减少时，则动迁部门即可适当删撤或合并到开发部门。

(2) 劳动分工原则。劳动分工的深化是提高企业经营效率的源泉。在现代化大生产过程中，劳动生产率的提高往往同分工深化有着密切的联系，组织部门划分也主要是基于劳动分工所形成的专业化的要求才设立的。不过，在实际组织设计中，要注意分工的“度”的问题，即分工要适当。过细会造成部门增多、协调管理成本较高的弊病，同时也会增加剩余“生产能力”。过粗则专业化水平低，工作转换多，劳动生产率较低。如房地产企业的投资开发部部门内部的设计中，如果开发规模较大时，则可以将开发部再细化为住宅开发部、办公楼开发部等部门，以利于更专注于专业化的要求，提高效率。但如果开发规模较小时，或某些开发项目不足时，再进行部门细分则会适得其反，容易造成效率下降。

(3) 统一指挥原则。统一指挥原则的实质就是要使权责相互平衡，避免出现权责不对等、命令冲突和矛盾，最终绩效无人负责的状况。很明显，房地产企业项目管理组织中建立了双重指挥链，项目组织内部人员既受职能部门经理的指挥，又受项目经理的指挥。表面上看是一种破坏了统一指挥原则的组织形式。在实际工作中往往采取明确界定职能经理和项目经理的职责范围来避免命令冲突，避免造成下级工作人员无所适从的状况发生。不过，现实中的这种协调在一定意义上也可以看作是统一指挥原则的具体体现。

(4) 管理跨度适宜原则。管理跨度是指一个管理者能够直接而有效地管理与指挥下属的人数。管理跨度一般与个人能力、精力和管理技巧、职能的相似性、地区的相近性、职能的复杂性、指导和控制的工作量、协调与计划的工作量联系在一起。管理跨度的大小直接决定了企业组织的层次和管理人员的数目。如果企业采取宽跨度组织，其优点是使直接管理成本降低，组织层次减少，信息沟通渠道变短，协调更具有直接性。当管理跨度宽到超出管理人员可以控制的范围时，其缺陷就是会造成管理效率的下降，进而间接管理成本上升，从而抵消直接管理成本下降所带来的好处。相反，窄跨度组织的优点是控制严格、简单、容易，可以有效地降低间接管理成本。不过其缺点则是管理人员较多，直接管理成本(管理人员的报酬)较高。因而管理跨度就是要寻求直接管理成本和间接管理成本的平衡点。在特定的企业经营环境中，偏离这一平衡点都会造成管理成本的上升。

(5) 集权和分权相结合原则。一般而言,集权就是指企业决策权集中于企业较高管理层次。它的优点是有利于加强企业的集中管理,提高管理工作效率,有利于协调企业的各项经营活动。同时,由于所需管理人员,尤其是全面型管理人员较少,管理成本较低。但其缺点则是管理人员直接控制的范围较小,管理层次增多,命令统一性得到了保证,但信息传递速度大大放慢,也不利于调动整个企业的主动性、积极性和创造性。分权则是企业决策权向基层分散,下级参与程度较高。它的优点在于,下级不必事事请示最高管理部门,有利于快速决策和行动;决策更易符合下级所在部门的实际情况;有利于激发下级人员的主动性、积极性和创造性;而高层管理人员也有更多的时间和精力研究企业的基本发展方向、计划和政策。当然,分权程度过高也会造成企业失控的危险增加,即分权也有一个适度的问题。对我国房地产企业来说,在组织设计时更要将两者结合起来,避免过度集权,造成企业创新能力下降,对环境变化的适应能力降低。在集权和分权问题上,对不同职能部门也有不同的要求。例如,计划部门的目标和基本政策制定权集权度高,而如何完成计划,分权程度高。生产工作和销售工作的分权程度也应较高,以适应市场环境的波动。财务、人事、采购等工作的集权程度相对较高,以利于企业统筹安排这些紧缺的资源,降低企业经营成本。

(6) 与产业特性相结合的原则。这一原则主要是要求房地产企业在组织设计过程中,充分注意本产业的突出特点,据此设计组织结构。与产业特性相结合表现在,部门划分上适应产业特性,面向企业任务。如房地产企业是一个巨额资金运作的产业,所以加强财务部门的组织设计,增加专业性的筹资、分配机构是适宜的。又如,房地产行业波动剧烈,市场环境变化迅速,因此,在权责安排上要适当分权,使企业活动与市场环境变化迅速适应。

2. 房地产企业组织设计的基本步骤

一般地,在房地产企业进行组织设计的过程中,应当遵循"提出问题、分析问题、解决问题"的决策思路,依据一定的设计步骤,可以使最终设计出来的组织结构更有效力。其基本步骤有:

(1) 分析企业任务、企业经营环境,判断组织适应性程度。这是房地产企业组织设计中最为重要的一个步骤。在这一过程中,首先要对企业目前的形势有清醒全面的把握,确定当前的经营环境。对当前经营环境进行定性和定量两方面的分析,即当前经营环境是稳定的,还是变动的。如果是变动的,变动的幅度有多大。如果是稳定的,还能持续多长时间。在可以预期的将来经营活动中会不会发生变化,变化幅度有多大,等等。这是判断现有组织结构适应性的基础。在对经营环境分析的基础上,判断在部门划分、权责安排、管理跨度、集权和分权关系方面的有效性如何,能否适应企业任务的要求。经常进行这方面的分析和判断,有助于企业管理层及时发现组织结构中存在的问题。在问题造成严重损害之前进行调整,尽可能避免损失。另外,应当注意企业组织在运营过程中存在某种惰性,久而久之,企业管理者对组织存在的问题会漠然处之,因而,经常邀请外部专业人员进行评估研究是避免组织盲目性的较好措施。例如,某房地产公司总经理偶然发现 A 项目的经理与投资开发部经理矛盾很大,这时总经理应当密切关注这一问题,他们之间的矛盾一方面可能是两个人之间个人关系问题造成的,另一方面极有可能是组织协调机制或结构上的潜在冲突的再现。如果在这时能够及时调整组织结构,明确权责安排可以尽可能地消除组织结构问题产生个人矛盾,进而减少其对企业整体经营活动的损害。

(2) 制定组织结构设计的基本方案。上一步骤主要是发现问题的过程,要求企业管理人员对组织问题保持较高的敏感性。本步骤则是在提出问题的基础上制定可以解决问题的多种备选方案。制定备选方案过程中,要尽可能发动企业内部各个层次的参与,使提出的备选方案丰富多样,增加采取适宜行动的余地。一般可采取集体讨论的方式,讨论集中于下面两方面:一是对目前经营环境和组织结构状况认识的进一步深化;二是就此提出某些调整方案。在制定组织设计基本方案时,应当避免倾向性,对中意的方案只提供有利的信息,而忽略或避免不利的信息,尽可能使备选方案具有客观性,以提高企业经营绩效作为判断其可靠性的标准。

(3) 评价组织结构设计备选方案。在评价备选方案中,着重对每个备选方案的可行性、满意程度和可能产生的结果进行估计分析。评估其可行性就是确定如果按这一方案执行,是否可能。例如,对一个规模较小的房地产公司来说,如果试行某一组织结构需要较多的全面管理人才的话,它就无法实际运用这个方案。企业内部无法提供对房地产经营管理有全面知识的管理人员,而从企业外部寻找,其成本又过高。经过评估其可行性后,如其可行,就要分析该方案是否能达到令人满意的程度,即该备选方案是否能够满足企业活动、企业目标、经营环境等各方面的要求。如某房地产公司希望加强下属人员的参与程度,使决策权进一步分散,而某一备选方案倾向于加强对企业的职能部门的控制的话,就不能满足决策权分散的要求。如果备选方案可行,又能满足各方面对其的要求,则需要对该方案试行后可能产生的后果进行评估,即采取这一方案后,会对整个企业经营绩效产生何种后果?长期后果和短期后果如何?实际上就是对备选方案进行技术、经济上的评价。例如,当房地产企业组织按地区划分部门时,对整体广告成本产生什么影响?能获得什么样的经济利益?当组织调整后,所获得的收益小于所付出的成本时,该方案就要放弃。

(4) 选择最佳组织结构设计方案。一般地,到达这一步骤以后,选择方案相对比较容易。在选择最佳组织设计方案时,首先要从中选出可行性、满意度和可能带来的结果三者结合得最好的方案。其次是选择实施费用(直接和间接费用)与可能带来的收益(直接收益和潜在收益)比率最佳的方案,即费用最省与收益最大的比率。再次要选择最佳方案的应急或备用方案,以避免出现不可预计因素干扰时能及时调整。

(5) 执行并调整组织结构设计方案。选择出最佳组织结构设计方案后,就要执行该方案。这是组织结构设计中的实质性步骤。由于组织结构调整涉及权、责、利的调整和重新安排,往往容易引起组织内部的抵制。同时在执行过程中还会遇到各种不可预计的困难。因此,在执行方案时,时刻关注方案的实际运行状况是相当重要的。与此同时,前面步骤分析得出的最佳方案往往由于不可预计因素使其无法发挥最大的功效,这时需要在执行中对方案本身进行适当的微调,从而使其适应企业经营活动的需要。

以上是房地产企业组织结构设计的基本步骤。在实践中往往需要经常性地循环,不断地调整才能使组织结构与企业发展相互协调和适应。由于外部经营环境变化剧烈,以及房地产开发经营面临大量风险,需要房地产企业组织随时进行适应性的调整,以提高经营绩效。

三、我国房地产企业组织结构现状

从 20 世纪 80 年代后期开始,我国房地产进入了大发展的时期。到 2002 年年中,全国已注册登记的各类与住宅相关的房地产企业已达几十万家,具体从事房地产开发的有三万多家。这些企业规模和资金实力以及管理水平都存在很大的差异。综合来看,当前我国房地产企业组织结构呈现以下三个特征。

1. 直线职能型组织结构占据主导地位

我国房地产企业发展的时间较短,在企业创立之初,没有可以借鉴参考的对象，主要是沿袭一般制造企业的组织结构，因而在现实企业中随处可见职能型组织结构。如某房地产开发公司将部门划分为财务部、动迁部、投资开发部、销售部、人事部等五个部门，主要是根据房地产企业所履行的职能来进行部门划分的。如某房地产中介咨询公司将部门划分为市场调研部、企划部、代理部、人事部、财务部等部门。某物业管理公司划分为工程部、报修接待室、业务受理中心、财务部、资料室等部门。有些企业出于发展的需要，建立了集团型企业组织，其总部部门划分为动迁管理部、工程管理部、经济开发部、置业发展部、人力资源部、财务管理部、企业管理部等七个部门。这同下属公司的部门划分没有很大的差别，也是一种职能型组织结构。这种组织结构在房地产开发经营活动过程中能充分发挥各部门的专业优势，但不可避免地存在部门利益取代企业利益的弊端。在市场不景气时，往往会出现销售部门认为动迁部门动迁周期太长，无法按约定期限向客户交房，抱怨工程设计部门设计出现偏差，房型无法与消费者的需求相吻合，而对投资开发部成本失控，产品价格偏高，缺乏竞争力也表示强烈的不满。反过来，其他部门认为销售部门推销不力造成房屋滞销等等。这种组织结构将部门与部门之间隔断开来，限制了部门之间的信息沟通和交流，最终忽视了对企业整体经营目标的责任。而且现实中，许多集团企业，总部层次和下属公司的部门划分重复，造成组织资源的严重浪费，管理部门日趋庞大，而经营效率却逐渐下滑。

2. 部分企业根据资产关系建立了H型的组织结构

H型组织结构是企业内部分权的一种组织结构模式。在这种组织结构中，分部型组织中的事业部由独立的公司或分公司所替代，总部依据资产关系与下属部门建立联系，从而使下属部门具有独立法人的地位，其经营自主权进一步扩大，总部对子公司的投资承担有限责任，风险得到限制。这种模式实际上是将现代公司的法人治理结构纳入一个公司的内部,“进”可以享受规模生产,分散经营的利益,“退”则承担有限责任。公司整体经营活动不会出现大的波动,有利于公司全局性效益的提高。另一方面,总公司对子公司的影响和控制要通过子公司的董事会,投入和调动资源受到很大程度的限制,同时监督和控制的间接性也增加了营运成本。在一定意义上难以体现公司全局的发展战略。如某房地产集团公司组织结构依据资产纽带的紧密和松散程度将之划分为核心层、全资公司、参股控股公司、契约层公司等四个层次。这种组织结构为分散房地产企业运营高风险性提供了组织调节机制,在实践中已体现出极大的优越性。

3. 项目管理组织是房地产开发企业经营活动中的主要组成形式

大多数房地产开发企业在进行项目开发过程中,主要采用项目管理组织的形式。有些房地产开发公司本身就是项目公司。这种组织结构的盛行正体现了房地产行业的经济特征。房地产企业开发的产品实际上是单件产品,产品生产耗用的资源数量巨大,生产周期也相对较长。企业经营活动的效益正是由每一个项目的收益组合而成的。因而,项目管理质量的高低,对整个企业经营绩效的影响很大。除了单独组成项目公司这种形式外,项目管理组织主要是根据项目开发的需要,组成项目管理小组,任命一名项目经理,从相关职能部门抽调、搭配一定的人员组成“临时”的组织。这种组织往往始于项目准备阶段,终于项目工作的完成。实际上项目管理组织就是矩阵式组织结构在房地产行业的突出应用。这种组织结构结合了职能型、分部型组织结构的优点,既能充分发挥职能部门专业化、规模经济的优势,又能充分发挥分部型组织面向结果,对最终绩效负责的优点。但也存在命令混乱、冲突的组织弊端。这也在房地产项目管理活动中一再显现,协调命令冲突问题是对项目管理组织有效性的有力挑战。

第三节 房地产企业文化建构

一、企业文化的形成与发展

1. 房地产企业文化的定义

企业文化是在企业长期的经营活动中,不断总结成功经验和失败教训后逐渐形成和发展起来的,其核心内容是企业精神和企业价值观。房地产企业文化是在一定民族文化传统中逐步形成的具有房地产企业特色的基本信念、价值观念、经营哲学、规章制度、物业氛围及与此相适应的思维方式和行为方式的总和,此外还包括企业形象、产品品牌、名牌效应等。如深圳万科房地开发公司的"以人为本"的万科理念即为一种房地产企业文化类型。

2. 房地产企业文化的形成因素

房地产企业文化的形成因素可分为企业群体内外两方面因素。

(1) 外部因素。

① 世界性文化因素。世界性文化对房地产企业文化形成起间接作用,取人之长,补己之短,有利于自身文化的创新发展。

② 民族传统文化因素。民族传统文化是房地产企业文化形成的源头,是企业文化的骨架和脊梁。民族传统文化也有良莠之分,其优秀精华部分对企业文化产生积极影响;反之,则产生消极影响。房地产企业能够把民族传统文化中的优秀部分同世界性文化中的先进部分融合起来,就能产生出具有特色的企业文化。

③ 社会生产力状况。企业的成员技术素质高,生产力水平高,就会形成优秀的企业文化。

(2) 内部因素。房地产企业文化形成的内部因素大致归结为企业领导层因素和企业员工因素两个方面。

① 企业领导层因素。主要是指房地产企业家的素质状况。企业家是房地产企业的领导者和塑造者,是房地产企业形象的总代表,也是房地产企业文化的创建者。企业家要创造出优秀的房地产企业文化,他就应该具有与众不同的素质即精神素质、知识素质、能力素质、观念素质、风险意识等。

② 企业员工因素。企业员工是企业的主体,企业家的思想、观念、精神、决策都要通过员工才能化为行动,变为现实。企业家所创造的房地产企业文化,要得到全体员工的认同,并付之于行动。这就要求企业员工的素质与企业家的素质相适应,所以,企业员工的素质高低,对房地产企业文化的形成具有很大影响。

从以上两方面因素看到,企业文化就是"人","人"就是文化。

3. 房地产企业文化的主要类型

任何一个房地产企业中都或多或少地存在体现其自身特点的企业文化。只不过有时这些企业文化现象时隐时现,难于察觉。因此,我们可以从大的方面把房地产企业文化的主要类型分为:核心型企业文化与松散型企业文化。

(1) 核心型企业文化。这是房地产企业中的各个部门,至少是企业高层管理者们所共同拥有的那些企业价值观念和经营实践。企业的经营决策、营销手段、组织结构无不恪守、渗透出企业文化的理念与价值观。这种企业一般都有自己的企业章程。

招聘用人也总是根据应聘人员价值观念、行为方式是否与自己企业文化相吻合来决定是否聘用,经理们会对他们言传身教,做出企业文化和经营思想上的表率榜样。

新黄浦集团创业过程中形成的"经营者是企业最大的财富",即为典型的核心型房地产企业文化。新黄浦集团内部从上至下已明确了经营者的核心地位,实行经营者职、权、利相配套的年薪制和竞聘上岗机制,形成人才开发的多渠道发展格局,建立起职工内部保障机制和职工分流机制。

(2) 松散型企业文化。这类房地产企业没有一种明确的企业经营价值观,它的企业文化是体现在其具体的某一项经营决策中,企业成员中没有固定的统一的经营理念。这种松散型的房地产企业文化有时可以使经营者对竞争环境的变化及时改变经营策略,调整企业文化类型,以适应环境的变化及市场竞争的需要。目前,有许多房地产企业的企业文化为松散型企业文化。

二、企业文化与长期绩效的关系

1. 企业文化对房地产企业长期经营绩效的促进作用

许多研究表明,企业文化对企业长期经营绩效有重大的作用。我们发现,重视所有关键管理要素(消费者要素、股东要素、企业员工要素)、重视各级管理人员的领导艺术的房地产企业,其经营业绩远远胜于那些没有这些企业文化特征的公司。而且可以预见在下一个10年内房地产企业文化很有可能成为决定企业兴衰的关键因素。尽管企业文化一旦形成不易改变,但它们完全可以转化为一种有利于企业长期业绩增长的企业文化。

如果房地产企业的经理人员注重消费者、股东及公司员工的利益要求,重视领导才能及其他各种能够被激发的因素,那么房地产企业文化将会有力地促进企业的长期经营绩效的增长。在这样一个价值体系中,房地产企业经理人员就会特别注重企业构成的各个要素的权益,从而创建和实施这些要素所需要的那些合理的经营策略。这样,得到满足的公司员工就乐意在经理们的指导和激励下开发消费者的确需要的项目,就会恰当地运用企业的各种资产来进行这类项目的开发。这就会促进房地产企业提高边际收益效益或保持良好的边际收益效益,反过来它又促使房地产的纯收入、企业市场价值的增加,同时提高房地产企业纯收入在企业资产中的比例。这一切都将有助于企业生产规模的扩大,有助于企业发展。

还以新黄浦集团为例,企业管理者的共同价值观就是"注重经营者的地位,注重人才开发与流动”,在这一价值体系下,经营者与员工都会得到一种信任感与满足感。经营者便会运用自己的领导才能,不断创建和实施新的经营策略和行为方式使房地产企业保持良好的适应性。同时,新黄浦集团还招聘或提拔那些具有共同行为方式、共同经营价值理念的人才。通过新黄浦集团的“人才重组”,它们从 1991 年年创利润数百万元,发展为 1996 年年创利税 4 亿元,拥有 16 家全资控股公司、14 家中外合资企业、128 家关联企业的大型企业集团,因此,新黄浦集团的长期经营绩效一直保持良好。如果没有任何意外事件影响而导致公司价值观念和行为方式适应性强的企业文化力量的削弱,如果公司所处的市场环境变化速度不大于公司企业核心文化适应能力提高的速度,新黄浦公司将继续保持良好的企业经营增长趋势。

2. 房地产企业文化对企业经营的抑制作用

市场经营环境的变化会导致一种对房地产企业经营业绩不利的企业文化的产生,以我国一些国有大型房地产企业集团为例,在我国房地产业初期阶段,由于特殊的垄断地位,这些公司在相当长时期内成绩斐然,公司利润丰厚,规模不断扩大。这期间公司经营一帆风顺,几年没有什么挫折。然而,公司稳定持续的业绩增长使公司内部形成巨大的压力:经营规模日益扩大,员工数量越来越多,日常业务运作日益庞杂。公司新近招聘的经营人员不了解企业的发展方向、经营策略、企业文化和企业激励机制,但由于公司在市场上的主导地位而可以使公司轻易地获利,这样公司开创时期的企业文化就逐渐淡薄,最终消失殆尽。这种不良的环境中产生的病态企业文化主要表现为:一是经理层自命不凡,夸夸其谈,这似乎是多年来企业经营顺利的产物,也是公司高层管理者没有告诫员工保持谦虚的结果;二是长期受这种企业文化影响的公司经营者无视人们对公司现在的经营方式的意见,并不加强对顾客、股东和员工的重视。

由于市场环境的变化，房地产企业的市场份额、地位、相应也发生了变化，这就需要企业文化随时作出调整和改革。如果由于企业历史经营业绩保持较好状态，而那些已觉察出改革企业文化势在必行的经营者不愿放弃现在可得利润而为改革承担风险犹豫不决时，改革就会被推迟。这种阻碍房地产业进行合理经营策略转变的企业文化就会对企业经营产生抑制作用。

三、创造有效的企业文化

要使房地产企业文化对企业经营业绩有更大的促进作用，就应该从以下三个方面进行企业文化的改革，从而创建更有效的企业文化。

1. 企业与环境的适应性

只有当房地产企业文化“适应”于企业环境(这里的企业环境可以指房地产整个行业的客观运行状况，也可以指房地产企业的经营策略本身)时，这种企业文化才是最好的、最有效的文化。因此，能促进企业经营业绩增长的房地产企业文化必须是与房地产企业的行业环境、房地产企业经营策略相适应的文化。房地产企业文化适应性越强、企业经营业绩成效越大；反之，越小。

随着房地产市场环境的变化，市场竞争日益激烈，这就会引发房地产企业文化与市场环境的不适应性。那些对市场环境适应程度不高的房地产企业文化都带有某种官僚作风，公司员工缺乏风险精神，企业没有创造能力，信息不灵。企业内部只强调规范化管理，打击了员工的积极性和发展企业生产的热心，因此，房地产企业应及时进行企业文化的改革，应通过增强员工之间的相互依赖，激发员工工作热情，通过提倡发现开拓新的企业发展机遇，以适应房地产行业竞争激烈的市场环境。

2. 组织成员的认同度

企业文化通常代表一系列相互依存的价值观念和行为方式的

总和。这些价值观念、行为方式对房地产企业来说,往往是房地产企业全体员工所共有的,往往是通过较长的时间积淀、存留下来的。房地产企业中的成员对企业的价值观念、行为方式有着共识,新员工也会通过培训、讲授企业经营思想而接受本企业文化的观念。因此,企业成员中共同的价值观念和行为方式使得他们愿意为企业出力。正是这种自愿工作或献身企业的心态使得企业成员工作积极努力。一般来说可以通过让企业员工参与企业决策、对员工的贡献加以表彰这两个手段来达到此目的。

房地产企业文化随市场环境进行调整时也应十分注重组织成员的认同度。每一个组织成员只有接受了本企业文化,并深深感受到自己是企业的一员,企业文化才可能扎根于公司中,组织成员才可能有强烈的使命感、责任感与荣誉感,愿意为企业文化的调整而出计献策,承担改革的风险。房地产企业由组织成员的认同度高时,才能达到员工们方向明确、目标一致、同心协力。这种协调性、积极性、组织性及统一性就会有助于房地产企业经营业绩的增长。

3. 管理人员的促进

在房地产企业文化的调整与形成过程中,经理人员的促进是十分必要的。

管理人员要十分注意房地产企业经营环境的相关变化,并据此进行有计划的调整,使企业经营、企业文化与客观外界的变化环境保持协调稳定。管理人员必须具有卓越的领导才能,他们能认清企业文化改革的迫切性,制定出与市场经营环境相适应的经营策略,并据此树立明确的投资发展方向。管理人员既要能进行发展方向的决策,又要有可以从事决策后的实施的能力。管理人员要广泛宣传他们的经营思想与经营策略,以获得尽量多的组织成员对其思想经营方式的理解与参考。房地产企业高层管理人员会将部门经营权下放给部门经理并与他们沟通价值观念,让他们能发挥其领导才能,并且管理人员重视员工的自荐行为,积极鼓励、嘉奖各种员工获得的成绩。成功的房地产企业文化的构造者,不仅来自于房地产企业管理的高层,也会来自于房地产企业管理的中层和基层,没有这些管理人员的帮助与促进,成功有效的房地产企业文化是不可能出现的。

本 章 小 结

在房地产企业组织资源和管理这一章中,我们从现代企业理论的基本内容出发,分析了企业组织结构的不同类型并进行了效率评价。在此基础上,我们对我国的房地产企业的组织结构和特点进行了详细的阐述,比较了不同类型的房地产企业在组织机构的制度安排的效率差异性,并提出了具体的房地产企业组织设计方法和应该遵循的基本原则。最后,我们分析了房地产企业文化对于房地产公司的经营管理绩效的影响作用,并提出了一些房地产企业文化设计建构的思路,以供房地产实业界的工作人员参考。

第四章　房地产企业经营管理

第一节　房地产经营概述

一、房地产经营的概念

“经营”这个概念的原意是指筹划营谋，后来演变为经营办理经济事业。企业经营是根据既定的经营目标，分析企业内部条件型外部环境，把握市场发展的趋势，进行谋划、决策的总过程。

房地产经营的含义有狭义和广义之分。狭义的房地产经营主要是指建筑地块和房屋的流通过程，包括销售、交易、租赁和物业管理等经济活动的过程。广义的房地产经营则是在狭义房地产经营的基础上再包括房地产开发。房地产开发主要是指由特定的经济实体(具有开发资质的房地产开发企业)，对房地产项目进行投资、建设和管理，使之改变用途或使用性质，从而获得经济利益的过程。

狭义的房地产经营与房地产开发是有区别的，具体表现在以下三点：

(1) 在房地产项目市场运作过程中所处的阶段不同。房地产开发强调的是某个房地产项目被开发出来的过程，而狭义的房地产经营则强调该房地产项目所开发的商品的市场交易过程。

(2) 经济活动的主体不完全相同，房地产开发企业都是房地产经营企业,反之则不然。

(3) 这两者对各自经济活动主体的资格有不同的要求。房地产开发必须是由具备法人资格且达到国家规定资质水平的法人企业进行。而对房地产经营来说,它对主体资格的限制就少得多。

尽管两者存在上述区别,但从市场经济的角度讲,两者的本质是相同的。在市场经济下,通过企业自身努力获得经济利益,统称为经营。只不过使用房地产开发这一概念,强调了开发这种努力的方向和方式,而使用房地产经营这一概念,则强调了这是一种市场经济条件下追求经济利益的市场行为,强调的是动机。同时,由于我国的经济基础比较落后,基础设施、商品房等项目的供应还处于供不应求的阶段。在这种情况下,房地产开发活动将会成为房地产经济活动的主线,其他房地产经济活动将附属于房地产开发这一经济活动。基于上述原因,本书所指的房地产经营是指广义的,即包括房地产开发在内的房地产经营活动。另外,根据我国的《国民经济行业分类和代码》(中华人民共和国国家标准GB/T4754—94)将房地产行业列为了类,具体又包括三个行业,其中第一个具体行业就是:房地产开发与经营。由此可见使用广义的房地产经营这一概念才不失一般性。

二、房地产经营的特点

由于房地产业及其商品的诸多特点,给房地产经营也带来了一些有别于其他行业经营的特点。具体来说,房地产经营具有如下四个特点。

1. 生产周期长、投资额巨大、商品价值高以及资金回收缓慢

一个房地产项目从立项、规划设计、征地拆迁、施工建设到竣工验收,短则一两年,长则数年。因此要有大量的资金投入。同时,由于商品价值大,在房屋建成后进行交易时,普遍采用分期付款、抵押付款等方式，使得房地产的投入资金回收缓慢。

2. **房地产经营活动风险性大**

由于房地产经营活动的上述特点，必然使得房地产经营活动是一项风险较大的经济活动。因为生产周期长，生产过程环节多，只要在某一时点或某一环节发生障碍，整个经营活动过程就会受到影响。另外，由于投入资金大，使得大多数的房地产经营企业都是高负债经营，这无形中加大了企业的财务风险。

3. **房地产经营具有区域性**

一般商品，随着交易的结束，商品位置发生移动，但房地产商品则不然。另外，地理位置这一因素往往是影响商品房或土地价格的主要因素，不同地段的房屋可比性比较小，这就决定了房地产经营的区域性。

4. **房地产经营活动容易受政策性因素的影响**

由于房地产的资源分配是关系到国计民生的重要问题，国家不可能不对房地产市场的发展进行干预，坐视市场那只"看不见的手"对房地产业进行引导。房地产作为生产和生活的基本要素，其经营活动同社会经济文化等各方面、各环节均有着密切的联系。房地产经营这种作用大、影响广的势态，就要求国家通过各种政策、法令来规范房地产经营活动，从而使房地产业的经济运转有助于提高国民经济的总体效益。即使是在市场经济和房地产业高度发达的国家和地区，一般也都有大量的法律、法规、条例来规范房地产的经营活动，从开发、建设、营销、租赁、信托、代理、咨询和管理等各个环节，都有一系列的法律法规。

三、房地产经营的方式

房地产经营方式根据不同的划分标准，有不同的分类，根据房地产经营性质的不同，可将房地产经营划分为单项经营、多元化经营和联合经营。

1. **单项经营**

一个房地产企业只从事或主要从事某一方面,某一环节的经营业务。这种经营方式的优点在于高度专业化,经营结构单一,有利于在专业方面取得较好的效益。

2. **多元化经营**

多元化经营是指一个房地产企业从事多项房地产经营业务,如开发公司自己进行房屋销售、小区物业管理等,其优点是回旋余地大,能提供一条龙的配套服务,缺点是容易分散精力,顾此失彼。

3. **联合经营**

联合经营是指具有不同经营职能的房地产企业组成企业集团,或在一个总公司下设若干个分公司从事多方面的房地产经营业务。这种联合经营的企业集团具有雄厚的经济实力和完善的经营职能,能够实现从土地到基础设施、建设设计、工程施工、销售、租赁以及物业管理等全面服务,具有强大的竞争力和风险承受能力。

除了根据房地产企业的经营性质对房地产经营方式进行划分之外,还可以根据房地产企业经营内容的不同将其划分为房地产开发、房屋经营、地产经营、物业管理经营以及资产经营,关于这种划分方法,我们将在本章第二节对其进行详细论述。

四、房地产经营的目标

进行企业经营关键之一是选择与确定经营目标。经营目标是企业中一切计划及管理的基础,是企业的目的和任务的必然转化,是经营企业使命的体现。房地产经营目标不仅取决于服务方向和行业特点,而且更重要的是取决于经营企业所追求的宗旨和价值观。

房地产经营企业,不论其规模大小,都有一个总的目标,即"服务社会、发展自己"。服务社会是其社会职能决定的,发展自己是其个体职能决定的。因此,房地产企业经营的上位目标是服务社会,下位目标是创造利润发展自己。在市场经济条件下,一切企业都是把追求利润最大化作为主要经营目标。利润是其维持生存和发展所不可缺少的,因此,房地产经营企业的经营活动必须以提高企业经济效益为中心。同时,房地产企业的经营目标也要兼顾社会效益,着眼于长远目的。

房地产企业经营目标的具体内容可以从宏观与微观的角度分为战略目标和战术目标。战略目标是房地产经营企业在一定的历史时期内经营活动的方向和所要达到的水平,其包含成长性目标、稳定性目标和竞争性目标三个战略目标。具体内容将在下一节论述。房地产经营的战术目标是战略目标的具体化。战术目标是为战略目标服务的,同时也是实现战略目标的必然途径。经营企业的战术目标主要体现在产品的定价目标上。房地产企业在确定价格目标时,都要依据各个企业的条件和市场营销环境。由于企业不同,定价目标也多种多样。但归纳起来大致有以下几种:以追求最大利润为目标、以保持或增加市场份额为目标、以保持价格稳定为目标以及以一定的投资收益率为目标。

通过明确经营目标能指明房地产经营企业在各个时期的经营方向和奋斗目标,它使企业经营计划的制定和实施围绕一个明确的目的,引导企业在变化着的竞争环境里生存和发展。经营目标的确定也为评价房地产企业在各个时期经营活动的成果确定了一个标准。另外,通过自上而下的经营目标的制定和实施,能够把每个员工的具体工作同实现经营企业总战略目标联系起来,提高人们的主动性和积极性,提高公司员工的士气。

同时,在房地产企业的经营目标的制定过程中,要充分考虑到外部环境和内部资源条件,使企业的经营目标与这些条件达到动态的平衡。这是因为企业的经营目标受制于企业的外部条件和内部条件。另外,企业还要根据经济情况的变化以及企业的经营目标在实施过程中遇到的问题不断地调整企业的经营目标使之达到新的动态平衡。

第二节　房地产经营环境分析

一、房地产经营环境的定义

任何房地产企业经营活动都是在一定的环境中进行的,它不可能孤立地进行经营,而是要与包围它的经营环境发生各种错综复杂的沟通和交流。从系统论的角度看,房地产经营环境作为一个开放系统,是从属于某个特定的产业环境,更是社会这一大系统的子系统。通常人们把影响和制约房地产企业经营活动的外部诸种因素统称为房地产企业经营环境。

市场是企业生产经营活动的始点与归宿。对与市场紧密相连的企业外部环境的正确分析、判断,是决定房地产经营企业成败的关键。因此,现代房地产企业要顺利开展经营活动就必须悉心研究所处的经营环境,做到知己知彼,这样才能在激烈的市场竞争中立于不败之地。这就要求企业,首先要审时度势地把握房地产经营环境的现状及发展趋势,抓住一切有利时机,发展自己;与此同时,企业还得洞察经营环境的变化给房地产企业带来的不利影响甚至威胁,及时采取相应措施,减少或避免损失。其次,企业还要认识到房地产经营企业在其所处的经营环境中,并不是处于完全被动的地位,房地产企业不应该消极地适应环境,而应该积极应对经营环境的不断变化,通过不断的挖掘自身潜力和优势,化被动为主动。

房地产经营环境包括宏观环境和产业环境两部分,其中,宏观环境又可以分为经济、社会、政治、法律行政和自然环境等五部分。房地产经营环境的分析主要是要从宏观环境和产业环境两方面入手,对影响房地产经营活动的各个因素进行细致的分析。

二、房地产经营环境的特点

1. 相关性

相关性是指影响房地产经营的各种因素不是孤立存在的,而是相互联系和互相影响的复杂系统。例如,宏观环境中经济因素与政治因素就是相互影响、相互联系的,经济因素不能脱离政治因素单独存在,政治因素也要通过经济因素来体现。由于经营环境中的各种因素之间是相互联系、相互影响的,因此,房地产经营企业在进行经营环境分析时就不能用孤立的眼光看问题,而应从各种环境因素的内在联系上把握它们可能产生的交叉效应,并依此制定相应的对策。

2. 动态性

企业的经营环境是一个动态系统,它并不是一成不变的。随着时间的推移,企业的经营环境的各个因素都会发生变化。因此,任何房地产经营企业都要以变化和发展的眼光来看待经营环境,根据经营环境的变化不断地调整企业的政策,从而适应经营环境的变化。同时还要尽量从经营环境的变化中发现规律,因势利导,减少由于环境的振荡和变异给企业经营活动造成的不利影响或波动。

3. 差别性

对不同的经营企业来说,经营环境往往存在很大的差别。这种差别可能是由于企业所处的经济区域不同造成的,也可能是由于企业在市场竞争结构中所处的地位不同造成的,甚至可能是由于政府在管理上的差别所导致的。

三、房地产经营环境分析

1. 房地产经营宏观环境分析

宏观环境是指对所有房地产经营企业的经营管理活动都会产

生影响的因素。一般来说，宏观环境分析涉及的范围比较广，包括经济、政治、社会、法律和自然环境等五个部分。

(1) 宏观经济环境。在现代市场经济条件下，宏观经济环境是房地产经营产生最重要影响的环境因素。宏观经济因素不但左右房地产经营企业规模、发展方向和速度，还决定着房地产市场的发展状况。宏观经济因素主要指一个国家或地区经济建设的战略方针、布局和战略重点，以及国民经济发展的速度、物价水平、财政政策、货币政策；居民的收入水平、货币市场资本市场的发育状况等。

宏观经济发展对房地产经营的影响很明显，它代表着一个经济体系内所有市场的发展状况，也决定着该体系内各个企业的发展前景。例如，当经济发展形势良好时，社会对商务类和住宅类的房屋的需求就会增加，从而有助于房地产经营企业的发展，企业就应该抓住机遇使企业在经济发展中成长壮大起来。同时，由于房地产业投入资金量大、周转期长以及商品价值大，决定了房地产经营受货币政策宽松程度的影响很大，当中央银行实行紧缩性的货币政策时，贷款条件趋于严格，将会使开发商和购房者的可得资金有所下降，这将抑制房地产业的发展。

(2) 政治环境。政治环境主要是指各级政府对房地产业发展的态度以及国内政局是否稳定、是否遇到政府换届等。虽然一定的政治是一定的经济基础的反映，但政治的反作用是巨大的。人们通常把土地和资金称为是房地产经营企业的“两条腿”。在我国，土地所有权归国家所有，而且房地产业是关系国计民生的重要产业，房地产业的发展不仅关系到经济的发展，还关系到社会的安定团结。因此，政治因素对房地产经营的影响是巨大的。政治因素主要是指影响房地产企业的经营思想和方针的重要因素，包括党和政府的有关路线、方针、政策等。另外，政局是否稳定关系到投资者的信心以及整个房地产业所引进的外资。

(3) 社会环境。房地产经营中的社会环境因素主要包括人口数量、人口结构和社会文化因素等三个方面。社会环境因素对房地产经营同样有着极其深远的影响。某个地区人口的数量直接决定了该地区对住宅及其配套工程的需求量,从而也就决定了该地区房地产经营企业的发展水平。例如,一家坐落在上海的房地产企业和一家处于西部小城市的房地产企业,它们的可持续发展程度肯定是不一样的。人口结构包括人口的年龄结构和人口的受教育水平,它同样对房地产经营企业会产生重大影响。而社会文化因素则包括人们在特定的社会中形成的特定习惯、观念、风俗及宗教信仰等人文因素,它对房地产经营活动的影响也同样不可低估。例如,在我国,朝南的房屋就比朝北或其他朝向要受欢迎,这里面固然有地理位置的因素,但不可否认,人们的这种偏好是受到历史文化因素的影响的。

(4) 法律环境。房地产经营是一种影响很大的社会经济活动,没有法律环境的完善,就不可能有房地产业可持续健康发展。因此,国家经常要通过各种法律、法规来规范房地产经营活动,从而使房地产业的经济运转有助于提高国民经济的总体效益。在市场经济和房地产业高度发达的国家和地区,一般也都有大量的法律、法规、条例来规范房地产的经营活动,从开发、建设、营销、租赁、信托、代理、咨询和管理等各个环节,都有一系列的法律法规。房地产经营的法律环境首先是指各种直接管理房地产的法律、法规以及立法、执法的情况。在我国,这样的法律主要有《中华人民共和国城市房地产管理法》和《中华人民共和国土地管理法》及其配套行政法规。

(5) 自然环境。地理因素是指客观存在的自然界。它是房地产经营的“硬”环境,也是对房地产经营有着重大影响的环境条件。地理环境对房地产经营活动的影响主要表现在两个方面:一是要考虑地理环境对房地产经营的制约。例如,如果一个城市处于地质条件比较软的地带,房地产企业在进行房地产项目开发时就必须根据地基的可承受力度来规划项目的可建设高度。二是要考虑房地产经营活动对周围自然环境的影响。因为在房地产项目开发的过程中,往往会对周边环境造成污染,改变周边地区居民的生活环境。因此,房地产企业必须严格按照环境保护方面的各种法律法规进行经营。

2. *房地产经营的产业环境分析*

所谓的房地产经营的产业环境,是指房地产经营企业所置身于其中的房地产业的产业结构及其相互关系。具体来说,包括以下因素:房地产市场的供求状况;房地产市场所处的市场阶段状况;房地产市场的完善程度;其他相关中介机构的发展情况。

(1) 房地产市场的供求状况。对不从事大型项目开发的房地产经营企业来说,房地产市场的供求状况是一个需要重点考虑的因素。市场供给多,则竞争激烈,企业必须采取各种措施才能在激烈的竞争中脱颖而出。需求因素是经营产业环境诸因素中对企业具有最直接影响的因素。在商品经济条件下,需求因素主要是指有效的市场需求。房地产市场需求的状况对房地产商品的发展方向、数量、质量、结构和价格等都有导向作用。房地产企业只有以市场需求为依据,做到适销对路,才能有较强的应变能力,使经营活动建立在良性循环的轨道上。

(2) 房地产市场所处的市场阶段状况。市场阶段状况主要是指某一行业是处于发育期、成长期、成熟期和衰退期这四个阶段中的哪一期。根据行业生命周期理论,行业的发展如同人一样,也有一个从生到死的生命周期过程。在各个不同阶段,企业应该采取不同的措施。由于我国的房地产刚起步不久,住宅产业化也是方兴未艾。因此,对房地产企业来说还有很大发展空间。企业应该认真把握发展机遇。房地产市场所处的市场阶段状况的另一层意思是房地产业处于萧条——复苏——繁荣——衰退这一经济周期中的哪一阶段。房地产市场是个典型的周期性市场,不同的阶段,对企业意味着不同的机遇与挑战。

(3) 房地产市场的完善程度。由于我国的改革开放才进行了二十多年,市场经济体制还没有完全建立。各种市场还处于发育不成熟的状态,房地产市场也不例外。一方面表现在房地产的市场调节机制还不够健全;另一方面表现为整个房地产市场体系的发育还未完全,如二手房市场和房屋租赁市场等的发育都还很不健全。房地产市场的不完善必然给房地产企业带来不便,这就要求企业加强产业环境分析,根据情况的变化做出决策。

(4) 其他相关中介机构的发展情况。由于房地产经营是一项信息量大、相关事务繁多的经营活动。因此,一个健全的中介机构市场对房地产经营者来说至关重要。如果没有高度发达的中介机构市场,房地产经营是很难有效地进行下去的。这些机构包括资信评估机构、律师事务所、会计师事务所、房地产按揭贷款代理机构、住房储蓄银行等。

第三节　房地产经营方式

根据房地产企业经营内容、对象的不同,可以将房地产经营方式划分为房地产开发、房产经营、地产经营、物业管理经营以及资产经营五种不同方式。其中,房产经营和地产经营还可以进一步细分。

一、房地产开发

1. 房地产开发的概念和分类

(1) 房地产开发的概念。房地产开发,是指由特定的经济实体，即具有开发资质的房地产开发企业，对具体的房地产项目进行投资、建设和管理，改变土地的用途或使用性质，并而获得经济利益的过程。在这一过程中，开发商不一定自己直接进行房地产项目的建设，但它是某一房地产项目从无到有这一生产活动的投资主体和管理主体。

(2) 房地产开发的分类。

① 按开发的不同阶段划分，房地产开发可以分为土地开发和房屋建设。土地开发，是指房地产企业对生地进行开发，使之达到熟地的程度，即平常所说的“七通一平”。“七通”是指通给水、通排水、通电力、通电信、通气、通热和通路，“一平”是指土地平整。房屋建设是指在熟地的基础上进行各种房屋建设，以满足人们生产、生活的需求。

② 按开发的规模划分，房地产开发可分为单项开发、小区开发和成片开发，后两项也称综合开发。单项开发是指功能单一，配套设施简单的房地产项目开发。小区开发则是对一个基础设施和配套项目齐全的居住小区进行开发。成片开发是指按照城市规划，在某一时期内对一个地方进行持续的、全面的开发的房地产开发活动。

③ 按开发的地域划分，房地产开发可以划分为新城区开发和旧城区改造。

2. 房地产开发企业

房地产企业类型多种多样，由于其主客体的不同可划分为以下几大类别。

按经营主体不同划分可以分为：① 地产开发公司。这类开发公司以地产开发为主要业务。它们从有关部门那里得到土地，专门投入人力与物力，将自然状态的土地(生地)，经过“七通一平”的开发工作，变为可用于房屋建设的土地(熟地)，再对开发后的土地进行转让或出租。② 房产开发公司。这类开发公司以商品房的开发为主营业务，在规定的建设用地范围内，按规划要求综合开发，使主体建筑与配套建筑同步实施，并使建成的商品房进入流通领域，进行销售。③ 综合型房地产开发公司。这种开发公司从土地开发到房屋竣工连续过程均作为开发对象，建成的房屋以商品房出售为主。

由于我国的房地产开发主管部门(建设部和国土资源部)对房地产开发企业实行企业资质体制，在这里我们将着重介绍以下房地产企业按照资质等级划分的分类方法。

根据房地产开发公司的经营业务能力、经营范围、流动资金和经营管理人员的数量，国家建设部对房地产开发公司的资质标准和允许承担的任务作了严格规定。其规定如下：

一级房地产开发公司的资质标准：① 自有流动资金 2 000 万元以上，注册资金不低于 2 000 万元；② 有职称的建筑、土木工程、建筑经济类或房地产经济类的技术人员不得低于 40 人，其中中级以上职称的管理人员不少于 20 人；③ 设有高级工程师职称的总工程师，设有经济师以上职称的总经济师，设有会计师以上职称的总会计师，技术、经济、统计、财务等各业务负责人具有相应专业中级以上职称；④ 具有 5 年以上综合开发的经历；⑤ 近三年来累计竣工 30 万平方米以上的房屋建筑面积或与此相当的房地产开发投资，连续四年建筑工程质量合格率达 100%，优良率 20%以上。

二级房地产开发公司的资质标准：① 自有流动资金 1 000 万元以上，注册资金不低于 1 500 万元；② 有职称的建筑、土木工程、建筑经济类或房地产经济类的技术人员不得低于 20 人，其中中级以上职称的管理人员不少于 10 人；③ 工程技术、经济、财务负责人具有中级以上相应专业的职称；④ 具有三年以上从事综合开发的经历；⑤ 近三年来累计竣工 15 万平方米以上的房屋建筑面积或与此相当的房地产开发投资，连续四年建筑工程质量合格率达100%,优良率10%以上。

三级房地产开发公司的资质标准:① 自有流动资金500万元以上,注册资金不低于500万元;② 有职称的建筑、土木工程、建筑经济类或房地产经济类的技术人员不得低于10人,其中中级以上职称的管理人员不少于5人;③ 工程技术、经济、财务负责人具有中级以上相应专业的职称,其他业务负责人应具有相应专业的初级以上职称,并配有2名初级以上职称助理统计师;④ 具有2年以上从事房地产开发的经历;⑤ 近三年来累计竣工5万平方米以上的房屋建筑面积或与此相当的房地产开发投资,连续四年建筑工程质量合格率达100%。

四级房地产开发公司的资质标准:① 自有流动资金200万元以上,注册资金不低于200万元;② 有职称的建筑、土木工程、建筑经济类或房地产经济类的技术人员不得低于5人;③ 工程技术负责人具有相应中级以上职称,财务负责人具有初级以上职称,配有专业统计人员。

五级房地产开发公司的资质标准:自有资金不低于30万元,具体标准由省、自治区、直辖市建设行政主管部门根据具体情况制定。

3. 房地产开发的流程

一个房地产项目的开发大概要经过以下十个步骤:① 寻找合适的投资机会;② 进行项目可行性研究;③ 申请项目用地,获取土地使用权;④ 规划设计与方案报批;⑤ 签署有关协议,进行征地及拆迁安排;⑥ 筹措房地产开发资金;⑦ 进行建筑工程招投标;⑧ 施工建设与竣工验收;⑨ 市场营销与策划,进行楼盘销售;⑩ 进行售后服务,物业管理。当然,并不是说房地产开发企业一定要按上面十个步骤一个一个实施,也不是说十个步骤都必须完成,尤其是后两个步骤房地产开发企业完全可以委托给专业的房地产经营企业进行操作。

二、地 产 经 营

土地是人类赖以生存的最基本的生产要素,也是最重要的社会资源之一。由于我国人多地少的特殊国情,使得地产经营显得尤为重要。土地最显著的特点在于它的不可再生性和不可移动性。在我国,城市土地的所有权归国家所有,农村土地的所有权则归集体所有。而且土地的所有权和土地使用权是可以相分离的。土地的所有权是指对土地的归属拥有、占有的权利;土地使用权是指依照法律享有的利用土地的使用权利。

城市土地一般可以称为"地产",是土地的经济形态,体现了土地的产权关系。经过开发的城市土地,实际上也是一种商品。尽管我国法律规定城市土地的所有权归国家所有,但土地的使用权却是可以转让的,这就构成了土地经营的基础。随着我国市场经济体制的逐步确立,土地使用权价值的市场化日益明显。土地使用权在经济上表现为一定的价格,土地使用权的出让、转让、出租、抵押等活动都按照市场价值规律进行。所有这些都构成了地产经营的内容。

1. 土地使用权出让

土地使用权是一种民事权利,其核心是经济效益。土地使用权出让,是政府土地部门以土地所有者的身份依法将土地使用权出让供给土地使用单位,而由用地单位支付土地出让金的行为。土地使用权出让一般采用协议、招标、拍卖三种方式。

(1) 协议出让。协议出让是指国家(通过有关政府部门)将土地使用权出让给受让人时,采用协议的方式来确定出让土地有关事项的行为。内容包括出让土地的地理位置、面积、使用年限、出让金、用途、建筑密度、建筑容积率等。协议方式主要用于国家机关和公用事业单位。这种方式的特点是政府对地价等较易控制、灵活度大,但不利于平等竞争、缺乏公开性、受具体承办人主观因素影响较大。协议双方一般适用于向国家机关、学校、医院、公用事业等机构单位出让土地。

(2) 招标出让。招标出让土地的办法,系由国家通过有关政府部门来进行,可以公开招标,也可以指定某些够条件的单位来投标。承担招标任务的政府应提出招标条件(其条件与协议出让的内容大体相同,但不泄露标底),规定投标的最后期限。参加投标的单位在规定期限内,按招标条件以书面形式提出"标书",然后在公证人监督下开标,条件优者中标。中标的条件包括质量、数量等综合条件,以保证如期、如质、如量地开发建设为主要标准,不以出价最高为唯一的中标标准。招标出让土地使用权的方式一般适用于区域性大、开发技术难度大或受城市规划严格制约等要求较高的土地。

(3) 拍卖。拍卖出让土地的办法,也由国家通过有关政府机关来进行。先由有关政府机关公告拍卖书,包括拍卖出让地块的位置、面积、用途及使用年限等条件,然后在规定的时间和拍卖场所公开拍卖。由拍卖单位规定一个基价,在此基础上由参与者在场内当场出价(出价者必须高于上一出价者的价格的规定档次,比如规定每一次出价要高于上一次出价 10 万元以上等档次)竞买,如一个出价无别人再出高价时,即拍板成交。深圳市 1987 年 12 月公开拍卖一块面积 8 588 平方米的住宅用地,是我国最早的一块拍卖出让的土地。采用拍卖方式出让土地使用权,较利于受让人之间的公平竞争,既可以排除人为因素的不利影响,还可以使出让方获得最高"地价"。采用这一方式的主要不利因素是出让方(政府)对"地价"的上限不易控制。一般而言,这种出让方式适宜于商业、工业及住宅用途的土地。

但根据国土资源部的规定,从 2004 年 8 月 31 日起,各地不得再以协议的方式出让经营性土地的使用权。所有经营性土地的出让都必须以招标、拍卖和挂牌的方式进行。

2. 土地使用权转让

土地使用权转让是指土地使用者按国家有关规定，在规定的使用年限内，并在履行原合同义务的前提下，将土地使用权有偿让渡给其他使用者的经济行为，它包括土地使用权的出售、交换和赠与三种形式。土地使用权的转让是土地横向流动的一个表现。

(1) 土地使用权出售，是指土地使用权转让者将其拥有的土地使用权一次性转让给其他土地使用者，并获得相应对价的行为。土地使用权出售后，出让合同中规定的一切权利义务相应转给新的土地使用者，土地使用权转让者和原来合同规定的权利义务脱离。

(2) 土地使用权交换是以土地使用权为标的的交换行为，即土地使用者与其他土地使用者互相交换其拥有的土地使用权，从而达到互通有无的目的。交换后的双方同原有土地使用权相联系的权利义务关系也同时交换。

(3) 土地使用权赠与，是指拥有土地使用权的一方无偿将其土地使用权转让给其他土地使用者，赠与者原有的土地权利义务一并转给受赠者。

3. 土地使用权出租

土地使用权出租是指土地使用权人作为出租人，在土地使用期限内和不违反出让合同的条件下，将土地使用权随同地上建筑物及其他附着物租赁给承租人使用，由承租人向出租人支付租金的行为。土地使用权出租后，出租人必须继续履行土地使用权出让合同规定的有关义务。依照《城市国有土地使用权出让和转让暂行条例》规定，进行土地使用权出租的基本条件是：按照土地使用权出让合同规定的期限和条件对土地进行开发、利用。土地使用权出租，出租人与承租人应当签订租赁合同，双方享有对等的权利并承担相应义务。

4. 土地使用权抵押

土地使用权抵押，是指以土地使用权作为抵押物的一种抵押方式。土地使用权既可用于信贷抵押，也可用于债务抵押。土地使用权抵押对于促进资金融通、提高房地产资金的使用效益、解决建设投资不足和推动房地产经营业的发展具有十分重要的作用。但为了保障抵押贷款人的合法权益，有关部门必须从抵押品的设定、抵押合同、抵押品的占有保管等方面加强管理。

三、房 屋 经 营

房屋经营一般包括两种方式：一是房屋出售，二是房屋出租。由于房地产商品具有价值巨大的特点，因此它与一般商品的流通有重大区别：当某一房地产项目完成开发，进入流通领域，房地产经营企业就会面临出售与出租的选择。一般来说，住宅商品房通常以出售为主，而写字楼、酒店、商场等则以租赁为主。

1. 房屋出售

房屋出售是房产所有者或经营者把房屋的使用价值一次性整体转让，通过这种转让，实现房屋商品的价值。购房者用货币一次支付或分期付款的方法，获得所需房产的所有权和使用权。随着我国房改的进一步深入和住房产业化程度的提高，房屋买卖活动将大量增加。

房地产企业在进行房屋出售经营时必须遵守以下原则：平等自愿原则、协商一致原则、等价有偿原则、公平合理原则以及履行法律手续原则。

在遵守上述原则的基础上，通过确认主体资格、签订买卖合同、付款成交和房地产过户等步骤就完成了房屋买卖。当然，房地产企业为了把开发或经营的住宅商品推销出去，必须根据企业自身的发展目标、市场竞争情况以及外部环境等做出一系列的决策，这些策略统称市场营销策略，它包括产品策略、价格策略、品牌策略以及销售渠道策略等，有兴趣的读者可参考有关房地产市场营销的相关书籍，限于篇幅，这里不做介绍。

2. 房屋租赁

房屋租赁是指房产所有者或经营者为获得经济收入而出让房屋的使用权，从房屋使用人的角度来讲则是为使用房屋而以协商租金为计价向房屋所有人承租房屋。

房屋租赁的基本原则是：房屋所有权和使用权相分离的原则；出租人和承租人的权利义务相对等的原则；合理确定房租的原则。

房屋出租实际上是房产所有者或经营者把房屋使用价值分期出售，通过多次交换实现房屋使用价值的转让，由此陆续实现房产的价值。因此，房屋出租的关键问题是确定租金。一般来说，房租应包括房屋建造和流通过程中的全部费用和利润。具体地说，房租包括折旧费、管理费、地租、企业利润、保险费、利息、税金以及房屋维修费等八项内容。

四、物业管理经营

1. 物业管理经营的含义

物业管理就是利用现代管理和先进的维修养护技术，以经济手段对包括建筑物及其附属设施和相关场地在内的物业进行管理，为业主或承租人提供高效、优质的服务，使物业发挥最大的使用效益和经济效益。它是对物业建成后使用全过程的管理，也可以说是广义上的售后服务。因此，物业管理经营活动是房地产企业经营活动的重要组成部分。

广义的物业管理包括经营、管理和服务三个方面。经营主要是指按照市场规律，对物业进行商业策划，制定并实施销售方案，或是评估租金，制定出租方案，以便使物业保值、增值。管理主要是根据房地产的使用情况，对房屋进行及时修缮，保持房屋使用功能;服务则是指及时、准确地满足业主对诸如清洁、保安、绿化之类的各种服务的需求。物业管理三方面的工作是相辅相成的,即寓经营管理于服务之中,在服务中完善经营管理。物业管理的对象可以是住宅小区、公寓、写字楼,也可以是酒店、工业厂房、仓库等。

物业管理经营是一个重要的房地产经营活动。搞好物业管理经营活动从宏观上讲,可以增强社会信任感和投资者信心,促进房地产市场的发展;从微观上看,它可以为人们提供良好的工作和居住环境,有利于房地产开发商树立良好的品牌形象,促进其他项目的销售。

物业管理公司的物业经营主要收入来源于物业管理费。根据国家有关规定,物业公司收取的管理费应坚持“专款专用”、“取之于民,用之于民”及“保本微利”的原则。

2. 物业管理经营的内容

(1) 物业租赁经营。物业租赁经营是指出租人通过合同将物业的使用权交付承租人使用受益,并定期向承租人收取租金,在租赁期限届满时收回物业使用权的一种经济活动。有的物业管理公司管理出租性的物业,其主营业务就是物业的租赁,而对管理出售性物业的物业管理公司来讲,租赁经营常是受产权人委托以特约服务方式来开展的服务项目,属于多种经营范围。

(2) 配套设施经营。房地产开发企业在规划设计时应考虑到项目的配套建设,所建物业应预留部分经营用房,不但为物业管理公司开展多种经营打下良好的基础,也为业主和房屋使用人的日常生活带来许多方便,同时还能够树立房地产开发企业的品牌。常见的配套设施经营项目有: ① 会所或娱乐场所; ② 停车场; ③ 餐饮服务; ④ 商业网点; ⑤ 其他配套设施,如交通网点等。

(3) 特约服务经营。特约服务经营是为满足业主、房屋使用人的个别需求，受其委托而提供的服务，通常是指在物业管理委托合同中未要求、物业管理经营企业在专项服务中也未设立，而业主又提出该方面需求的服务。这些服务主要包括车辆保管、室内清洁、代购商品、代订报纸杂志和接送小孩等。

第四节　房地产企业经营战略

“战略”是一个经常被人们使用的词汇。在谈论战争时，人们使用战略这个词；在谈论球赛时，人们使用这个词；在谈论企业的经营管理时用得就更多了。制定和实施各种战略已经成为企业经营管理的核心职能。

一、企业战略的概念

“战略”这个词源自希腊语 Strategos，其含义是“将军指挥军队的艺术”。战略一词与企业经营管理联系在一起的时间并不长，最早出现在巴纳德(C. I. Bernad)的名著《经理的职能》一书中。在这本书中，为了说明企业的决策机制，作者从有关企业的各种生产要素中产生了“战略”因素的构想。

关于什么是企业战略，并没有统一的说法。一般认为，企业战略是指企业在分析了外部宏观环境和内部资源能力的基础上，为求得企业生存和长期的稳定发展并不断地获得竞争优势，而对企业发展目标、达到目标的途径和手段进行的总体谋划。也就是说，企业战略是企业发挥核心能力、获得竞争优势、实现长期目标的一系列整合和协调行动。

二、企业战略的特征

企业战略一般具有以下五个特征。

1. 全局性

企业战略不仅要符合本企业的发展趋势，而且要符合整个世界及其所在国的政治、经济、技术的发展趋势。企业战略是企业发展的蓝图，它制约并决定着企业经营的一切具体活动，它追求的是企业的总体效果。

2. 竞争性

企业战略是竞争的产物，制定企业战略的目的就是使企业能在激烈的市场竞争中发展壮大自己的实力，使其在与竞争对手争夺市场和资源的斗争中占有相对优势。

3. 稳定性

企业战略作为一种全局性战略蓝图，必须在一定时期内保持相对稳定性，才能在企业经营实践中具有指导意义。企业不能因为在经营过程中发生了一些枝节性的问题就随便去修改战略。但是，如果企业外部环境或内部条件的确发生了较大变化，企业战略也必须随之进行相应修改。

4. 复杂性

不管是企业战略的制定还是企业战略的实施都体现了企业战略的复杂性。企业战略是企业高层领导人价值观念的反映，是一种复杂脑力劳动及非程序决策的结果。另外，企业战略的实施会牵涉到企业产品结构、组织结构以及人事调整等方面的复杂问题。

5. 层次性

企业战略通常可分为三个层次即公司战略、业务战略和职能部门战略。本节所要着重论述的房地产企业经营战略就是属于公司战略这一层次。

三、现代房地产企业经营战略

企业的总体经营战略可以分为稳定型经营战略、增长型经营战略和紧缩型经营战略。其中增长型经营战略又可以细分为密集型成长战略、多元化经营战略和一体化经营战略。

1. 稳定型经营战略

稳定型经营战略是指在企业内外部环境的约束下，企业基本保持目前的资源分配和经营业绩水平的战略。如果房地产企业按照稳定型战略进行经营，则企业目前的经营方向、经营范围、企业规模都大致不变或以较小的幅度增长或减少。从企业经营风险的角度来讲，这种战略的风险相对较小，但企业的发展速度较为缓慢。

企业采取稳定型经营战略，往往是出于对以下原因的考虑：① 企业对过去的经营业绩表示满意，希望保持既定的或与过去相似的经营目标，从而稳定和巩固企业现有的竞争地位；② 企业对新产品、新市场缺乏足够的认识和准备，而企业又不愿意冒采用新的经营战略所带来的经营风险；③ 企业的外部环境比较稳定或企业的内部实力决定了企业必须采取稳定型的经营战略；④ 企业所处的行业市场结构为寡头垄断。

企业采用稳定型经营战略的优点在于企业可以提高内部的管理水平，充分挖掘企业自身的潜力，努力降低企业的经营成本，提高产品的质量，树立企业品牌。同时采用这种战略风险较小，当市场竞争比较激烈或者市场不确定性因素比较多时，可以使企业避免经营失败的危险。另外，采用这种战略还可以使企业避免因发展过快而带来的各种弊端。

这种战略的缺点也很明显：长期采用稳定型战略，会使企业发展缓慢，也会使企业的风险意识减弱，一旦市场竞争加剧或企业外部条件发生迅速的变化，企业就会很难适应。

2. 紧缩型经营战略

紧缩型经营战略是指企业偏离原战略起点，从目前的战略经营领域收缩或撤退。它是一种比较消极的经营战略。一般来说，企业实行紧缩战略都是短期的。其主要目的是使得企业先从风险比较大的、有可能导致经营失败的项目或领域中退出来，以便进军企业具有比较优势的领域。因此，紧缩型战略是一种以退为进的战略。

尽管紧缩型战略是一种相对较为消极的战略，但它对企业来说可能是比较重要的，因为与市场进入相比，市场退出的难度更大，它除了与市场进入同样存在着结构性壁垒之外，市场退出还存在着一些特殊障碍，如制度障碍、识别障碍等。另外，市场退出决策如发生失误，其对企业发展的危害性往往要比市场进入决策失误所带来的影响要大。

采取紧缩型经营战略，有助于企业集中优势，在外部环境恶化的条件下使企业顺利渡过不利处境，还能帮助企业实现资产的优化组合。

这种战略的缺点是：实施紧缩型战略的时机比较难掌握，如果市场退出的时机没有及时捕捉住，该退出时却犹豫不决，从而贻误战机，就会给企业造成损失，甚至导致企业倒闭破产。同时，企业实施紧缩型战略常常意味着裁员或减薪，这会引起企业内部人员的不满，从而导致企业员工士气低落。

应该说，紧缩型战略是企业经管战略的重要内容。任何企业的发展都不是直线成长的，而是螺旋式上升、波浪式前进的。企业应根据外部环境、自身实力和竞争对手的情况采取不同的战略，有进有退，有扩张有收缩，以保证企业内部资源的最优化。因此，企业的市场退出和市场进入一样，也是企业发展经营战略的重要组成部分。

3. 增长型经营战略

增长型经营战略，又称发展战略，是指导企业在现有生产经营水平上向更高一级方向发展的战略。

采用增长型经营战略要求企业不断地进行创新，推出新产品，开展新项目，使用新材料。采用增长型经营战略要求企业尽量采用非价格竞争手段，这就要求企业不仅仅要在开发市场上下工夫，而且在新产品开发、企业管理模式上都力求具有竞争优势。

企业采用增长型发展战略具有如下优势：企业能通过扩大产品的市场占有率来提高企业自身的价值，增加市场份额。企业还能通过不断的创新来提高企业的经营效率及管理水平，使企业充满生机和活力。

其缺点是：企业过快地发展，可能会导致企业机构臃肿，人浮于事，影响企业各部门之间的沟通，使企业内部管理出现混乱。

增长型经营战略具体可分为：密集型成长战略、一体化战略和多元化战略三种。

(1) 密集型成长战略。密集性成长战略是指企业通过当前产品的市场渗透、市场开发和产品开发三种策略求得企业的成长与发展。

① 市场渗透策略。市场渗透策略是指企业利用现有产品和市场的基础，通过改善产品和服务等经营手段，进一步扩大销售，以占领更大的市场份额。这种策略的核心是提高原有产品的市场占有率。

市场渗透策略的具体实施方法主要有：增设网点或举行促销活动；提高产品和服务的质量；挖掘潜在的客户。

市场渗透策略适用于那些处于成长期或刚刚进入成熟期的产品，产品一旦进入到成熟期以后，这种策略就不适用了。

② 市场开发策略。市场开发策略是指企业利用原有产品来争取新的客户，从而开拓新市场的一种战略。市场开发战略的核心是为现有产品寻找新用户、新市场。这种策略适用于像房地产业这种资本密集型的产业，因为这类行业的企业一般有专业固定资产、技术和服务，转产比较困难。其具体的实施方法主要有：转换最终用户；开发产品新用途；增加产品分销渠道。

③ 产品开发策略。产品开发策略是以不断改进原有产品或

开发新产品的方法进入企业原有市场的策略，它是企业创新的一个基本策略。由于人们的需求不断变化和提高，企业只有不断改进产品，以新的建筑装饰材料、房型和物业管理等来满足消费者的需要，巩固原有市场，并进一步扩大市场占有率。这一策略一般适用于成熟后期和衰退期的产品。

(2) 一体化战略。一体化战略是从企业经营业务的角度出发，通过资产纽带或契约方式，将若干个部分有机地结合在一起，从而达到降低交易费用、提高经济效益目的的一个整体的战略。一体化不是企业间简单的联系，这些结合在一起的企业在生产过程或市场上应该有一定的联系。

采用一体化战略必须具备两个条件：一个是企业所属的行业有广阔的前景；另一个是企业经一体化后必须能提高企业活力、经济效益、管理效率和控制力。

一体化战略分为纵向一体化战略和横向一体化战略两种。

① 纵向一体化战略。纵向一体化战略又叫垂直一体化战略，它通常是以一个大型企业为主体的几个企业间的联合，这样可以把产、供、销有机联系起来，从而形成一条龙系列，是将生产与原材料供应，或者生产与产品销售联合在一起的战略形式。纵向一体化战略又可以分为后向一体化战略和前向一体化战略。

后向一体化战略是指企业通过建立或购买一个或若干个企业而进入其原材料生产行业。其目的是为了保证产品或劳务所需的全部或部分原材料的供应，加强对所需原材料的质量控制，降低成本，提高保证供应的程度，它是一种防御型战略。当企业的产品在市场具有明显优势，希望进一步扩大销售，但由于受原材料或零部件供应的制约，影响企业发展，这时候企业往往会采取后向一体化战略。

前向一体化战略是指企业通过新设或并购一个或若干个企业而进入其产品的销售行业。目的是为了促进产品的销售，搞好产品经营，从而达到扩大市场的目的，这是一种进攻型战略。实施前向一体化战略的有效途径是灵活运用特许经营这一经营方式。

纵向一体化战略具有如下优势：提高企业经济效益；有利于企业进行技术开发；提高了企业所在行业的进入壁垒。

它的缺点是：降低了企业经营的灵活性；由于提高了企业在行业中的投资而加大了企业的商业风险；使得企业价值链各阶段的生产能力不平衡；增加了企业管理成本，弱化了企业对某些部门的激励。

② 横向一体化战略。横向一体化战略又称水平一体化战略，是指为了扩大生产规模、降低成本、巩固企业的市场占有率、减少同行业企业之间的竞争而与同一行业价值链体系上的企业进行联合的一种战略。

采用横向一体化战略具有如下优势：通过兼并收购同类企业实现了规模经济；减少竞争对手，为企业发展创造了良好环境；巩固企业市场地位，提高了企业的竞争优势。

其缺点是：协调工作量增加，提高了企业的管理成本；由于横向一体化可能会造成行业内的垄断而往往受到各国法律的限制。

(3) 多元化战略。多元化战略最初是由著名战略学家 H·安索夫(H. Ansoof)于 20 世纪 50 年代提出来的。此后，特别是 70 年代，多元化战略风靡一时。世界上大多数跨国公司的发展历史表明：企业在初创时期通常只经营属于某个行业的某种产品。随着市场的扩大、积累的增加，企业扩张能力得到极大增强之后，就需要扩大再生产，以增加产品品种和扩大行业类别，这时候企业通常采取的方法一般有投资创办新企业和收购兼并其他企业。这样就迫使企业必须制定多元化发展战略，以适应激烈的市场竞争，从而满足不断变化的市场需求。

多元化战略可以分为同心多元化战略和复合多元化战略。

① 同心多元化战略。同心多元化战略是指企业以现有产品

或服务为中心，只有当新增加的产品或服务能够利用企业在现有技术、产品线、分销渠道或客户等方面所具有的特殊知识和经验时，才考虑是否进入这一领域经营的战略。可以保持经营业务在生产技术上的同一性，充分利用生产技术、原材料、生产设备的类似性，获得生产技术上的协同效果。

② 复合多元化战略。复合多元化战略是指企业增加与现有产品或服务、技术、市场等都没有直接或间接联系的不同的新产品或服务的一种战略。在当今众多的大型企业中实行复合多元化战略已经成为一种发展趋势。这些企业往往横跨不同的，甚至是毫无关联的领域进行经营，企业可以通过向不同行业渗透或向不同的市场提供产品或服务，达到分散企业的经营风险的目的，使企业的发展更加平稳。

采用多元化战略的优势是：企业可以获得包括技术协同、管理协同、生产协同以及市场营销协同在内的协同效应；分散企业投资、经营风险；增强企业竞争力，有利于企业持续稳定地增长；可以形成资本和人力资源的内部市场，获得内部化效应。

采用多元化战略的劣势是：分散了企业有限的内部资源，不利于企业主业的发展；对企业管理者的素质要求比较高，企业管理者需要比单一业务经营者更具前瞻性的战略眼光；造成企业管理的冲突。

本章小节

房地产企业经营环境是指影响和制约房地产企业经营活动的外部诸种因素的统称。房地产经营环境具有相关性、动态性和差别性三个特点。房地产经营环境包括宏观环境和产业环境两部分，其中，宏观环境又可以分为经济、社会、政治、法律和自然环境等五部分。产业环境主要包括房地产市场的供求状况、房地产市场所处的市场阶段状况、房地产市场的完善程度、其他相关中介机构的发展情况等四个方面。房地产经营环境的分析主要是要从宏观环境和产业环境两方面入手，对影响房地产经营活动的各个因素进行细致的分析。

根据房地产企业经营内容、对象的不同，可以将房地产经营方式划分为房地产开发、房产经营、地产经营、物业管理经营以及资产经营五种不同方式。

企业战略是指企业在分析了外部宏观环境和内部资源能力的基础上，为求得企业生存和长期的稳定发展并不断地获得竞争优势，而对企业发展目标、达到目标的途径和手段进行的总体谋划，包含成长性、稳定性和竞争性三个战略目标。房地产企业的总体经营战略可以分为稳定型经营战略、增长型经营战略和紧缩型经营战略。

第五章　房地产项目管理

第一节　房地产项目管理概述

一、房地产项目概述

1. 项目的概念和基本条件

“项目”一词,已被人们广泛地应用到社会经济和文化生活的各个方面,通常,人们用它来表示某种特定的“事件”(即通过某种手段而实现某一预定目标的事件)。在长期的发展过程中,项目的内涵和外延也在不断地演进。一般地,根据现代项目的特点,可以将项目定义为:对确定性对象按限定时间、费用和质量标准完成的一次性任务。

根据项目定义,要构成一个项目,必须具备如下四个基本条件。

(1) 项目是一个系统的有机整体。尽管每个项目均可按时间、位置或性质划分为若干部分、若干子项目,但其间仍然会因各种千丝万缕的制约和联系构成一个整体。

(2) 项目具有明确的目标。目标是项目立项的依据,也是构成项目的基本条件。项目目标分为成果性目标和约束性目标,前者主要指项目的功能性要求,以房地产项目为例,如兴建一个住宅小区能满足居住一定数量、一定社会层次的居民;后者主要指项目的限制条件，如房地产项目的工期、费用、质量以及安全等等，内容多而复杂。

(3) 项目具有明确的起点和终点。任何项目都有明确的生命周期，有一个从立项到终了或开始至结束的时间历程。

(4) 项目完成需要资源条件的保障。项目的实施，必然要消耗或占用一定的资源(材料、设备、劳动、土地、资金等)。因而，任何项目必须具备可靠的资源保证。

凡是满足上述条件的事项，均可称之为一个项目。因此，项目的种类众多，根据项目的最终成果或专业标准分类，可以包括科研项目、国防项目、开发项目、工程建设项目、咨询项目等等。

2. 房地产项目的概念和特征

房地产项目是指在一定的时间、费用和质量要求下，以土地和房屋建筑为对象，以达到特定的使用功能为目的，按照一定的步骤和程序所完成的一次性任务。房地产项目是工程建设项目的一种类型，与其他一般性项目比，具有以下四个特征。

(1) 房地产项目的时间要求限定性较强。任何一个房地产项目都有较强的时间要求，其主要原因在于：

① 房地产项目的资金占用量较大。房地产项目产品的高价值性，使得其生产过程的资金占用量较大，通常企业为了提高有限资金的使用效率，必须对项目的工期进行限制。由于房地产开发项目的主要资金来源于银行等金融机构及非金融机构的借贷资金，因此，如果工期过长，会导致项目支付的利息和相关费用过高，从而使企业资金的收益水平较低，甚至导致项目及企业亏损。

② 市场需求相对变化较快。随着社会经济发展水平的不断提高，人们对房地产项目功能和质量方面的要求也在迅速提高，如果房地产项目的工期过长，而产品定位设计又不具前瞻性，会导致产品原有的功能过时，或者目标市场缩小，从而导致产品

滞销。

③ 市场上同业竞争激烈。对于房地产项目,尤其是商品房项目,具有相当高的投资回报率,因此一旦房地产市场上有某一类型的房地产项目需求旺盛,就会有大量的开发商和资金投入该类型的房地产项目开发。在这种情况下,如果房地产项目的工期过长,一方面由于市场上已经出现大量的同类产品从而导致该项目产品的市场价格下降;另一方面可能由于后开发但先完工的项目产品功能的改进,导致该项目产品的品质和价格相对下降,从而使实际的投资回报远低于预期回报。

(2) 房地产项目的质量要求较高。房地产项目投资大,投资行为具有不可逆转性,一旦质量不合乎要求,就会造成资源的大量浪费。不仅如此,由于房地产项目产品直接进入人们的工作和生活,甚至关乎人们的生命和财产安全,如果房地产产品的质量不过关,在使用过程中就有可能造成财产损失乃至人员伤亡。因此,政府往往对房地产项目产品的质量问题,会制定一系列的政策法规加以控制。

(3) 房地产项目的组织要求很高。主要表现在:

① 房地产项目具有较强的系统性。现代房地产项目是一个复杂而且庞大的系统,不仅规模大、范围大、投资多、时间长、阶段多,而且各阶段之间紧密衔接,这就要求项目在建设过程中必须统一规划管理、统一进行资源和效益的核算。

② 房地产项目具有较强的程序性。房地产项目在实施过程中,必须按照规定的或事物内部固有的程序开展,并注意项目的各个程序之间的衔接,如果随意倒置或抛弃某个程序,就会给项目的实现带来障碍。

③ 房地产项目的组织协调管理要求较高。由于现代化大生产和专业化分工要求,一个房地产项目往往都有几十个甚至上百个单位或部门参加。因此,要保证项目按计划有序地实施,必须建

立严密的项目组织系统，进行有效的协调和管理。

(4) 房地产项目的政策和法律规范严密。一个房地产项目的实现，实际上既是一种经济关系的体现，也是一种法律关系和社会关系的体现，因而，房地产项目要求有相关的政策法规和企业章程来确定各个参与人之间的权利和义务，才能保证相关单位和部门各司其职，进而保证项目有序展开。为了规范房地产项目的实施过程，已制定了许多相关的政策和法律条文，如房地产管理法、工程承包法、建筑装饰材料安全标准等等，有关的整个政策法律规范体系将在本书第十章中详细介绍。

3. 房地产项目的开发过程

任何项目都有其生命周期，即从开始策划立项，到完成项目目标，结束项目为止，都有它的阶段性和时序性。房地产项目的生命周期包括以下五个阶段。

(1) 项目前期策划和立项阶段。这一阶段主要是在市场调查研究的基础上，对拟开发项目进行可行性研究和项目评估决策，其具体的工作包括房地产项目的构思和定位、目标设计、可行性研究和报批立项等。这一阶段的核心工作是项目的可行性研究，因此，也可以把这一阶段称为项目的可行性研究阶段。

(2) 项目实施的前期阶段。这一阶段主要是在从立项到项目正式施工前的一段时期，具体工作包括土地征用和拆迁安置、工程勘探和规划设计、招标投标以及施工前的完成现场的基础设施配套建设等。

(3) 项目施工阶段。这一阶段是房地产项目产品的具体建造过程，一般是从进场开工到竣工验收为止。

(4) 项目销售阶段。房地产项目的销售一般可以分为预售和现售两种，前者主要指商业性房地产项目(如商品房住宅、写字楼等)在政策允许的范围内，可以进行项目产品预销售，实际上，商品房预售是在项目施工的后期进行的。

(5) 项目使用阶段。该阶段是指从房地产项目产品从交付使用到规定的责任期结束为止，实际上就是指物业管理，随着房地产项目内涵和外延的扩大，现在也把房地产项目的全过程延伸到物业管理阶段，这也是房地产项目的一个特殊性要求。

上述阶段可以用图 5－1 表示。

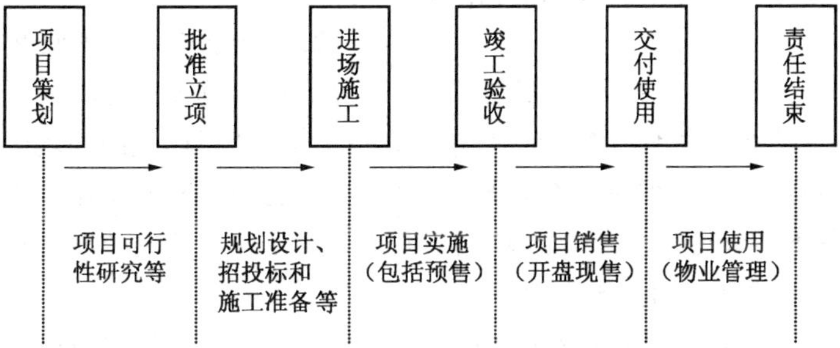

图 5－1　房地产项目的生命周期

二、房地产项目管理概述

1. 房地产项目管理的概念

房地产项目管理是指房地产项目的管理者运用管理学的观点、理论和方法，对房地产项目的建设和使用进行全过程和全方位的计划、控制和协调，从而保证项目达到预定的质量标准、时间标准和费用标准，以实现生产要素在房地产项目上的优化配置，为用户提供优质的房地产产品和服务。

房地产项目管理根据管理者的不同，大致可以分为建设项目管理（业主单位）、设计项目管理（设计单位）、工程咨询项目管理（监理单位）、施工项目管理（施工单位）和物业管理（物业公司）等。

根据房地产项目管理的概念，可以知道房地产项目管理的三大目标，即功能（质量）目标、进度（工期）目标和费用（成本）目标，如图5－2所示。这三个目标相互联系、相互影响，比如缩短工期，就可能影响到功能和成本的变化，而项目管理的目的就在于实现三者之间的优化和平衡。

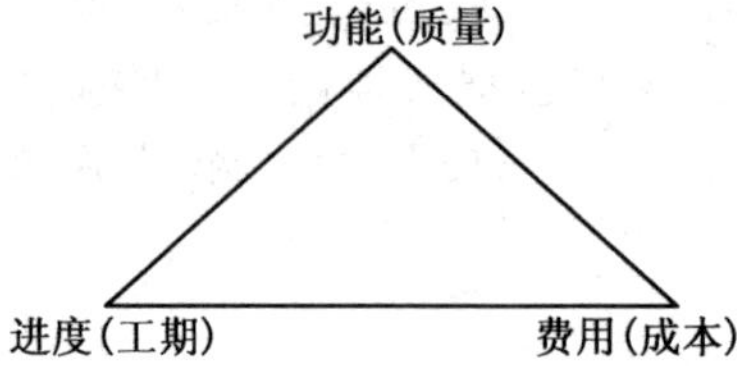

图5－2　房地产项目管理目标体系

2. 房地产项目管理的内容

房地产项目是一个相互联系、相互影响的多目标、多过程体系，在房地产管理的整个过程中，既要保持各个目标之间的均衡性和合理性，又要保证各个过程之间紧密的衔接和协调，根据房地产项目的整个逻辑过程以及项目管理的既定目标，房地产项目管理应当包括以下四方面内容。

(1) 房地产项目前期策划和可行性研究。房地产项目前期策划主要包括房地产项目市场调查、房地产项目产品定位和规划设计等；房地产项目可行性研究则是依据前期策划的方案，进行项目的投资估算和财务评价，在成本收益分析和风险分析的基础上，决定最优方案并提出相应的项目建设建议。

(2) 房地产项目组织管理。项目组织管理，即根据房地产项目主体（企业）和客体（产品）的具体特点，选择合理的项目组织形式，并在整个项目的实施过程中对人员、物质和信息等进行组织协调工作，这是项目得以顺利开展的重要条件。

(3) 房地产项目计划和控制管理。项目计划和控制管理主要是针对项目实施过程而展开的，因此是整个项目管理过程中最关键的一环，它直接决定了项目的成功与否。项目计划主要包括进度计划、成本计划和资源计划；根据项目管理的三大目标，项目控制管理包括了进度控制、成本控制和质量控制，此外还包括一些特定的控制管理内容，比如合同控制、安全控制等。

(4) 房地产项目后期管理。本书中的房地产项目后期管理主要是指在项目施工后期到交付使用期间的所有管理内容，主要包括组织竣工验收、市场营销和物业管理等。

实际上，房地产项目管理的内容远不止此，限于本书篇幅限制，所以只重点介绍以上内容，具体将在本章后面四节展开。

3. 现代房地产项目管理的新特点

随着现代房地产项目管理范围的拓展、概念的延伸、内容的增加以及计算机技术等管理手段的提高，其管理过程和内容同传统的房地产项目管理相比，具有以下四个特点。

(1) 项目管理理论、技术和手段的科学化。现代房地产项目管理正在不断地吸收和使用现代化科学技术的最新成果，这是它最显著的特点。其中，现代管理理论包括系统论、信息论、控制论和行为科学理论等等；现代管理技术和方法包括预测技术、决策技术、经济分析方法、数学分析方法、数理统计方法、网络技术和图文处理技术等等；现代管理手段包括计算机、精密仪器、多媒体和互联网等等。尤其要提及的是，以网络技术为主的项目管理软件的广泛使用，大大提高了房地产项目在工期、成本等的计划、优化和控制上的管理效率。

(2) 项目管理的社会化和专业化。随着房地产项目数量的增多、规模的扩大以及产品功能的日趋复杂，对房地产项目管理的要求越来越高，不仅体现在管理内容的细化，还体现在管理水平的专业化。传统的房地产企业的项目管理人员已经达不到这种专业化水平，而增加投入又会导致人员和成本的浪费，于是大量的从事某一特定领域的专业化项目管理公司应运而生，专门承接某一项具体的项目管理业务，比如项目策划、工程监理等等咨询类公司，应用这些专业公司成熟的项目管理模式，往往能达到投资省、进度快、质量好的目标。

(3) 项目管理的标准化和规范化。项目管理是一项技术性非常强的工作，项目管理越是社会化和专业化，就越需要标准化和规范化，这样才能使项目管理工作具有通用性，摆脱以往只依赖经验判断的管理方式，从而提高管理水平和经济效益。项目管理的标准化和规范化体现在许多方面，比如规范化的定义和名词解释、规范化的项目管理工作流程、标准化的工程费用核算、标准化的合同文件以及标准化的信息系统等。

(4) 项目管理国际化。即按照国际惯例来进行项目管理，这种国际化趋势在国外和国内越来越明显。诸如国际工程、国际咨询、国际投资和国际采购等一些国际合作项目越来越多，由于各国文化风俗、行业习惯、法律背景和经济制度上的差异，这往往会给项目管理带来沟通协调上的困难。因此，通常项目管理会采用一些被各国所广泛接受的国际惯例，比如世界银行推行的工业项目可行性研究指南、采购条件，国际咨询工程师联合会颁布的 FIDIC 合同条件和相应的招投标程序，以及国际上其他处理一些项目问题的惯例和通行准则等。

第二节　房地产项目前期策划和可行性研究

一、房地产项目前期策划

1. 房地产项目市场调查

(1) 房地产市场调查的概念。房地产市场调查就是以房地产为特定的商品对象，对相关的市场信息进行系统地收集、整理、记录、分析，进而对房地产市场进行研究和预测的一种活动方式。市场调查的目的是为企业提供真实的市场背景资料，以正确判断和把握市场的现状和发展趋势，并寻找到合适的项目投资机会。

(2) 房地产市场调查的内容。房地产市场调查的内容大体可以归纳为以下三大方面。

① 房地产企业的宏观环境。宏观市场环境调查,是对企业所处的市场环境,包括政治法律、经济、人口和文化等各种因素的调查,具体包括:

a. 政治法律。主要指国家政治局面的稳定、政策法律法规的健全等对房地产项目的影响,比如上海市政府新近推出的房地产交易网上登记制度,就会对开发商乃至整个市场产生巨大影响。

b. 经济环境。主要是指国民经济增长趋势、经济方针政策预期等对房地产项目的影响,比如亚洲金融危机对房地产市场的打击,还有目前宏观调控对房地产市场的影响。

c. 人口环境。人口与房地产市场紧密相连,人口和家庭的数量及其增长直接影响房地产的需求。比如近年来由于上海逐渐成为国际化大都市,吸引着各种中高层次的新移民源源涌入上海,产生对住房持续旺盛的消费需求,并成为上海房价攀升的重要原因。

d. 文化环境。文化环境主要是指一个国家、地区或民族的传统文化,如风俗习惯、伦理道德观念、价值观念等等,文化环境会影响消费者的购买目标、购买方式,也会对房地产价值产生一定影响。

② 房地产企业的中观环境。中观市场环境调查主要是针对房地产项目所在城市的建设与规划情况、房地产企业资质与实力、房地产的供求总量以及房地产专业和中介结构的情况。

③ 房地产企业的微观环境。微观市场环境调查主要有以下两个方面的内容:

a. 消费者分析。主要调查消费者家庭收入、年龄结构、家庭结构,以及对购房的区位、户型、面积和价格要求等。

b. 竞争对手分析。主要调查项目附近楼盘的房型、价格、推出时间、销售渠道、促销策略以及开发商实力。

(3) 房地产市场调查的方法。房地产市场调查的方法按获得的调查资料类型可分为间接调查和直接调查。

① 间接调查是指收集利用现有的有关资料,间接调查所收集的资料称为第二手资料。主要来源有国家统计局、地方统计局出版的年鉴,政府工作报告,房地产年鉴,有关的专著、报纸、杂志、网络资源等等。间接调查也可以采用委托调查的方法,委托有关咨询、调查公司调查,购买经过加工处理的资料。

② 直接调查指调查的实施者亲自对调查对象进行调查,获得第一手资料。直接调查常采用:观察法、访问法和实验法。

房地产市场调查的方法按调查的对象又可分为全面调查、重点调查和抽样调查。

① 全面普查。主要用于了解掌握市场一般性需求特征,如一个城市的人口、家庭结构、市民的收入、购房意向等。这类调查有助于开发企业了解整个房地产市场的供求情况。

② 重点调查。重点调查是以有代表性的单位、地区或消费者作为调查对象,进而推导出一般结论的方法。

③ 抽样调查。选择少量的调查对象进行调查的一种方式。抽样调查的抽样方法和样本容量对调查的正确、可靠性极其重要。

(4) 房地产市场调查的基本程序。为使市场调查能够顺利进行,保证质量,市场调查应按照一定的程序展开,一般分六个步骤进行,可以用图 5－3 表示。

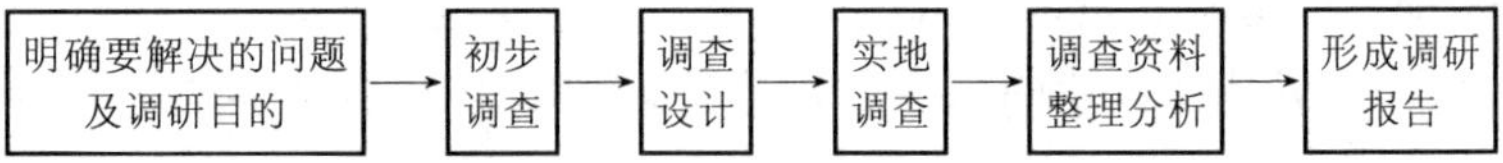

图 5－3　房地产市场调查的基本程序

2. 房地产项目产品定位

(1) 房地产产品定位的概念。房地产产品定位即房地产开发企业为了有针对性地销售和推广自己的楼盘而采取的一系列消费者界定和细分活动。房地产产品定位必须依据市场调查,其目的在于研究项目开发的可行性,确定最终客户,预测产品的市场占有率。

房地产产品定位要求房地产开发企业能够确定目标消费者的类别、数量以及需求偏好的差异性。这个差异性对于消费者和房地产开发企业来说必须有实际意义,即对消费者而言有具体明确的价值,对房地产开发企业而言能带来利润,并且这种产品不易被竞争对手模仿,有较高的进入壁垒。

(2) 房地产产品定位的内容。房地产产品定位实际上也就是对房地产项目的策划,具体包括:

① 销售目标定位。通过项目前期的市场调查,房地产开发企业应该大体上明白消费者对区位因素的偏好程度、对房型档次的选择以及对物业管理的要求等问题。房地产开发企业要想使自己的楼盘得到市场的认可和消费者的青睐,就必须有明确的销售目标定位。具体的定位过程要考虑到消费者的经济承受能力、消费观念以及市场的有效需求。

② 产品定位。不同的房地产开发活动在规模档次和需求水平等方面都有很大的差异性,房地产产品定位的目的就是要发挥企业自身的开发设计优势,寻找到良好的切入点,使产品的优势和特色能够充分地体现出来,给消费者留下深刻的印象,并树立与众不同的品牌形象。

③ 价格定位。价格是消费者在进行购买决策时所重点考虑的因素,对于房地产企业来说,制定准确的价格策略既能够吸引消费者,又可以使企业的收益最大化。房地产产品的价格定位需要考虑产品所处的地理位置、房型档次、消费者收入水平等因素。房地产市场的行情变化速度很快,为了适应市场竞争的需要,房地产企业应该对消费者的心理价位做出及时的预测和判断,以便针对竞争对手的产品做出有力的回应。

(3) 房地产产品定位的原则。

① 内外顺序原则。在房地产产品定位的实务操作中，应该坚持先外后内的原则，即先决定外部整体规划，再考虑内部具体区域的有关细节设计。一般来说，房地产企业会采取以下的方法：先决定产品的空间用途，然后再考虑单元面积计划；优先确定整体容积率的分配，再考虑楼别的配置；先规划整个地块，然后再利用开发零星地块；先规划整体效果，再考虑各楼层以及各单元空间的联系形式。

② 附加值的创造原则。房地产企业在进行产品定位时，应该具备创造附加价值的能力和增加企业边际利润的技巧，这样才能提高企业产品的市场占有率。比如在小区里，有多种不同用途的建筑，这些性质用途各不相同的区域空间，有不同的利用价值，房地产企业在进行产品定位时要注意房地产项目的整体价值。

③ 专门化原则。房地产产品的专门化程度越高，越容易给消费者留下品质优良、值得信赖的感觉，能给企业带来良好的收益。需要强调的是，房地产开发企业利用专门化原则时，要考虑到产品专门化程度与市场特性、供求状况以及消费者的购买力相适应。

（4）房地产产品定位的程序。房地产产品定位是一个策划过程，必须遵照一定的程序来进行，否则，只靠开发商的直觉或者主观判断来进行产品定位，必然是事倍功半。下面介绍一下产品定位的一般程序：

① 确定产品定位的动机和目的。即房地产开发企业是为了降低成本增加利润，还是为了树立公司的品牌形象。不同的动机和目的需要运用不同的产品定位策略。

② 进行房地产市场分析。这个环节主要研究分析土地开发条件，与项目相关的法律法规、政府机构、市场环境、财务问题等，以及目标客户等因素。

③ 房地产产品的规划设计。房地产项目规划需要提供该项目的平面布置图、道路规划图，以及项目主要建筑物的建筑设计主

要指标，包括层高、层数、结构、基础、外装修、设备，以及基础设施、公建配套设施等。房地产项目设计则是对房地产投资项目要实现的技术经济目标的具体规定，包括项目的投资规模、工程数量及成本、效益等经济指标；项目的容积率、建筑密度、绿化面积等技术指标。

④ 房地产产品方案策划。房地产企业完成产品定位的最后一步是确定最优产品开发方案和制定相关的执行计划。为了确保产品定位的预期效果，房地产企业各部门进行方案评价筛选时要尽可能兼顾开发、销售、管理、财务等诸环节的工作。方案策划实质上是一个构思、计划、评价、修正的反复过程，它是房地产项目可行性研究的基础。

二、房地产项目可行性研究

1. 房地产项目可行性研究的概念

项目的可行性研究是指在投资决策前，分析、计算和评价投资项目的技术方案、开发方案和经营方案的经济效果，进而研究项目开发的必要性和可能性，并作出开发方案选择和方案决策的科学分析方法。房地产项目可行性研究是在前期策划的基础上，对项目策划方案所进行的优选，其目的就是确保投资决策的科学性、合理性和可行性。

根据项目研究的详细程度不同，可行性研究可以划分为投资机会研究、初步可行性研究和详细可行性研究三个阶段，各阶段的内容是一致的，只是指标的详细程度存在差别。通常所说的可行性研究是指详细可行性研究。

2. 房地产项目可行性研究的内容

一般来讲，房地产项目可行性研究要回答三个问题，即是否需要投资开发该项目原因是什么，实施该项目的最佳方案和具体办法，该投资项目的预期现金流及预期收益额，具体而言，项目可行性研究的内容主要包括：

(1) 市场需求和发展趋势。项目可行性研究应对房地产市场的需求特点，供求状况及正在发生和可能出现的变化等因素进行深入探索和研究。

(2) 项目建设地点和周边环境。项目可行性必须分析该项目所处地块的交通情况、公共设施、生态环境等因素，对于房地产开发企业来说，项目收益和核心竞争力都取决于建设地点的选择。

(3) 建筑材料供应情况。在房地产项目开发中，工程质量优劣很大程度上取决于建筑材料、设备的质量，同时建筑材料的成本高低也直接影响着项目的未来收益，因此在项目开始前，房地产开发企业应该对建材市场的供求状况、产品质量、销售渠道做全面细致的调查，保证项目质量。

(4) 选择合适的建筑方案。比如房型、面积、容积率、绿化率、室内装修水平等因素都是建筑方案的组成部分。

(5) 选择工程承包商。房地产开发企业要明确筹建项目要求的施工技术水平，并且熟悉工程承包市场的供求状况、质量信誉等情况，结合企业资金实力和项目特点，选择经验丰富、技术优良和在业内口碑不错的公司。

(6) 预测现金流量和未来收益，并分析其可靠性，选择最优方案。在房地产企业的项目可行性研究中，财务经济效益是核心和关键，只有在取得合意的经济效益情况下，项目投融资才有现实可能性和必要性，通过对于现金流、收益、负债的定性和定量分析，房地产企业即可对项目潜在风险做出估计和判断，避免融资、建设、运营等环节中的决策失误。

以上(1)—(5)项的内容实际上在房地产项目前期市场调查、产品定位、规划设计和方案策划中已经涉及，只不过在前期策划阶段只是通过初步性的定性分析提出备选方案，而在可行性研究阶段中，则需要借助第(6)项作出定量分析，并确定最优方案。因此，可行性研究的最重要内容应当是与项目相关的收益分析和风险分析，由于这一内容与本书第七章和第九章内容有关，因此，这里只是简要提一下。

3. 房地产项目可行性研究报告

房地产项目可行性研究报告是对项目可行性研究全过程进行描述的总结性文件，虽然因项目的具体内容和环境条件的不同，报告的内容会有所差异，但对一般的房地产项目而言，可行性研究报告应当包含以下要点：

(1) 项目总说明。主要是就项目背景、项目主办者或参与者、项目评估的目的、项目评估报告编制的依据及有关说明等予以介绍。

(2) 项目概况。应重点介绍项目的合作方式和性质、项目所处的地理位置、项目拟建规模和标准、项目配套设施、项目总体规划设计以及项目建成后的服务对象等。

(3) 投资环境研究。主要包括当地总体社会经济情况、城市基础设施状况、土地使用制度、金融和税收政策以及政府鼓励投资的领域等。

(4) 市场研究。按照所评估项目的特点，分析与所评估项目同类的竞争性项目的市场分布、销售价格、供求情况及其发展趋势等。

(5) 规划方案。详细介绍拟定方案的建筑物布局、道路交通、市政设施、配套服务设施、建筑结构、装修标准和面积分配等，特别要考虑相关的水、电、路等建设条件能否满足方案要求。

(6) 发包方式及进度安排。发包方式的差异往往会带来工程质量、工期、成本等方面的差异，因此在可行性研究报告中有必要对发包方式提出建议。同时，还应当分阶段安排好开发建设进度、建筑材料供应，为下一步投资估算做好准备。

(7) 投资与成本和费用估算。编制项目的开发成本估算表和开发费用估算表，前者主要包括地价表、前期费用估算表、建筑及安装工程费用表、基础设施及公建配套设施费用表、各种税费估算表等；后者包括项目的营销费用估算表、筹资费用估算表等。将上述各表汇总后，即构成项目的投资与成本费用估算总表。

(8) 投资计划及筹资计划。编制按项目开发进度计划安排的项目投资计划表、项目资金运用计划表、资金筹措计划表及还贷计划表等。

(9) 项目经济效益评价。这是项目可行性研究报告中最关键的部分，主要指利用销售收入测算、成本及税金和利润分配等基础数据，对项目的经济可行性进行分析。对拟投资项目的经济效益分析主要有比率分析、静态分析和动态分析三类。

① 财务比率分析。主要有流动比率、速动比率、负债比率、盈利比率等等，它们从不同方面反映了项目经营的财务状况。

② 静态分析。主要有静态投资收益率、投资回报率、投资回收期等，它们从不同角度描述了项目投资的静态经济效益。

③ 动态分析。主要有净现值、净现值率、内部收益率等，它们分别从不同角度描述了项目的动态经济效益。

房地产项目投资的可行性研究报告，应当视项目的具体情况和可行性研究的实际需要，从上述各种财务分析与评价方法中，选择合适的方法进行分析与经济效益评价。

(10) 不确定性分析与风险分析。不确定性分析一般包括盈亏平衡分析和敏感性分析。其中，盈亏平衡分析主要是求出项目的盈亏平衡点，以说明项目的投资安全程度；敏感性分析则要说明影响项目的经济效益的主要风险因素，即项目总开发成本费用、售价、开发建设周期和贷款利率等在一定幅度内变化时，对项目投资的经济评价指标的影响情况。

风险分析是指根据各种变量的概率分布，来推求一个项目在风险条件下获利的可能性大小，因此风险分析有时也被称为概率分析。风险分析的目的在于说明房地产项目在特定收益状态下的风险程度,进而为投资者决策提供可靠依据。

(11) 社会评价。房地产项目可行性研究报告还要分析项目的社会效益与环境效益状况,就项目开发建设对社会及环境带来的影响作出描述,并对项目建设过程中环境保护方面拟采取的措施进行介绍。

(12) 可行性研究的结论。结论是可行性研究报告正文的最后一部分,在结论中应当就上述研究与评价的结果进行综合性的归纳和总结,对该项目投资在经济上、技术上的可行性作出判断,并就该项目投资过程中可能遇到的问题及拟采取的对策提出建议。

第三节　房地产项目计划和控制管理

一、房地产项目计划

1. 房地产项目计划的概念和要求

房地产项目计划是指项目管理者对项目目标实现的方法、措施和过程的实施安排的一种活动。项目计划实际上是对项目总目标的分解,可以帮助项目参与者分配任务和落实责任,同时,项目计划也是项目实施和项目控制的依据。

房地产项目计划作为项目实施的一个重要环节,在制定时需要满足特定的要求:

(1) 符合项目总目标。项目计划就是为了实现总目标而制定的,所以目标是计划的灵魂,计划人员必须先详细地分析目标,弄清任务的性质和地位并使其透明化,才能制作出有针对性的计划。

(2) 符合项目的实际情况。项目本身具有一定的客观规律性,这要求项目计划必须按照项目的环境条件、规模、复杂程度、质量标准、项目活动的逻辑性等具体情况制定，不能过于强调压缩项目或项目活动的工期和费用来达到苛刻的项目目标要求。应当充分重视同类项目的相关信息和以往的经验教训。同时，项目管理者在制定计划时，必须针对项目各参与者的实际情况，与业主、承包商、供应商、分包商等充分沟通，切不可闭门造车。

(3) 满足客观的经济性要求。项目计划目标要体现项目的整体经济效益，在计划过程中，采用价值分析法、费用—效用比较法、工期—费用优化法、资源平衡法等，进行项目计划的优化。

(4) 全面性要求。项目计划必须囊括项目的各个方面及各种要素，使其在内容上完整，在逻辑上严密，只有这样才能保证形成一个周密而且具有普遍性的计划体系。

(5) 项目计划要有一定的弹性。在实际过程中，项目计划的实现总是不可避免的要受到多方面的干扰，如市场与环境的变化、投资者变化、政府部门和新法规的干预、施工过程中的合理差错等，因此项目计划总要对工期、费用和材料等的预算量留有一定的余地。

(6) 详略得当。项目计划太细会束缚项目实施者的活力，使下级丧失创造力和主动精神；项目计划太粗，则达不到指导实际工作和实施控制的要求。

2. 房地产项目计划的内容

项目的多目标性和多层次性，使项目计划内容具有复杂性和多样性，通常项目计划应当包括以下内容：

(1) 进度(工期)计划。主要是对项目的总工期目标进行分解，分配项目结构各层次单位的持续时间，确定各个项目活动开始和结束的时间，并作时差分析。

(2) 成本计划。主要包括各层次项目的单元成本计划、项目的“时间—成本”计划、项目现金流量和项目资金筹集计划等。

(3) 资源计划。包括劳动力的招聘、使用和培训等计划，设备采购、使用和维修等计划，以及物资供应、采购订货等计划。

(4) 质量计划，如质量保证计划、安全保障计划等。

(5) 其他计划。如现场平面布置计划、后勤管理计划、运营准备计划等。

3. 房地产项目计划的编制过程

房地产项目进度计划是针对房地产项目开发建设周期长、涉及面广、影响因素复杂的特点而制定的，它是房地产项目计划中的重要部分，下面就以房地产项目施工进度计划为例，介绍一下房地产项目计划的编制过程。

(1) 收集编制依据。施工进度计划编制依据资料有施工方案、资源供应情况(包括资金、劳动力、主要设备、主要原材料等)、工期合同、施工定额、设计图、施工规范、工程数量等。计划编制人员应根据具体情况，有针对性地收集与项目有关的依据资料，使计划建立在可靠的基础上，并能满足各方对项目工期的要求。

(2) 划分施工项目。收集到有关的信息资料，应根据管理深度的需要，将项目划分为单项工程、单位工程、分部工程、分项工程，甚至是工程作业面。

(3) 计算工程数量。按照上述划分好的项目，分别计算各子项目的工程数量，以作为确定子项目工期的依据。

(4) 确定施工顺序。确定各子项目施工顺序，是编制项目进度计划的重要基础，在确定施工顺序时，应考虑以下因素：

① 技术因素。技术因素亦称工艺因素，是指由施工工艺关系来确定顺序关系，如钢筋混凝土工程的施工顺序一般是，绑扎钢筋——立模板——浇筑混凝土。

② 组织因素。组织因素是指在施工过程中根据各种资源条件的组织和安排需要来确定顺序关系，如流水施工的各工种搭配和施工段的前后衔接关系，为安排大型施工设备进场作业而安排的顺序关系等。

③ 合同工期。不同的施工顺序将导致不同的工期,而项目的总工期又要受合同工期的制约,因而,制定项目施工顺序时,应考虑合同总工期的因素。

(5) 编制施工进度初步计划。施工进度的初步计划是依据已初步确定的各子项目施工顺序、施工工艺、工程数量及已具备施工能力,综合考虑项目的投资计划、主要材料及设备计划编制出来的。施工进度的初步计划应明确规定各子项目的开工、完工时间和延续时间。为了便于调整和优化,一般都用网络图来描述。

(6) 调整和优化进度计划。已编制好的项目进度计划,还要根据资源条件和工期条件进行进一步的调整和优化。一般来讲,这种调整和优化应重点考虑如下问题:

① 资源均衡问题。项目施工过程中,资源(如资金、劳动力、设备、原材料等)消耗的不均匀性不仅会带来管理上的困难,而且会影响劳动效率和经济效益。因而,进度计划调整首先要考虑的问题就是研究各阶段的资源消耗,并尽可能地使其均衡。

② 工期条件。作为进度计划限定条件的还有合同工期和目标工期,合同工期是签订承包合同中所规定的工期,目标工期是根据合同工期要求并考虑一定风险因素后所确定的计划工期目标值。初步进度计划制订好以后,要视是否满足合同工期和目标工期要求进行调整。

③ 成本条件。成本是制定进度计划时需考虑的另一因素,任何项目的建设都不应一味地追求高速度,过短的工期势必增加大量的设备和劳动力,带来成本的增加。一般来说,项目的建设成本由直接费用和间接费用两大部分构成,直接费用随工期的增加而降低,间接费用却随工期的增加而增长,两者综合使总成本随工期的变动形成一个最低点,这个最低点所对应的工期即“最低成本工期”,最低成本工期是从建筑施工成本这个角度来考虑在经济上最合理的最佳工期。

二、房地产项目控制

1. 房地产项目控制的概念

房地产项目控制是指为了房地产项目计划的实现,对项目的进度、成本、技术和质量、合同与现场安全等所采取的一系列控制措施与办法。

房地产项目控制的作用在于贯彻计划的意图,根据实际发生情况补充计划的不足,通过全过程的控制措施保证项目总目标的圆满实现。其控制手段应当包括组织、技术、经济、协作以及信息管理等多方面、全方位的措施。

房地产项目控制不同于传统的建立在偏差纠正基础上的反馈控制,而是一种积极的主动的控制。其内容除了纠正偏差外,还应当包括事前预防控制,即通过预测来估计事件可能存在的偏差,并事先采取相应对策和措施来预防偏差的出现。主动的前馈控制,可以使项目投资损失降低到最低限度。

2. 房地产项目控制的内容

(1) 房地产项目进度控制。房地产项目进度通常是指房地产项目实施结果的进展情况,通常采用持续时间、工程价值量、投入成本额、项目状态等进度指标进行描述。

房地产项目进度控制的一般内容包括:

① 项目进度控制应以实现施工合同约定的竣工日期为最终目标。

② 项目进度控制总目标应进行分解。可按单位工程分解为交工分目标,可按承包的专业或施工阶段分解为完工分目标,亦可按年、季、月计划期分解为时间目标。

③ 项目进度控制应建立以项目经理为责任主体,由子项目负责人、计划人员、作业队长及班组长参加的项目进度控制体系。

④ 项目进度控制中应关注以下因素:

a. 材料、设备的供应情况。包括各项设备采购是否完成、各种材料的供货厂商是否落实、计划交货日期、检验及验收办法等。

b. 设计变更。设计的修改往往会增加工作量、延缓工程日期。

c. 劳动力的安排情况。工人过少会完不成进度规定的任务，工人过多则会由于现场工作不够而窝工，也完不成任务，所以应根据需要适当地安排劳动力。

d. 气象条件。应时刻注意气象条件，天气不好(如下雨、下雪)，则安排室内施工(如装修)；天气晴朗时，则加快室外施工进度。

⑤ 项目经理应按照下列程序进行项目进度控制：

a. 根据项目计划阶段施工合同和工艺关系、组织关系、衔接关系、起止时间、劳动力计划、设备计划等因素综合确定的项目进度计划，明确计划开工日期、计划总工期和计划竣工日期，并确定项目分期分批的开工、竣工日期。

b. 向监理工程师提出开工申请报告，并根据监理工程师下达的开工指令按期开工。

c. 实施施工进度计划，当出现进度偏差(不必要的提前或延误)时，应及时对其进行调整，并应不断预测未来进度状况。

d. 全部任务完成后应进行进度控制总结并编写进度控制报告。

(2) 房地产项目成本控制。房地产项目成本是指项目开发建设、销售过程中所花费的全部费用，具体包括土地费用、前期工程费用、建筑安装费用、基础设施费用、公共配套设施费用、开发间接费用、销售费用和前期物业费用等。这里讲的项目成本控制主要是指与工程实施有关的成本控制，它是监督成本费用、降低工程造价的重要手段，是房地产开发企业的增加利润的重要手段之一。

房地产项目成本控制一般内容包括：

① 项目成本控制包括成本预测、计划、实施、核算、分析、考核以及整理成本资料并编制成本报告，它是项目成本计划的延伸和落实。

② 企业应建立和完善项目管理层作为成本控制中心的功能和机制，并为项目成本控制创造优化配置生产要素、实施动态管理的环境和条件。

③ 项目管理部门应建立以项目经理为中心的成本控制体系，按内部各岗位和作业层进行成本目标分解，明确各管理人员和作业人员的成本责任、权限和相互关系。

④ 项目经理部所承担的责任与风险应在“项目管理目标责任书”中加以明确，项目经理应在管理职责权限内对施工过程中发生的各种消耗和费用进行成本控制。

⑤ 项目经理进行项目成本控制的主要措施包括：

a. 审查施工组织设计和施工方案。施工组织设计和施工方案对工程成本支出影响很大，科学合理的施工组织设计和施工方案，能有效地降低工程建设成本。

b. 严格按照项目成本计划和成本控制的目标施工，对于计划外的一切开支，应严格控制，如果某部分项目有突破成本计划的可能，应及时提出警告，并采取措施控制该项成本。

c. 控制工程款的动态结算。建筑安装工程项目工程款的支付方式包括按月结算、竣工后一次结算、分段结算和其他双方约定的结算方式等。工程款结算方式的不同对于房地产开发企业的工程成本支出有较大影响，从房地产开发企业的角度来说，工程款的支付越向后拖越有利，但承包商也有可能因为自身垫资或融资能力不足而影响工程的质量和进度。

d. 控制工程变更。在房地产项目的实施过程中，由于多方面情况的变更(比如业主对房型布置提出与原设计方案不同的要求)，经常出现工程量变化、施工进度变化以及房地产开发企业与承包商在执行合同中的争执等问题。工程变更所引起的工程量变化和承包商的索赔等,都有可能使项目建设成本支出超过原来的预算成本,因此,要尽可能减少和控制工程变更的数量。

(3) 房地产项目质量控制。房地产项目质量是国家现行的法律、法规、技术标准、设计文件以及项目合同中对项目的安装、使用、经济、美观等特性的综合要求。房地产项目质量控制是指房地产项目管理者对项目质量目标进行的一系列监督和管理活动。

房地产项目质量控制的一般内容包括:

① 房地产开发项目施工质量管理应严格遵照《建设工程质量管理条例》、《建设工程项目管理规范》(GB/T 50326—2001)进行。

② 项目质量控制应坚持"质量第一、预防为主"的方针和"计划—执行—检查—处理"的循环工作方法,不断改进过程控制。

③ 项目质量控制应满足工程施工技术标准和发包人的要求。承包人应对项目质量和质量保修工作向发包人负责,分包工程的质量应由分包人向承包人负责,并由承包人对分包人的工程质量向发包人承担连带责任。

④ 项目质量控制因素应包括人、材料、设备、方法、环境等。项目质量控制的重点应当是材料、设备的检验和施工过程中隐蔽工程的质量控制。

⑤ 项目质量控制必须实行样板制。施工过程均应按要求进行自检、互检和交接验收, 隐蔽工程、指定部位和分项工程完成后,必须经监理工程师的检验和认可,未经检验或已经检验定为不合格的,严禁转入下道工序。

⑥ 建立项目质量责任制和考核评价办法,项目经理应对项目质量控制负责,过程质量控制应由每一道工序和岗位的责任人负责。

(4) 房地产项目合同控制。房地产项目合同是指房地产项目开发企业与承包人之间为完成确定的项目所指向的目标或规定的内容而达成的协议,目的在于明确合同双方当事人的权利和义务。房地产项目合同包括土地使用权合同、征地合同、拆迁安置合同、委托设计合同、项目施工发包合同、购买建材及设备合同、房地产销售合同等。通常房地产项目目标和计划的落实都是通过合同来实现的。房地产项目合同控制就是为了利用合同形式来实现项目目标的一种控制方式。

房地产项目合同控制的一般内容包括:

① 选择合适的合同种类。不同种类的合同,有不同的应用条件、不同的权利和责任分配方式、不同的付款方式,对合同双方有不同的风险。因此,在房地产项目开发建设过程中进行合同控制,要根据具体项目的特点来选择合适的合同,常见的合同类型有总价合同、单价合同和成本加酬金合同等。

② 决定合适的招标方式。不同招标方式有不同的特点和适用范围。一般要根据承包形式、合同类型、业主所拥有的招标时间紧迫程度等来决定,常见的招标方式有:

a. 公开招标。公开招标的优点在于业主选择范围大,承包商可充分平等地竞争,有利降低报价、提高质量、缩短工期;缺点在于招标期较长,业主工作量大,招标成本高。

b. 议标。议标是指业主直接与某一个承包商进行一对一的合同谈判,其优点在于业主比较省事,可以缩短项目周期;缺点在于由于没有竞争,所以合同报价较高。

c. 选择性竞争招标。即业主根据项目的特点,有目标、有条件地选择几个承包商,来进行工程的投标竞争,这种投标方式是上述两种投标方式的折中方案。

③ 确定合同的重要条款。主要包括付款方式、合同价格、对承包商的激励措施等以及特别约定的附加条款。

④ 加强项目各相关合同的协调。由于在房地产项目的实施过程中要涉及很多合同,这些合同之间有着复杂的关系,业主必须

负责这些合同之间的协调，保证各个合同所确定的工期、质量、技术、成本和管理机制之间有较好的相容性和一致性。

(5) 房地产项目安全控制。安全问题是影响房地产项目的进度、质量和成本的重要因素，因此房地产项目安全控制也是房地产项目控制体系中不可缺少的一环。

房地产项目安全控制的一般内容包括：

① 工程建设中安全管理的原则是“安全第一、预防为主”，在规划设计阶段要求工程设计符合国家制定的建筑安全规程和技术规范，保证工程的安全性能；在施工阶段，要求承包商根据建设工程的特点制定相应的安全技术措施；对专业性较强的工程项目，应当编制专项安全施工组织设计，并采取安全技术措施。

② 为了达到安全生产的目的，要求承包商在施工现场采取维护安全、防范危险、预防火灾等措施；有条件的，应当对施工现场实行封闭管理；施工现场对毗邻的建筑物、构筑物和特殊作业环境可能造成损害的，建筑施工企业应当采取安全防护措施。

③ 承包商还应当遵守有关环境保护和安全生产的法律法规的规定，控制和处理施工现场的各种粉尘、废气、废水、固体废物以及噪声、振动对环境的污染和危害。特别要处理好可能出现的下列情况：如需临时占用规划批准范围以外场地，可能损坏道路、管线、电力、邮电通讯等公共设施；需要临时停水、停电、中断道路交通；需要爆破作业等。并按照国家有关规定办理审批手续。

④ 施工现场的安全由建筑施工企业负责。实行施工总承包的，由总承包单位负责，分包单位向总承包单位负责，服从总承包单位对施工现场的安全生产管理。开发商或其委托的监理工程师应监督承包商建立安全教育培训制度，对危及生命安全和人身健康的行为有权提出批评、检举和控告，开发商与承包商还要认真协调安排工程安全保险事宜，按双方约定承担支付保险费的义务。

第四节　房地产项目后期管理

一、房地产项目竣工验收

1. 房地产项目竣工验收的概念

房地产项目竣工验收就是指房地产项目经过承建单位的施工准备和全部施工活动,已经完成了项目设计图纸和承包合同规定的全部内容,并达到了建设单位的使用要求,向使用单位移交工程的过程。

项目竣工验收是项目开发建设期的最后一个环节。竣工验收阶段的主要工作就是对项目的质量进行全面的检查与评定,考核其是否达到了项目决策所确定的质量目标,是否符合设计文件所规定的质量标准。只有经过正式验收的项目才可办理交接手续。

2. 房地产项目竣工验收的程序

在实际的施工和管理的过程中,房地产项目竣工验收应当遵循一定的程序,这个程序可以用图 5-4 表示。

根据图 5-4,房地产项目竣工验收的重点程序包括:

(1) 施工单位组织项目竣工自验。项目竣工自验一般分三步进行。首先由施工队长组织有关职能人员对拟报竣工项目依据施工图、合同和验收标准,进行检查验收;再由工程处依据施工队的报告,组织生产、技术、质量、预算等部门进行自检,经检验确已达到竣工标准后,填报竣工验收通知单;承建单位根据工程处的申请,有必要时,再组织单位一级的检验。

(2) 监理单位进行竣工初验。施工单位进行自验后,确已符合竣工验收条件的,应向工程监理单位和建设主管部门项目竣工验收申请报告。监理单位在收到项目竣工验收申请报告后,应参照验收标准和该项目工程合同的要求,审查报告内容,看是否具备

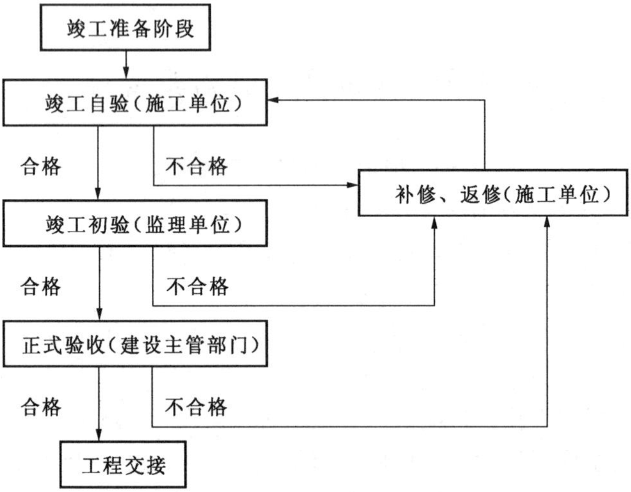

图 5-4　房地产项目竣工验收程序

验收条件。符合初验条件的,由监理单位组织对项目进行初步检查,在初验中发现问题的,应及时以书面形式通知整改。

(3) 项目正式验收。在初验合格的基础上,由监理工程师牵头,组织业主、设计单位、施工单位参加的,由建设主管部门按检验程序和验收标准进行的项目正式检查验收。正式验收通过的,可以确定项目的交付日期,并按期办理交接手续。

3. 房地产项目竣工验收备案

根据规定,房地产开发企业在组织有关单位进行竣工验收后,应当向备案机关及时办理工程竣工验收备案。

房地产项目竣工档案是工程在建设全过程中形成的文字材料、图表、计算材料、照片、录音带等文件材料的总称,它是工程进行维修、管理、改造的依据和凭证,也是竣工交付使用的必备条件。具体包括项目交工技术档案和竣工技术档案两类。

二、房地产项目营销管理

1. 房地产项目营销管理的概念

房地产项目营销是以房地产项目这种特定的特殊商品为对象,围绕它所进行的一系列市场营销行为和活动。而房地产项目营销管理,就是房地产开发企业或其经销商(或代理商)为了实现经营目标,对房地产项目的构思、定价、促销和分销活动的计划、组织、实施和控制过程。

房地产项目营销管理的主要内容是项目营销策划和项目营销执行,后者指的是一系列营销策略的制定和运用。本书中的房地产项目营销管理将主要针对房地产项目进入市场后的管理部分(即营销策略)进行介绍。

2. 房地产项目营销策划

(1) 房地产项目营销策划的概念。房地产项目营销策划是指在房地产营销理念的指导下,根据房地产开发项目的具体目标,在对企业内外部环境予以准确地分析并有效地运用各种经营资源的基础上,通过客观的市场调研和市场定位等前期运作,综合运用各种策划手段,按一定的程序对未来的房地产开发项目相关的营销活动进行创造性的规划、设计,并以具有可操作性的项目营销策划方案文本作为结果的活动。

(2) 房地产项目营销策划的要点。作为一种经济性和商业性的策划活动,房地产项目营销策划必须符合以下要点:

① 目标性。进行充分的调研,发现问题,确定目标是房地产营销策划的第一步。此后,无论是进行市场定位,还是概念设计,或是销售方案的执行等等,都是目标的分解和展开。

② 程序化和系统性。房地产项目的营销策划是一个庞大的、按一定程序运作的系统工程。为了有机结合、协调各系统,保证整体营销策划的合理性和高成功率,房地产营销策划需要按一般策

划活动的特定程序进行。这一程序一般是：策划前的调查和环境分析——确定或调整策划目标——策划创意——定初步方案——方案评价与筛选——方案的调整与修正。这种整体的程序和系统性可以使人们确定理想的工作秩序和节奏,分清轻重缓急,提高工作效率,创造最佳效益。

③ 前瞻性和主动性。由于房地产项目开发周期长,房地产项目营销策划的理念、创意和手段更应表现出超前性和预见性,并在各个阶段都要体现出来。

④ 创造性。创造性特征是由营销策划本身的特点而产生的本质要求。房地产营销策划人必须具备一定的创新意识与创新能力,才能在激烈的市场竞争中超人一等。

⑤ 可行性。营销策划的可行性是指营销策划的方案必须与企业的实际资源和市场的客观环境相匹配。不仅在实际市场环境中有可操作的条件,还要易于操作,方便实施,在具体实施上有可操作的办法。如果方案不具有上述特征,即使是一个十分独特的创意,预知效果令人十分满意的策划也只能是纸上谈兵,或者是非效益性选择,应予以否决。

⑥ 动态性和灵活性。营销策划的灵活性指策划人在房地产营销策划过程中,必须注意整体方案的可调节性与方案具体细节策划上的弹性(灵活度),对方案中关键的环节应特别指出,并备有多项风险应对办法供选择,对整体方案也应同时提供几个备选方案供企业主选择。具备了这种多样性才能有效保证策划的最优化。同时,在方案实施过程中,房地产营销策划人员应不断地审核营销环境的变化,动态跟踪、获取市场信息,调整方案的进程或策略手段。

3. 房地产项目营销策略

房地产项目营销策略是在营销策划的基础上,为了实现房地产项目的销售目标或企业占领市场的目标而开展的一系列活动和手段，营销策略可以看作是对营销策划的一种实践或执行。

房地产项目营销策略包括品牌策略、市场细分策略、产品策略、价格策略、渠道策略和促销策略等。这里将重点介绍后面三种策略，因为本章所讲的营销策略主要是指在项目后期所采用的策略。

(1) 价格策略。价格策略是企业为了实现自己的市场营销战略目标，根据不同产品特点、市场营销环境以及消费心理，采取灵活多变的定价，以促进和扩大销售、提高企业的整体效益的活动。房地产价格策略可以分为价格制定策略和价格修订策略，常见的价格制定策略有：

① 撇脂定价策略。又称“撇奶油”定价策略，是一种高价策略，是指房地产开发商为了在短期内收回投资并获取较大利润，对新开发的楼盘在刚刚导入市场时收取较高的价格。这种定价策略犹如从鲜奶中撇取奶油，取其精华，所以被形象地称为撇脂定价策略。在这种策略下，房地产商品的主要销售对象是那些高收入的购房者或猎奇者。

② 渗透定价策略。与上述撇脂定价策略正好相反，渗透定价策略是一种低价格策略，即在新楼盘投放市场时，将价格定得比较低，以便吸引消费者、增加销售量以占有较大市场份额。

③ 满意定价策略。满意定价策略是一种介于撇脂定价策略和渗透定价策略之间的价格制定策略。按这一策略所定的价格比撇脂价格低，而比渗透价格高，是一种中间价。这种策略能兼顾企业和消费者利益，使双方都比较满意，因此称为满意定价策略。

④ 心理定价策略。心理定价策略是为适应和满足消费者的购买心理而采用的一种价格制定策略。其理论基础是每一件产品都能够满足顾客某一方面的需求，其价值与顾客的心理感受具有很大的关系。这使得企业在制定价格时，可以运用心理学原理，依据不同类型的消费者在购买商品时的不同心理要求来制定价格，

以诱导消费者增加购买，扩大企业销售量。心理定价策略包括整数定价策略、尾数定价策略、声望定价策略、分级定价策略和招徕定价策略等。

常见的价格修订策略有：

① 现金折扣策略。现金折扣是指房地产企业经常使用的一种价格折扣与折让策略。它是指房地产企业为了加速资金周转，减少坏账损失或收账费用，而给予用现金付款或在规定期限内付款的购房者在价格方面的一种优惠。例如，顾客必须在 30 天内付款，则企业可以规定，若购房者在 10 天内付款则可享受 2%的折扣，20 天内付款可享受 1%的折扣。

② 数量折扣策略。数量折扣是房地产开发企业为鼓励顾客大量购买和集中购买而给予顾客的一种价格优惠，它是根据消费者购买房地产商品面积或金额的多少，按其达到的标准，给予一定的折扣。折扣数额可以按购买产品数量计算，也可以按照购买金额计算。

③ 功能折扣策略。功能折扣又称为交易折扣，是房地产开发企业根据中间商所处的不同地位和所起的不同作用，而给予中间商的折扣。其实质是对中间商经营的有关产品的成本和费用的补偿。

④ 推广折扣策略。推广折扣策略是房地产开发企业向为其项目楼盘进行广告宣传、展销、促销等活动的房地产代理商或经销商所提供的价格折扣，作为其推广活动的报酬，鼓励代理商和经销商积极为房地产开发企业作宣传。

(2) 渠道策略。渠道策略是指房地产开发企业为了实现企业经营目标和营销目标，使房地产产品快速、高效地从开发建设领域流向消费和使用领域而采取的一系列措施。

渠道策略的内容主要包括营销渠道策略的设计和营销渠道策略的管理两大块。前者指是否需要选择中间商以及选择什么样的中间商的问题，后者指的是和中间商保持什么样的关系，即如何控制、协调营销渠道的问题。

营销渠道可以分为直接渠道和间接渠道两种。前者指房地产开发企业通过自己的营销人员直接销售其房地产产品的行为，简称为直销或自销。它是我国目前房地产销售的主要渠道，这主要是由于目前我国房地产市场发展刚刚起步的原因，从国际上看，房地产市场发展完善的国家，大部分还是采取委托代理销售的模式，比如在美国，有82%的房地产卖主委托代理商或经纪人销售。当然，从目前来看，由于房地产市场营销的人才与管理经验的缺乏，直销模式还是我国房地产市场比较现实的选择。后者指房地产开发企业通过中间商将产品销售给消费者的一种营销方式。中间商根据是否拥有房地产商品的所有权和处置权，可以分为经销商和代理商。由于房地产产权转移涉及巨额资金，间接营销渠道一般以代理商为主。

所谓房地产市场营销渠道的管理，并不是行政意义上的管理，而是指房地产开发企业根据企业营销目标而对营销渠道进行的计划、实施和控制过程。具体来讲，在整个管理过程中，首先企业应当确保渠道成员间以及企业与各渠道成员能够相互协调和通力合作，同时能够较好地处理企业与各渠道成员的冲突，前者属于营销渠道的合作管理，而后者属于营销渠道的冲突管理。

营销渠道的合作管理主要是对中间商的直接和间接激励，营销渠道的冲突管理则指房地产开发企业通过建立一些特定的机制来发现并解决营销渠道的现有冲突和潜在冲突的行为。其目的在于消除渠道成员间的敌意行为，保证营销活动的顺利进行，树立企业在消费者心目中的整体形象。

(3) 促销策略。促销策略是指企业为了开展与消费者之间的全方位沟通，尽快销售自己的产品，实现整体营销目标而制定的具体的促销手段和促销活动。

房地产营销促销策略主要由广告策略、公共关系策略、销售推广策略和人员推销策略构成。

① 广告策略。房地产广告策略是指由房地产企业出资,制作并通过不同媒介传播与房地产产品和服务相关联的信息产品,以达到营销目的的一种促销手段。通常我们可以把房地产广告促销策略分为信息性广告促销策略和劝说性广告促销策略两类。实施广告策略的重点在于广告的基调把握、广告语的撰写和广告媒体的选择。常见的广告媒体有报纸、杂志、电视、广播、户外广告牌、海报、说明书广告和样板房等。

② 人员推销策略。房地产人员推销策略是指房地产开发企业派出推销人员与潜在的购买者交谈,通过口头劝说达到推销商品目的的一种促销手段。房地产开发企业既可以建立自己的推销梯队,使用本企业的推销人员来推销房地产产品,也可以通过中介组织来进行推销,如销售代理商、经销商以及经纪人等。实施人员推销策略的重点在于推销技巧的运用和销售激励机制的建立。

③ 公共关系策略。房地产公共关系策略是指房地产开发企业为了提高企业形象,增强企业的竞争和发展能力,优化企业经营管理的内部环境,加强与企业的内部公众和外部公众进行双向沟通而采取的所有策略手段。常见的公共关系策略工具有新闻、演讲、事件、公益服务活动、主题活动、宣传性材料和企业身份媒体(如企业的标志、招牌、名片、建筑物等)等。

④ 销售推广策略。房地产销售推广策略是指房地产开发企业运用短期诱因来鼓励消费者购买本企业产品的策略。这种短期诱因通常是一些折扣或奖励形式的经济利益诱导,也包括其他可以激起消费者购买欲望的非经济因素。因此,房地产销售推广策略的内涵相当广泛,可以包括除了广告、人员推销和公共关系以外的所有短期促销手段。

三、房地产项目的物业管理

1. 物业及物业管理的概念

“物业”一词译自英语 property 或 estate,由香港传入沿海、内地,其含义是指以土地及土地上的建筑物形式存在的不动产。物业既可指单元性的地产,也可指单元性的建筑物,它可以根据区域空间作相对分割,整个住宅小区中的某住宅单位可作为一物业,办公楼宇、商业大厦、酒店、厂房仓库也可被称为物业。因此,物业的概念与房地产的概念是有差别的。一般来说,房地产一词涉及宏观领域,泛指一个国家或地区的整个房地产;而物业则是一个微观的概念,它一般是指一个单项的房地产。

物业管理是指物业管理者运用现代管理手段和修缮技术,按合同对投入使用的各类物业实施多功能、全方位的统一管理,为物业的产权人和使用人提供高效、周到的服务,以提高物业的经济价值和使用价值,创造一个安全、方便、舒适的工作环境。

物业管理有广义和狭义之分。广义物业管理的范畴相当大,它涉及物业全部寿命周期内的多种管理与服务活动。如物业的开发建设管理、租售管理、装修管理、修缮管理,以及为物业使用者的经营、生产、居住而提供的多种形式的服务,所以广义的物业管理可以说是无所不包的。狭义物业管理,是指由专业的机构和人员,受物业所有人的委托,按照国家法律规定,依靠合同契约,对已竣工验收、投入使用的各类房屋建筑和附属配套设施及场地进行的物业使用期的管理与服务。同时,对房屋区域周围环境清洁卫生、安全保卫、公共绿化、道路养护统一实施专业化管理,并向使用人提供多方面的综合性服务,以创造一个良好的社会环境,使得物业也能保值、增值。这里要讲的主要是狭义的物业管理,它是房地产项目营销的延伸,所以可以称之为“服务营销”。

2. 物业管理的业务范围

物业管理是一项范围相当广泛的多功能全方位的管理工作，其涉及的服务范围基本上可以划分为以下四大领域。

(1) 物业管理基本业务。物业管理基本业务就是对物业进行日常维修保养和计划修理工作，包括对房屋建筑的维护、修缮、改造，物业附属设备、设施的维护、保养与更新，相关场地的维护与管理，消防设备的维护、保养与更新。维护保养是物业管理最基本的业务，也是保持物业完好、延长其寿命的重要保证。

(2) 物业管理专项服务。包括治安保卫、清洁管理、消防安全、庭院绿化以及车辆管理等。

(3) 物业管理特色服务。物业管理特色服务是指物业公司为方便广大业主工作、学习、生活所提供的特约及便民服务。物业管理公司接受业主委托，并联合社会力量，提供内容丰富的特色便民项目，如代办各种公用事业费、代购车船票、代订送报纸杂志、代请家教保姆、家庭护理、车辆保管等，以及业主或使用人委托的其他服务。

(4) 多种经营业务。目前物业管理公司开设的多种经营业务一般有：室内装饰，咨询，中介，代理经租，房屋置换，住房改建，经营建材等。

第五节　计算机在房地产管理中的运用

自 20 世纪 50 年代以来，人类社会已经进入了一个信息化的时代。随着信息技术的不断发展和进步，信息要素的成本大幅度下降，各行各业纷纷投入信息化改造的浪潮以便提高效率应付市场竞争。由于不动产投资规模大、投入多、影响因素广，如何更好地利用信息技术对不动产投资业进行经营管理就成为非常值得重视的问题。本节讨论现代信息技术在不动产投资领域的一些利用方式,并就其未来可能的发展提出一些预测性的意见。

对不动产投资来说,利用现代信息技术是十分必要的,这主要可以从以下三个角度加以分析。

(1) 不动产投资涉及金额巨大,投资前一定要做全面和详细的调查研究,对各种市场情况作出分析和判断,这种分析和判断的信息来源的准确性、全面性以及分析手段的科学性是不动产投资能否成功的关键所在。在当今市场信息瞬息万变的情况下,没有一个非常有效的信息收集和处理系统,投资者就会处于被动地位,其投资就具有盲目性。

(2) 不动产投资具有长期性和复杂性,在较长的投资周期中,对项目的有效管理需要有现代信息技术的支持。投资者现金流量的监控、财务控制、内部资源协调和市场应变能力在很大程度上依赖于一个良好的内部经营管理体制,这种体制的技术基础就是一个先进的信息管理系统。

(3) 在现代经营理念中,为了避免风险,投资者往往采用多元化投资降低非系统性风险的资产组合方法。这种方法在降低风险的同时提高了综合管理的难度,不动产投资者为了在不降低效率的同时利用资产组合回避风险,他们就必须使用先进的信息管理系统提高管理效率。

以上三点基本上解释了为什么要在不动产投资中利用现代信息技术。由于信息技术已经成为一种基本的生产要素,以下仅就不动产投资中的综合管理信息系统的构建、内外信息沟通和最新信息技术应用前景加以介绍。

一、不动产投资综合管理信息系统

不动产投资是一种相当综合性的投资,影响因素众多,投资主体必须关注内外部各种因素的变化,制定切实可行的经营管理方针,采取有力措施适应外部环境的变化,谋求风险与收益的均衡。在不动产投资中,有两个基本的问题需要解决:投资前决策和投资后管理,建立不动产综合管理信息系统的目的就是要解决这两个基本问题。

不动产投资综合管理信息系统(MIS)的任务是:在规定的时间内把正确的信息及时地提供给需要的投资者,实现对投资项目的动态管理,改变传统的信息分散收集、分散处理和分散使用的方式,建立信息的相对集中管理体制,达到信息的充分共享。现阶段的管理信息系统应该具有以下特征:

(1) 以一个大容量的综合数据库为核心;

(2) 以计算机网络实现资源共享,信息交互;

(3) 系统功能和程序模块之间通过数据进行耦合。

管理信息系统在不动产投资领域的应用主要应该由两部分构成:不动产投资决策支持系统和日常管理自动化系统。

不动产投资决策需要进行非常慎重的考虑和可行性论证,这种决策属于非结构化决策问题,利用计算机辅助决策系统帮助投资者进行决策判断是十分必要的,这可以有效避免盲目决策的发生。所谓的决策支持系统就是以管理学、运筹学、控制论、行为科学和计量经济学为基础,以计算机技术为工具,综合运用模型和数据,辅助中高层决策人员解决半结构化决策问题的人机系统。不动产决策支持系统的目标是提高不动产投资决策的质量和效率。根据不动产投资的特点和决策支持系统的构建特性,不动产决策支持系统应该具有以下特点:

(1) 能够支持不确定性很大的情况下的决策优化,对影响不动产投资的诸如利率、国民经济走向、政治局势等等模糊的因素作出较为科学的判断和分析;

(2) 不是代替人作出最终决策,而只是一种辅助决策工具;

(3) 具有非常强的针对性,对某一项不动产投资有某一种决策解决方案,各种方案间可以互相参考但决不雷同;

(4) 使用数学模型和数据辅助决策;

(5) 使用方便、简单,人机交互界面友好。

日常管理自动化系统也就是所谓的办公自动化系统,这对于一个大型的不动产投资商而言也是不可或缺的。由于关于办公自动化方面的材料已经非常多,这里就不再多加介绍,在后文中的内部互联网技术是办公自动化系统发展的最新方向。

二、房地产项目信息管理系统的基本模式

房地产项目管理者需要建立一个合理有效的信息管理系统,并使之顺利运行,这样才能了解整个项目的实施状况、外部环境的有用信息,才能在实施组织管理和组织协调的过程中,有效地同每一位参与者进行信息交流,作出切实可行的决策。项目信息管理系统的建立、运行及其实施控制的过程和基本模式可以用图 5-5 表示。

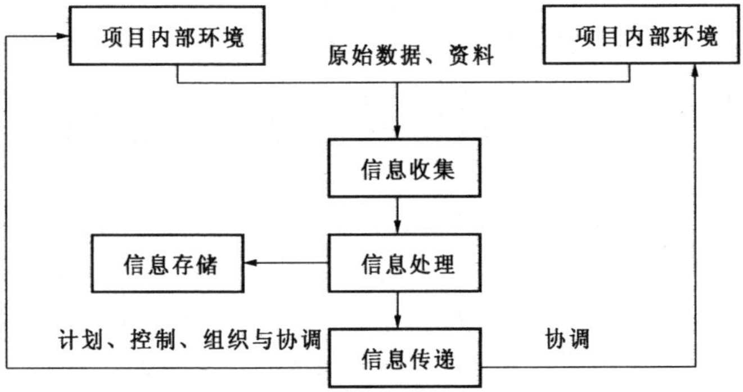

图 5-5　项目信息管理系统的基本模式

(1) 信息收集。项目管理者和各职能部门的管理层为了决

策、计划和控制的需要,应采取一定的收集形式,通过一定的渠道获得信息。收集到的信息的全面性、系统性、连续性、真实性以及时效性等,会直接影响和制约信息处理工作的质量。

(2) 信息处理。信息处理就是将收集到的原始信息,按照一定的程序和方法,进行分类、分析、判断、整理,使之成为真实准确的信息资料,以便于使用、传递和储存。

(3) 信息储存。有一部分信息,如项目的历史资料和实施情况的证明,不会马上被传递和使用,但是它必须妥善地保存下来,以便以后需要时随时能为管理者使用。

(4) 信息传递。信息传递是一个运动的过程,这个过程无论在时间上和空间上都要受到人们的控制。任何信息都要经过传递和使用,才能实现它的价值,发挥它的作用。常用的信息传递媒介有会议、新闻、公告、电话、文件和网络等等。

房地产经营的全过程就是信息流引导资金流和物质流的过程,离开了充分和顺畅的资金流,企业的经营就会存在较大的盲目性。

房地产开发商不是设计院,不是建筑商,也不是物业管理者,它是所有环节的组织者。在房地产的开发中,其单位内部以及和相关单位的信息交流非常重要,而把网络技术引入房地产的管理,可以使得信息流在各部门间的传递更加通畅,使管理更有效率。

同时,还可以缩小它和消费者之间的距离,减少房地产开发失败的风险。目前西方发达国家不动产投资商的发展趋势是:利用高带宽网络技术为客户提供交互式的不动产情况介绍。在计算机联网后客户可以及时看到不动产开发商提供的物业状况,了解市场行情,即使是还未建成的不动产,客户也可以通过虚拟现实技术加以观看并提出自己的特殊要求,在这种情况下,不动产开发商与客户间的距离就大大缩短了,增加了市场透明度并提高了交易效率。现在我国计算机联网的潮流还刚刚兴起,不动产投资商在这方面是大有可为的。

三、最新信息技术在不动产投资领域的应用

信息技术的发展日新月异,但是在各种技术蓬勃发展的潮流中也有几股主流,下面就简单介绍三种主流的信息技术发展情况并预测其在不动产投资领域的应用前景。

1. 内部互联网技术

国际互联网(Internet)是一种风靡世界的网络互联系统,在国际互联网上拥有大量的信息资源,1989 年 World Wide Web 的出现更是增添了互联网的魅力。但是,我们不得不指出开放式的国际互联网的安全性不高,作为敏感的不动产投资,完全依赖国际互联网进行商务是不可能的。建立内部互联网就成为投资大众的选择。内部互联网利用 Http 语言和 TCP/IP 协议,在内部服务器上提供 Html 页,用一种统一的便于交流的格式将企业内部和外部信息加以统一,同时用防火墙技术保证安全。不动产投资商在企业内部建立内部互联网后可以将各种管理信息、财务信息、控制信息和外部收集信息统一在一个界面内,通过对服务器的管理就可以构造企业统一的集中式信息中心,其共享性与安全性达到了完美的统一。

2. 数据仓库技术

数据仓库(Data Warehouse)是一种概念,指的是采取某种先进技术对单位数据库内的内容随时加以更新,以便提供在变化剧烈的市场环境中的决策基础。这对于受到各种可变因素影响的不动产投资而言实在是太需要了。利用数据仓库,开发商的各个部门可以把最新的数据输入数据库中,使不动产投资商可以迅速应对市场环境的各种变化,为决策支持系统提供高质量的数据,对未来的把握和战略决策的布局产生良好作用。

3. Client/Server 技术

客户机/服务器技术是20世纪90年代初期发展起来的计算概念。其主要思想在于将原来集中在大型主机上的计算能力分散化,利用功能日益强大、价格日益降低的个人计算机提供分布式计算,从而降低信息集中程度,使信息共享方式更加简便,并且更加有效地利用计算资源。在不动产投资中,可以充分利用这种计算概念。在各个主要的职能部门设置计算机子网,子网通过服务器和分布式的网络结构完成特定的功能,例如财务结算子网、信息采集和加工子网、决策支持系统子网等等,通过各个子网收集信息,迅速发现开发经营中可能存在的问题,其主要内容可以集中备份以增强安全性。

本章小结

房地产的开发过程总是以房地产项目的形式开展的,房地产开发项目是一个系统的有机整体,这使得房地产开发具有高度的组织管理要求。本章从管理学的视角,结合房地产产品的特性,给传统的房地产开发项目过程注入更多的现代项目管理的基本内容。

房地产项目的前期策划主要包括市场调查、产品定位、规划设计等等,在此基础上,房地产开发企业得以了解市场的需求和趋势,房地产产品的优势,以及上游供应商等因素,同时借助于财务管理分析工具,科学地评价整个项目的风险和收益,这就是房地产项目的可行性研究过程。房地产项目的计划和控制是整个房地产项目管理的核心内容,计划和控制是针对具体的各个目标而言的,这些目标主要来自于对项目的工期、成本以及质量等的要求。本章所指的房地产项目后期管理内容广泛,它要求开发商把房地产项目营销管理和物业管理纳入整个项目开发和管理中，这更加符合现代未来房地产开发商服务至上、树立品牌的经营理念。在本章的最后介绍了在知识经济的大潮中，计算机和网络技术的发展对房地产管理带来的影响。

第六章　房地产资产经营管理

第一节　资产经营概述

企业资产经营是实现资产增值的重要手段，是企业发展壮大的重要途径。当今世界的各个大企业的发展历程都充分反映资产经营在企业发展过程中的重大作用。在我国，越来越多的企业也开始将资产经营纳入企业的发展战略，房地产经营企业也不例外，它们正逐渐摆脱重视生产经营、忽视资产经营的传统经营思路。可以预见，资产经营将会在我国企业的发展过程中起到越来越大的作用。那么，什么是资产？什么是资产经营？接下来，我们将从资产经营的基本概念入手，揭开资产经营的“神秘的面纱”。

一、资产与资产经营的概念

从经济学的角度讲，资产是某一特定经济组织由于过去的交易事项而取得或控制的可预期的未来经济利益。一项资产所体现的未来经济利益是直接或间接带给企业现金或现金等价物的潜能。这种潜能可以是企业经营能力中的部分生产能力，也可以采取可转换为现金或现金等价物的形式，减少现金支出，诸如以良好的加工程序降低生产成本等。上述理解将资产看作生产的要素，认为资产是一个与企业经营活动相关联的概念，与负债相对应，是企业用于商品生产经营活动的财产。因此，资产与财产并不是完全等同的概念，财产与资产相比较，在外延上更为广泛，它可以与企业生产经营活动无关，即是非经营性的。一般说来，只有作为生产要素投入生产经营活动的财产才叫资产，从这个意义上讲，资产是财产的一部分，是具有增值能力的那部分财产。

一般意义上的资产经营是指资产的所有者或代理人以追求最大盈利和促进资产最大增值为目的，以价值形态经营为基本特征，通过对生产要素进行组织、管理、运筹、谋划和优化配置以及对资产结构的调整，实现对多种资源、信息进行综合运行的经营活动。资产经营大体上可以划分为广义的资产经营和狭义的资产经营。广义的资产经营内容广泛：从资产的运动过程来看，广义的资产经营涵盖了企业的生产和流通的过程，既包括企业金融资产的运营，也包括产权资本、无形资产的运营，同时还包括企业的生产经营；从资产的运动状态来看，广义的资产经营不但包括存量资产的运营，还包括增量资产的运营。存量资产的运营主要是指企业通过并购、联合经营、股份制改造等产权经营的方式来达到存量资产的合理配置。增量资产经营主要是指企业的投资。狭义的资产经营是指以资产急剧增值和市场控制力最大化为目标，以产权买卖和“以少控多”为策略，对企业和企业外部资本进行兼并、收购、重组等一系列资产经营活动的总称。狭义的资产经营主要研究的是企业存量资产的配置。

理解企业的资产经营要从以下几个方面加以把握：资产经营的实质是对企业的各种资源和信息进行具有创造性的综合运营，使其最具市场价值；资产经营的重要目标是最高投资回报率，实现价值的最大增值，因而集中反映在资产的保值增值能力上；资产经营的方式方法是对企业的有形资产和无形资产等生产要素进行配置以及对企业的各种资产结构进行调整，资产经营不是把生产要素进行简单加总，而是通过不断调整各资本要素间的比例、布局，不断优化资本的运动结构，包括：产业结构、组织结构、技术结构、时空结构、规模结构，乃至经营结构、市场结构等等。

二、资产经营的形式

资产经营的形式很多，但按照其所依托的市场的不同基本上可以分为两类：一类是依托产权市场所进行的资产经营，主要有股份制改造、兼并、收购、BOT、租赁等；另一类是依托资本市场所进行的资产经营，主要有上市、配股、发行可转换债券、产业信托投资基金等。在本章的后面两节，我们将重点介绍这些资产经营方式中的兼并与收购（并购）以及目前房地产业界内比较热门的房地产产业投资基金（REITs）。

1. 资本市场资产经营的主要方式

（1）上市经营。上市经营是指将资产进行整合重组，对外公开招募股份，在证券市场上市交易。这是资产经营的一种主要方式。企业上市既可以公开发行股票直接上市，也可以通过买壳（即通过出资收购上市公司的控股权而取得上市地位）等形式间接上市。这样企业可以在证券市场源源不断筹集资本、开展资产经营，而且随企业的发展可以不断地注入新资产也可以发行新股，在时机成熟时还可以将部分业务分拆独立上市，使整个集团不断成长壮大。另外，企业还可以在二级市场上进行股份回购和出售来实现降低所控股份成本或实现资产价值增值。

通过股市筹资，不仅不要还本、无固定支付股息的约束，而且增资扩股相对灵活，从而可以增强企业财务基础。只要企业经营得好，注资和分拆上市时通过溢价可使企业经营得到较高回报。需要注意的是：上市经营可在国内证券市场或国外证券市场操作。

（2）发行可转换债券。可转换债券（Convertible Bonds）是一种以企业债券为载体，允许持有人在规定时间内，按照约定条件，将债券转换成发债公司股票的金融工具。可转换债券是金融创新浪潮中涌现的兼具筹资和避险双重功能的金融工具。可转换债券具有股票和债券双重属性。上市公司利用资本市场进行融资,除了发行一般企业债券外,还可以使用增资配股和发行可转换债券两种方式。企业一般选择在股市低迷、社会资金紧缺、利率较高的时候发行可转换债券。因为这时进行增资配股,由于股价低,一定的配股额所能筹集的资金有限。若改用发行可转换债券的方式进行融资,则往往容易被市场所认同而接受,公司的筹资计划较容易实现。

(3) 投资基金。组建方向性产业投资基金,在各地市场上配售上市,吸引国内外中小投资者的资金,投向获利较高的项目,也是一种资产经营的方式。基金属于长期性股本融资方式,适宜长期性投资项目,并可获得战略投资者的资金、技术及管理,且不影响企业资产负债比例。目前,这种方式国有企业运用较少,但就长远而言则大有发展前途。目前,国内房地产业界关于房地产产业投资基金的讨论非常热烈,我们将在本章第四节单独介绍。

(4) 抵押经营。抵押是指债务人(抵押人)将其拥有的资产作为担保品抵押给债权人作为偿还债务的保证,以获取债权人贷款的信用行为。如果债务人不能在约定的时间内偿还债务,债权人就有权对抵押品进行处置。抵押可在短期内弥补企业的资金量的不足,使企业得以将固定资产折价进入流动资产,共同支持企业的发展需要。但是,企业面临贷款利息过重,到期需要将资产套现还款,从而对企业发展不利,这是由于企业要承担较大的投资盈利风险的缘故。

(5) 资产证券化。资产证券化是指将缺乏流动性但是预期未来能够产生稳定现金流的资产,通过适当的安排,转化成为能够在金融市场上出售和流通的证券的行为。作为证券发行依据的资产一般为发起人资产负债表内适用于证券化的资产,如抵押贷款、应收账款等。其一般流程为：企业将资产打包处理，出售给为进行资产证券化而特别设立的机构(Special Purpose Vehicle, SPV)，由SPV对资产进行处理，然后在证券市场上发行以这些资产为抵押的证券来回收资金。资产证券化是一种有别于企业发行股票、债券的新型融资方式。

2. 产权市场资产经营的主要方式

(1) 兼并与收购。这是指一家企业，部分地甚至全部地获得另一家企业的资产。美国经济学家、诺贝尔经济学奖获得者乔治·斯蒂格勒曾说："一个企业通过兼并其竞争对手的途径成为巨型企业是现代经济史上的突出现象。""几乎没有一家大公司主要依靠内部扩张成长起来的。"这可以通过多种方式来实现：一是以现金购买资产；二是以现金购买股票；三是以股票换取资产；四是用股票换取股票。后两种方式虽然互换股票的数额完全相同，但实际上在各自企业资产中所占的比例却各异，从而达到取得控股权的目的。关于企业的兼并与收购我们将在本章第三节进行详细介绍。

(2) 产权转让。产权转让是指企业资产所有者以产权为资产而进行的一种市场资产经营。对不需要或不符合经营策略方向的业务或资产，在需要筹措资金，或资产的市值指数较为理想时，可以考虑进行产权转让。从某种程度来说，产权转让是资产经营的最终实现环节，是资产经营的关键内容。产权转让的对象可以是兼并收购来的资产，经过调整，可将其中优质资产直接出售套现。同时，对于效益较差的资产，在重组和加强管理后，待时机成熟时也可出售。产权转让的资产也可以是企业原有的资产，对于那些增长潜力有限，或对企业长远发展战略关联不大的资产，可以通过转让获得资金，用来发展新的或效益更好的项目。产权转让可以在证券市场实现，也可以在产权交易市场、资本市场上实现。

(3) 资产租赁与托管。资产租赁是指通过将企业资产所有权和经营权相分离,由出租方将企业资产按一定条件交由承租人经营并收取一定的租金。资产托管是指保留资产所有权和最高经营决策权的条件下,将资产委托给受托人进行经营的一种资产经营方式。这两种资产经营方式都是以法人财产权为基础,以短期经营利润为指标的经营权转让,托管是租赁的延伸和完善。租赁和托管也是一种企业资产市场化运作方式,它们并未改变资产所有权的性质,而经营权和处置权发生了有条件的转移,并在租赁和托管过程中双方都能受益。作为租赁方和受托方,可以凭借其管理才能进而以较少的投入,借助他人资产进行经营,从而达到获取经济利益的目的。作为被租方和委托方,可改善原有资产的盈利状况,获得收益。

上述各种资产经营方式都有相应的优、劣势,故现代资产经营注重多种方式的组合运用,才能迅速实现企业资产增值保值的目标。要搞好资产经营,必须注意以下几点: ① 选好选准项目。项目选得好,资产经营就成功了一半。② 抓好企业经营管理。无论是不直接介入企业经营管理的股权交易业务,还是涉及企业经营管理的活动,企业经营管理的状况都是关键因素。③ 组织好从事资产经营的力量和渠道。无论是哪种方式的资产经营业务都涉及大量专业性操作事务,如招股、注资、分拆资产等等;同时产生的交易是实现资产经营效果的最终环节,能否便捷及时地购入或卖出有关的资产,对资产经营的顺利进行具有关键影响。因此,应当组织专业力量来从事资本市场的具体操作事务。

三、资产经营与生产经营的关系

资产经营作为一种对应于生产经营或产品经营而提出的概念,具有鲜明的时代特征和现实针对性。因为,在传统体制下,我们的企业实际上只是一个加工车间,围绕着上级下达的计划指令运行，完成产品生产计划任务，无须在理财上花力气。改革的不断深化，使企业家发挥运筹管理作用的空间大大拓展。正是在这种背景下，使得同一宏观环境条件下不同的企业有不同的绩效；同一行业内部不同的企业有不同的表现；同一行业内部生产同样产品，企业规模乃至装备条件都相同的企业有不同的业绩。这在很大程度上与企业家素质从而与他的经营能力、管理水平直接相关。因此，在新形势下，资产经营作为一个与生产经营相对应的范畴被提出来，需要我们对其所蕴含的经济学原理有清晰完整的认识，分清资产经营与生产经营的联系和区别，以真正确立起资产经营的理念。

资产经营与生产经营的区别主要体现在以下几方面：① 运营的基础不同，生产经营的基础是物化的企业资产；资产经营的基础则是价值化了的资产（如股票、债券）或者是可以价值化的企业资产。② 运营的重点不同，生产经营的重点是根据市场需求的变化不断调整企业的产量和产品结构；而资产经营的重点则是不断调整各资产要素间的比例、布局，不断优化资产的运动结构，从而达到提高资产运营的效率，以确保企业资产的保值、增值。③ 收益来源不同，生产经营的收益主要来源于企业向市场提供产品和服务所取得的利润；而资产经营的主要收益来源于企业生产要素优化组合后企业生产经营效率提高所带来的经营收益增量。

在看到两者区别的同时，我们也要看到这两者作为企业的两种经营方式的联系：资产经营作为一个与生产经营相对应的概念范畴，必须在生产经营的基础上展开，两者有机统一，形成完整的现代市场经济中企业经营的内容。资产经营方式的运用，可以使生产经营所拥有的技术、品牌、管理、人才、营销网络等方面释放出更大的能量。今天，我们重视资产经营问题，是为了强化市场经济意识，倘若我们能娴熟地驾驭市场经济运行，从而企业经营发展能融入市场经济海洋，也就不必特别提出资产经营概念。换句话说，在生产经营基础上展开资产经营是企业经营的基本内容。

四、资产经营的效应机制

从上面的分析可以知道，从生产经营迈向资产经营，现代企业运营方式的变化，从而企业管理的创新，资产经营命题的确立必将带动企业管理模式的整体创新，标志着企业管理思想和实践的新的飞跃。资产经营不但有助于企业扩张规模、壮大实力，还有助于企业推动产品结构调整，降低企业市场风险，同时，资产经营还有助于企业优化结构，提高企业潜在发展能力。一般说来，企业资产经营具有以下六个放大效应。

1. 结构放大效应

资产经营跳出了传统的只对产品进行生产经营提供劳务的模式，对经营对象作了极大扩展，它把厂房、设备、产品、货币、债权等有形资产，以及商标、专利、技术、人才、商誉、管理、营销网络等无形资产全部利用起来，通过在资本市场上的运作，实现资源的优化配置和资产的快速增值。把经营对象由单一的产品或劳务，扩大到了创造经济效益的所有生产环节和生产要素，从而形成企业利润的立体结构，推动企业的调整增长。

2. 交易放大效应

随着经营对象的扩大和完善，资产经营的交易规模也随之急速扩大，交易量与产品经营相比往往会呈现几何级数的增长，这是产品经营所无法比拟的。

3. 市场放大效应

在资本市场日趋国际化的今天，由于资产经营是通过价值形态、资本形态的交易方式进行的，不仅可以运用资本市场的各种投资工具，并可利用资本市场特有的流动性强，不受空间、时间的限制，可与世界上任何地方进行交易，这就使市场容量几乎是无限地扩大。

4. **融资放大效应**

资产经营把产业资本与金融资本结合起来进行融资，与一般融资方式相比，具有非常明显的特点：一是直接融资，它依托资本市场进行，资金来源面广；二是融资工具多元化，可根据条件和时机，灵活运用配股、注资、分拆、可转换债券、股份出售等各种融资工具；三是资金量大；四是股本型，无负债，可增强企业财务基础；五是无次数限制，只要企业经营好，在资本市场上进行扩股和配售基本上不受时间约束；六是具有兼容性，它不排斥一般融资方式，而且成功的资产经营还可以提高企业知名度和资信，更有利于企业进行其他方式的融资。

5. **时间放大效应**

产品经营从建设、生产到销售，投资回收需要较长的周期。而资产经营由于它一般经营已进入销售阶段且有三年以上盈利佳绩的资产，因此它的投入和产出的周期集中在一个特定的时间中，然后在特定的市场交易中释放出来，投入产出时间大为缩短，这也意味着资金循环的时速大大增大。

6. **效益放大效应**

资产经营通过对资产存量和增量进行管理、重组和交易，可在短期内使资产获得最大限度的增值，为企业带来巨大收益。资产经营的交易有另一个特点，就是其交易不是以资产的当时实际价值进行，而是以溢价方式进行，不仅包括了当时价值，还能提交获得未来价值和利润，这就使资产经营的投入产出比大大提高。

世界大企业的发展历史和资产经营的功能作用已经揭示，资产经营是迅速扩大企业资产规模的捷径，国有房地产企业只有依靠资产经营这个翅膀，才能实现长足发展。

第二节　房地产企业资产经营的必要性和可行性

这些年来，房地产市场正处于盘整消化阶段。尤其是自 2003 年央行的“121 文件”和国务院 18 号文件以来，国家出台各种政策对房地产业的发展进行规范，在一定程度上加速了房地产企业的重新洗牌。在这种情况下，房地产开发企业必须走不同于传统的产品经营发展途径，即以资产经营为主的外部增长道路，才能抓住机遇，形成投入与产出的良性循环。

一、房地产经营企业走资产经营路的必要性

市场经济的开放性要求扩大资源的时空范围，市场的效益原则要求资源配置向提高经济的整体效益方向调整，这就必然要求突破存量结构的瓶颈，盘活资产存量，促使资产在不同行业、不同地区间流动，实现保值增值和资产优化配置，而这一点不是靠生产经营所能达到的。我国的房地产经营企业长期以来走的是一条自我积累的发展道路，企业发展缓慢。在社会主义市场经济条件下，企业要迅速壮大实力，扩大规模，提高经济效益，就必须走资产经营的路子。因此，房地产业开展资产经营，介入资本市场、产权市场就显得很必要。

(1) 开展资产经营是整个房地产业摆脱当前困境，开拓进取的新路。我国房地产业从 20 世纪 70 年代起步，80 年代调整发展，特别是 1992 年的发展，已经形成了一定的规模，取得了一定的经济效益。但房地产近十年来的发展，主要是依靠不断增加投资，不断扩大生产，通过粗放型增长的经营模式获得的。随着经济改革的深化，市场经济的发展，“九五”期间，房地产发展面临着许多

难题：商品房空置突出，资金积压严重；企业资本分散，经营规模狭小；融资艰难，资金短缺；等等不一而足。这些问题的解决，以及房地产业的进一步拓展，绝不是再简单地靠量的重复堆积，靠一个小公司取得一块好地或一个好项目便可以达到的，而必须走规模化、功能型开发的道路，走以资产经营为主的外部增长的道路。

(2) 通过介入资本市场，有利于房地产企业开拓资金来源的新渠道。房地产是资金密集型企业，它的经营特点是投入大、回收慢、资金周转期长。2003 年 6 月 13 日，中国人民银行颁布了《关于进一步加强房地产信贷业务管理的通知》(央行 121 文件)，自"121 文件"以后，房地产经营企业很难从银行获得间接融资。这就要求房地产经营企业进行资产经营，介入资本市场，打开直接融资的渠道。许多已经介入资本市场的房地产企业的实践证明，通过资产经营、多种融资手段，可以用企业少量的现有资金、资产，达到调动和利用大量的社会资金，迅速壮大企业自身的实力；可以使从事资产经营的主体资产存量盘活，经济效益迅速放大；可以充分地利用资本市场的融资优势，实现投融资手段进一步市场化、投融资主体多元化，并最终形成房地产投资、经营、流通各个环节良性循环。

(3) 资本市场将是下一轮经济的热点，房地产经营企业如果能及时把握机遇，率先在资本市场上取得突破，将会迎来新一轮的兴旺时期。

二、房地产经营企业开展资产经营的必要条件

资产经营作为资本增值的一种营运手段，必须具备两个基本条件：一是要有比较完整的生产要素市场体系，因为资产经营是一种完全的市场行为，它对市场环境有很高的要求；二是要有比较完整的企业经营机制，建立起现代企业制度，因为资产经营是现代市场经济的产物，是比生产经营更为高级的营运方式，它必须有严

格的、规范的管理体系和治理机构。从外部和内部条件来看，目前房地产业已具备了开展资产经营的基本条件。

(1) 市场体系的逐步完善，为房地产业资产经营的开展创造了必要的外部环境。企业资产经营是要通过要素市场来实现的，完善的市场体系是企业开展资产经营必不可少的载体。与资产经营密切相关的，一是资本市场，主要是通过证券市场和资金市场进行资产运作；二是产权市场，以此进行资产和产权的流动和重组，包括企业兼并、出售、拍卖、破产等产权的变动。

(2) 建立现代企业制度，为房地产业开展资产经营创造了良好的企业内部环境。目前我国的国有房地产开发企业，多数企业已按照公司法和有关法规进行现代企业制度改革，另有一部分上市公司已按照股份有限公司规范意见进一步深化改革，逐步建立法人治理机构。尽管目前房地产企业内部经营机制还不十分完善，发展也不平衡，但随着建立现代企业制度工作的不断发展，企业经营规模的逐步扩大，房地产企业从事资产经营的内部环境将会越来越宽松。

(3) 已培育了一批房地产业经营人才。资产经营是一项极富挑战性的事业，房地产经营还需要开拓创新精神。我国的房地产企业经过二十多年来的创业开拓的实践锻炼，已经有一批是经过创业的艰苦磨炼，并受到高等学府系统的专业理论教育的高级专门人才，虽然现在数量不多，但他们是当前开展资产经营的一批重要的骨干力量，并通过他们以及专门机构的培育，这支专业队伍将越来越大，这是房地产业开展资产经营的成功的关键。

三、当前房地产企业资产经营的制约因素及其对策

1. 当前开展房地产资产经营的制约因素

企业开展资产经营的目标是要进一步壮大企业实力，实现最大限度的资产增值。当前我国房地产企业实现这一目标主要面临

着以下三个方面的问题。

(1) 商品房空置量大，资金积压严重，影响房地产开发经营的正常资金循环。据有关部门初步统计，截至2003年11月，我国空置商品房面积突破1亿平方米，其中空置1年以上的达4 220万平方米。房地产商品与其他商品一样，在销售环节中，有一定比例的实物周转量是必要的。据实践经验，当商品房空置量控制在5%—8%范围内时，消费者对房产商品的挑选比较满意，市场供需基本平衡；当空置率超过10%时，商品房市场便会出现需求不足，产品积压。商品住宅的高额空置形成了巨额的资金积压，造成社会资源的严重浪费，也影响了企业资产经营的顺利进行。

(2) 企业经营规模小，资产负债率高，严重削弱房地产业扩大商品住宅的开发能力。1992年以来，在高利润的刺激下，房地产企业几十倍地增长，往往立一个项目，就成立一个开发公司。全国房地产企业统计数为3.2万个(2001年进行一次性统计，包括了有执照而无经营活动的企业，共51 901个)，这些企业每年共建成住房6.8亿平方米，平均每个企业只能摊到2万多平方米。“僧多粥少”，造成占总数2/3的企业因任务不足而处于低利和亏损状态。房地产行业的这种特点可概括为散、乱、差。中国香港最大三家房地产企业占全港供房量的50%，而我国内地地产类上市公司中的老牌龙头深万科2001年房地产销售额仅为33.5亿元，不到全国房地产销售额的1%，这种情况不利于集中优势资源开发精品项目，也不利于企业进行资产经营。

(3) 住房金融体系不完善，融资艰难，不利于住房商品化的发展。住房金融是城镇住房发展的重要筹资渠道和住房制度改革的支持系统，对房地产业的发展起着极其重要的作用。我国目前促进住宅商品化的金融服务体系尚不健全，没有专门从事住房按揭业务的金融机构，现在的住房按揭由商业银行的房地产信贷部门代理。而且，住房金融业务结构不尽合理，住房生产贷款比重过大，住房消费尤其是个人住房消费贷款比重过小。目前我国个人住房金融业务在商业银行，特别是国有商业银行中还处于相对弱小的地位，住房金融尚处于起步阶段。自有住房的高比率是与发展住房金融、融通住房资金紧密联系的，住房金融体系的逐步完善，融资新渠道的开辟，是拓展房地产业的必然要求。

2. 当前房地产业开展资产经营的对策思路

(1) 加快房产资本集中，向规模化、集约化迈进。房产资本过于分散，房产公司微小众多，造成的结果必然是过度竞争、无序竞争，市场混乱，阻碍房地产业的健康发展。如何使过度分散的房产资本相对集中，房产经营向规模化、集约化发展，可采用如下对策：

① 通过资产联合，壮大公司本部实力。“一个手指力不够，捏紧五指成拳头。”已具有一定实力的房产公司，应善于运用“捏拳头”的方法，寻找几个具有优势互补的房产公司，或是组成有限责任公司，或是组建股份有限公司，通过资本信贷，扩大公司规模，提高集约化程度。

② 实行企业兼并、收购。企业兼并或收购，是市场优胜劣汰竞争中的必然现象。通过兼并、收购等方式，既能盘活临近破产企业的资产存量，又扩张了优势企业的资本实力。当前是房地产利用这一手段的良好时机。具有一定实力的房产公司应抓住这个机会，以合适的价格予以兼并、收购，然后加以局部改造或以整体包装，伺机出售，定能获得高额回报。

③ 敢于“资本输出”，实行控股、参股。在当前国家对房地产市场进行严格宏观调控的情况下，对一些具有实力的房产公司确是大展宏图的良机，以“资本输出”为手段，瞄准一些房产困难企业予以控股、参股。对有把握、风险不大、效益看好的房产公司，坚决予以控股；对把握不大、风险较大、前途未卜的房产公司，可先予参股，然后看情况而定。这是一种以较小资本投入，调动较多资本总量，可望获得最好产出的资本经营。

(2) 加强个人住房金融服务,进一步推进住房商品化。个人住房金融,主要是指个人住房消费信贷,它的发展有利于住房制度的改革,有利于放大住房需求,把居民对住房的潜在需求转换为有效需求,把个人现实的住房拥有建立在现实收入和预期收入的双重基础上,从而会极大地推进住房的商品化。为加快个人住房金融的发展,应该采取的措施包括:

① 扩大个人买房按揭业务。发展按揭业务当前是良好的机遇。必须打破原有的住房信贷格局,扩大个人住房信贷的服务对象,加大个人住房消费信贷投放力度,增加贷款品种,改善贷款条件。

② 进一步发展个人购房抵押业务。对购买私人商品房已取得房产权者,经过法律公证,银行应给予个人购房抵押贷款。进一步发展这项业务,对扩大住房商品化、拓展房产市场会起到很好的作用。

③ 实行个人储蓄与优惠购房挂钩。目前个人储蓄存款数额巨大,如果把这笔资金部分地引导到购买商品房方面来,是很可观的。银行应实行个人储蓄与购房优惠挂钩业务,制定有关条例,规定凡用储蓄存款用于购买按揭商品房的,其存款期在 2 年以上的,可在按揭利息和期限上给予优惠,以鼓励社会公众为购买商品房而积极参加储蓄的积极性。

(3) 建立专业性的房地产资产经营管理公司,抢占资本市场,加强资产运作的力度。专业性的房地产资产经营管理公司不同于一般的房地产开发经营公司,它主的业务是盘活存量,开展资产经营,使处于闲置或半闲置的房地产得以流动,并在流动中实现保值、增值。专业性的房地产资产经营管理公司必须具备一定的规模和实力,具有完善的企业内部机制和严密的治理机构,同时要与国际市场接轨。因此,专业性房地产资产经营管理公司采取股份制组织形式是最适宜的。

房地产资产经营管理公司经营活动的领域和途径十分广阔。一种是依托资本市场(主要是证券市场和资金市场等有形市场)进行资产运作,如上市、配股、分拆、股份回购和出售、可转换债券、抵押、国际债务融资等形式;另一种是发生在资本市场以外,主要是在产权市场中进行的资产及产权的流动与重组,如股份合作、破产、购并、拍卖出售、租赁、托管等形式。针对当前存量空置商品房积压严重,而许多房地产开发商又不愿意低价脱手的情况,上述诸多资产运作方式中,对托管和租赁方式应予充分运用。

① 资产托管经营。目前房地产企业开展资产托管经营的业务潜力很大。全国有那么多空置商品房急需寻找出路,利用资产托管形式盘活房产存量是一条有效途径。其好处包括:首先,可以把存量空置资产盘活,通过优化配置,实现保值增值;其次,借助于企业托管,可以有效地防止或制止国有资产的流失。

托管经营有两种形式:一是整体委托,即将整个大楼或整幢住房交给受托方进行经营;二是部分或分层委托,即将大楼的一部分楼面或住宅小区的部分住房实行委托经营。托管形式可以多样化,不必追求形式上的一致性,一般说来,整体托管优于部分托管。

开展托管经营有四个问题必须妥善解决:

第一,托管主体(受托方)要有较高的信誉度;

第二,必须制定相应的政策法规,合理保障托管双方的权益;

第三,妥善处理好托管经营中委托方和受托方的利益关系;

第四,托管主体要善于运用受托资产。

② 资产租赁方式。租赁和托管有相同之处,两者都未改变资产的所有权性质,而是经营权和处置权发生了有条件的转移。开展租赁业务,也是房地产资产经营管理公司消化存量空置商品房的一种经营方式。上海的“多伦商厦”改号出租就是一例。坐落于上海市虹口区四川北路的多伦商厦,拥有 2 000 多平方米的经营面积,由于大厦是在本地区同一水平线上的重复,又缺乏经营特

色，使得商场的经营难以为继，于是便租赁给市百七店经营管理。通过这种租赁方式，把商场从整幢大厦中剥离出来，将大厦部分资产盘活了，同时也为优势企业的发展开拓了新路。这种方式可以借鉴。

(4) 推进房地产证券化。房地产证券化就是将对房地产的投资转变为证券形态，是指房地产投资工具的一种创新。通过在国内外资本市场上发行股票、债券、基金受益凭证、按揭证券等有价证券的形式，从社会广大投资者手中筹集房地产开发和经营的巨额资金。金融机构将其拥有抵押贷款债权证券化，吸收社会资本增加对房地产企业的融资，也属于此类工具。它使投资者与标的物之间，由直接的物权关系转为持有债券性质的有价证券，从而使房地产的价值由固定的资本形式转为具有流动性和资本性的证券，联结房地产市场和资本市场。房地产证券化(除上市方式外)具体运作方式有：

① 设立房地产产业投资基金。通过组建基金的形式向投资者发行受益凭证，筹得社会投资者的投资基金，并委托投资机构把资金投资于房地产，其利润由受益凭证持有者分享。房地产投资基金具体形式又包括权益型房地产投资基金(其特点是投资者拥有基金投资资产的所有权，基金仅仅起到中介作用)、抵押权型房地产投资基金(其特点是投资者仅仅是基金的股东，没有基金所投资资产的所有权)与处于权益型和抵押权型两者之间的混合型房地产投资基金。

② 发行国内外债券。企业为了筹集资金而发行长期债券，这种方式优势在于：债券偿还期限长、发行量大，还可以通过发行新债券还旧债券的方法，使房地产企业能长期运用这些资金进行房地产的滚动式大规模开发经营。世界经济的一体化为我国在国外发行债券提供了机遇。因此，我国房地产企业可以采取委托发售国际债券代筹资金，但其中的关键问题是建立公司信誉和解决有

关担保。有条件的房地产集团可以利用国际证券投资的渠道，争取海外上市。

③ 房地产住宅按揭贷款和抵押贷款的证券化。房地产金融机构将其在一级抵押市场上获得的住房按揭贷款和抵押贷款打包，进行一定的处理，然后在二级市场上发行以这些经过处理的资产为抵押品的债券，从而从投资者手中套回现金。这不仅提高了金融机构的资本实力，而且又能更好地满足房地产企业融资的需要。

第三节　企业兼并与收购

随着土地市场交易方式从以前的协议出让向招标、拍卖等方式的转变以及中国房地产市场运作的规范化，中国的房地产业将掀起一轮并购的高潮，过去特定情况下产生的很多"皮包公司"和许多小型项目公司将被一些大型的、优秀的房地产经营企业兼并。因此在前面两节对企业资产经营进行介绍的基础上，本节将着重介绍一下企业通过产权市场进行资产经营的一种重要方式——兼并与收购。

一、兼并与收购的概念

1. 兼并与收购的定义

兼并通常是指两家或更多的独立企业、公司合并成一家企业，而且通常是一家占优势的企业吸收一家或更多的企业。兼并的方法一般是以现金、证券或其他形式购买取得其他企业的产权，使其他企业丧失法人资格或改变法人实体，并取得对这些企业决策控制权的经济行为。

收购是指企业在证券市场上用现金、债券或股票购买另一家企业的部分或全部资产或股权，以获得该企业的控制权，但被收购的企业一般不丧失法人地位。收购的对象一般有两种：股权和资产。资产收购是指一家公司购买另一家公司的全部或部分资产；而股权收购是指一家公司购买另一家公司的全部或部分股份，并相应承担该公司的债务。

2. 兼并与收购的异同点

兼并与收购的区别在于：在兼并中，被合并企业作为法人实体不复存在，而在收购中，被收购企业可仍以法人实体存在；兼并后，兼并企业成为被兼并企业新的所有者，被兼并企业的债权、债务一同转换给新的企业，而在收购中，收购企业仅以收购出资的股本为限承担被收购企业的风险。兼并多发生在被兼并企业财务状况不佳、生产经营停滞或半停滞之时，而收购一般发生在企业正常生产经营状态，产权流动比较平和。

但是，收购与兼并也有许多相似之处：目的相似，都是为扩大企业市场占有率、经营规模，或者是为了拓宽企业经营范围，实现多元化经营，降低企业经营风险；交易的内容相同，都以企业产权为交易对象。

由于在实际资产经营过程中它们的联系远远超过其区别，所以人们通常把兼并和收购常统称为“并购”，泛指在市场机制作用下企业为了获得其他企业的控制权而在产权市场进行的资产经营活动。

二、并购的形式

企业并购的形式多种多样，按照不同的分类标准可划分为许多不同的类型。一般来说，主要有以下三种。

1. 按并购中产权转换的不同方式和支付价款的不同方式划分

按并购中产权转换的不同方式和支付价款的不同方式划分，并购可分为承担债务式、购买式、吸收股份式和股权交换式并购。

(1) 购买式并购。购买式并购是指并购方出资购买目标企业的资产,一般以现金为并购条件,将目标企业的整体产权买断。现金购买式并购有两种情况：① 并购方筹集足额的现金购买被并购方全部资产,使被并购方除现金外没有持续经营的物质基础,成为有资本结构而无生产资源的空壳,不得不从法律意义上消失;② 并购方以现金通过市场、柜台或协商购买目标公司的股票或股权,一旦拥有其大部分或全部股本,目标公司就被并购了。这种操作方式具有流程简单、收购迅速的特点,而且还有助于并购公司股权结构的相对稳定。但这种方式要求企业动用大量的现金,并且要缴纳资本收益税。

(2) 吸收股份式并购。吸收股份式并购是指并购公司向目标公司发行并购公司自己的股票,以换取目标公司的资产,并购公司在有选择的情况下承担目标公司的全部或部分债务。目标公司也要把拥有的并购公司的股票分配给自己的股东。这种方式不需要太多的资金,投资风险较小,但对并购方的技术、管理水平要求较高。

(3) 股权交换式并购。股权交换式并购是指并购企业通过增加发行本企业的股票,以新发行的股票替换目标公司的大部分或全部股票,从而达到收购目的的一种资产经营方式。股权交换式并购,并购方不需支付大量现金,也避免了资本受益税。但这种方式会改变并购公司的股权结构。

(4) 承担债务式并购。在被并购企业资不抵债或资产债务相等的情况下,并购方以承担被并购方全部或部分债务为条件,取得被并购方的资产所有权和经营权。这种并购方式对资金需求的要求不高,能马上扩大企业的生产经营能力,但可能会使并购企业背上沉重的包袱。

2. 按并购双方产品与产业的联系划分

按双方产品市场结构与产业关联度的联系划分,并购的方式可分为横向并购、纵向并购、混合并购。

(1) 横向并购,也叫水平并购。当并购双方处于同一行业、生产或经营相同产品时的并购就是横向并购。它表现为资本在同一市场领域或部门的集中。如房地产开发企业并购物业管理公司或处于濒临破产的房地产开发企业就属于横向并购。这种并购的目的主要是确立或巩固企业在行业内的优势地位,扩大企业的经营规模。一般来说,横向并购容易受到国家反垄断法的限制。

(2) 纵向并购,也叫垂直并购。纵向并购是对生产工艺或经营管理方式上有前后关联的企业进行的并购,是生产、销售的连续性过程中互为购买者和销售者的企业之间的并购。如房地产开发企业并购建筑公司或室内装潢企业。纵向并购主要目的是组织专业化和实现产销一体化。纵向并购较少受到各国有关反垄断法律或政策的限制。

(3) 混合并购。混合并购是指生产经营活动几乎没有任何联系的企业之间的并购。由于不同行业、不同产品的生产周期不同,企业利用多元化经营,实行跨行业的多种产品组合,能降低企业经营风险,使企业获得稳定和利润。如房地产企业并购石油企业。

3. 按企业并购双方是否友好协商划分

按并购双方是否友好协商划分,并购分为善意并购和敌意并购。

(1) 善意并购。善意并购指并购公司事先与目标公司协商,征得其同意并通过谈判达成收购条件的一致意见而完成收购活动的并购方式。善意并购有利于并购双方进行充分交流、沟通,使得并购能顺利进行。

(2) 敌意并购。敌意并购指并购公司事先并不与目标公司进行协商,而突然直接向目标公司股东开出价值或收购要约,即使在收购目标公司股权时遭到目标公司的抗拒,仍然强行收购的资产经营行为。敌意并购的风险较大,要求并购公司制定严密的收购行动计划并严格保密、快速实施。

三、并购的作用与动机

1. 并购的作用

市场经济环境下，优胜劣汰的市场竞争使得并购成为企业的一种内在机制。作为独立的经济主体，其一切经济行为都受到利益动机驱使。为了寻求生存与发展，企业之间必然要发生并购行为。尽管在我国真正市场意义上的并购行为只有十几年的历史，但不管是从宏观的产业结构调整还是微观的企业发展来讲，企业之间的并购行为都起到了不可替代的作用。

从宏观上讲，企业之间的并购有利于促进资源的合理配置，使得有限的社会资源能从效率低的企业不断流向效率高的企业；企业之间的并购还有利于我国的产业调整，使有限的资源从传统产业、夕阳产业逐渐流向新兴产业、高新技术产业；另外，企业并购是企业破产的有效替代方式，在我国目前社会保障体系不健全的情况下，企业并购比企业破产更具有现实操作性，有利于社会的安定团结。

从微观的企业管理来讲，并购行为有利于企业以较少投资的方式迅速扩大经营规模，从而获得规模经济效应；企业并购，尤其是纵向并购或混合并购，有利于企业实现多元化经营，降低企业经营风险。

2. 并购的动机分析

通过对企业并购的动机分析，有利于我们进一步了解并购这种十分重要的企业资产经营行为。同时，在企业的并购过程中，通过分析企业并购的动机还有利于并购双方制定正确的并购策略，提高并购的有效性。一般来说，企业并购的动机主要有以下三种。

(1) 实现战略调整。这是指企业有出于战略上的原因而进行的并购。具体原因可以分为战略防御型和战略扩张型两大类。战略防御型并购动机包括企业通过纵向并购或混合并购来经营相关程度较低的不同行业，以达到分散企业经营风险的目的。战略扩张型并购动机主要是通过横向并购或混合并购加速企业在产业内或地域上的扩张。如一家房地产开发企业由于在消费者心中已经形成一定的品牌效应，它想扩大在全国市场的占有率，就可以通过在目标城市并购相应的房地产开发企业来达到战略上的扩张。

(2) 谋求企业经营管理上协同效应。如果某房地产开发企业有一支高效率的管理队伍，其管理能力超出管理该企业的需要，那么该企业就可以通过并购那些由于管理不善而导致效率低下的企业，利用这支管理队伍通过提高整体效率水平而获利。

(3) 谋求财务协同效应。企业并购还可能出于提高财务杠杆能力、降低资金成本和合理避税等财务方面的考虑。这种并购过程由于税法、会计处理及证券交易等方面规定的作用而使得企业获得的财务方面的种种好处称为并购财务协同效应。这种财务协同效应是由企业资金规模所驱动的，与并购的方式并无必然联系，不管是横向并购、纵向并购还是混合并购都具有财务协同效应。

尽管企业进行并购的动机是多样的，但从现实操作来看，一项并购的动机往往不是单一的，而往往是多种动机的组合。

从被并购企业的角度来看，企业寻求被并购的动机往往是出于求生存的动机或战略调整的动机。求生存动机是指企业由于经营管理不善而陷入困境，企业为摆脱困境求生存，避免走上破产之路而寻求被并购。战略调整动机是指企业为了调整经营结构，突出专业优势，而将一些不符合企业整体发展战略的资产剥离出去。

四、企业并购的程序

企业并购是一项相当复杂的产权交易过程，涉及社会、经济和法律等方面的问题，企业必须谨慎对待。对不同性质的企业，其并购程序是不一样的，一般可以把企业分成一般企业和上市企业。

这里我们就介绍一般企业的并购程序,关于上市企业的并购程序可在一般企业的并购程序的基础上再参照《证券法》的有关规定即可。

(1) 通过市场调查、磋商和洽谈,初步确定并购目标。

(2) 进行企业并购的可行性分析,重点分析并购过程中存在的各种风险。企业并购过程中存在的主要风险有融资风险、营运风险、信息风险、反收购风险和法律风险。企业要根据各种风险出现的可能性大小制定各种预案。

(3) 聘请有关机构对被并购企业进行资产评估。

(4) 在资产评估的基础上,确定最终成交价。

(5) 进行并购资金的筹措。目前适合我国国情的并购融资方式和途径主要有内部留存、增资扩股、股权置换、金融机构信贷、企业发行债券、卖方融资、杠杆收购等方式。并购方可以根据企业自身的情况进行选择。

(6) 并购双方签署协议,并履行相关法律手续。

第四节 房地产产业投资基金

在众多的投资领域中,房地产投资以其丰厚的投资利润,较好的保值性,一直是投资的热点领域。但是同时,房地产业以其资金需求量大、周转时间长的特点,使得众多的社会闲散资金和个人投资者不敢涉足该领域。目前流行于西方发达国家的房地产投资信托基金(Real Estate Investment Trusts, REIT),正是西方国家为解决上述矛盾而进行金融创新的产物。这种信托基金又叫房地产产业投资基金,是投资基金的一种。在我国发展房地产产业投资基金具有特别的意义,也是房地产经营企业在资本市场进行资产经营的一种重要方式。因此这里单独把房地产产业投资基金作为一节来论述。

一、投资基金、产业投资基金和房地产产业投资基金

投资基金制度在国外是一种较为成熟的投融资制度。投资基金,一般是指由投资基金公司通过发行基金股份或受益凭证等形式向社会募集资金,再将所筹得的资金投资于有价证券、高新技术产业、基础产业等投资对象或领域,并将所获的净收益分配给广大投资者的一种集合投资制度。投资基金具有"专家经营,组合投资,分散风险,收益同享"的特点。由于投资基金的这一特点满足了广大个人投资者的需求,自问世以来,就成为一种广受欢迎的投资工具。

按照投资对象的不同,投资基金可以分为证券投资基金和产业投资基金两大类。主要投资于可流通证券的基金称为证券投资基金。产业投资基金,是指以投资基金形式存在的,对未上市企业进行股权投资和提供经营管理服务的,利益共享、风险共担的集合投资制度,它的投资对象通常是基础产业、支柱产业和高新技术产业中的一些缺乏资金,不具备上市资格但却具有成长潜力的企业,目的在于通过投资促进这些企业的成长。专门投资于房地产行业的产业投资基金就是房地产产业投资基金。因此,可以将房地产产业投资基金定义为以投资基金形式投资于房地产业,对包括普通住宅、工商业用房等在内的各类房地产进行内部组合投资的集合投资制度。

二、房地产产业投资基金的分类及特点

1. 房地产产业投资基金的分类

房地产产业投资基金虽然只是投资于房地产业的一种投资基金,但其在房地产业内部却有不同的投资方式和收入来源。它可以投资于房地产产业的任何一部分,如土地开发、房产开发和物业

管理等环节，也可以通过收购尾盘，进行集约化销售，将不良资产变为优质资产。此外，基金既可以投资单一的房地产项目，又可以同时介入多个项目；既可以进行全程投资管理，也可以进行阶段性投资管理；既可以单位投资，又可以部分投资。

根据投资业务及收入模式的不同，房地产产业投资基金大致可以分为权益型、抵押型和混合型三类产业投资基金。权益型房地产产业投资基金以持有并运作房地产项目为目的，其收入来源主要是租金收入和转让所得两部分，它可以独立开发房地产项目，并在项目开发完成后收取租金收入，也可以在开发完成后若干时期内将房地产出售获得投资收益。抵押型的房地产产业投资基金主要以向房地产发展商和有意购买物业的抵押人提供贷款，其主要收入来源是抵押贷款的利息收入，它可以在房地产项目开发期发放抵押贷款，逐期收取贷款利息，也可以在项目开发后投入，并逐期收取利息。混合型房地产产业投资基金则同时具有上述两种类型投资基金的特点。

2. 房地产产业投资基金的特点

(1) 较强的流动性。房地产作为不动产，流动性较差，投资者很难在短期内将其兑换成现金。当投资者急需资金而要将房地产变现时，经常要遭受损失。相比而言，房地产产业投资基金则具有较强的流动性，因为大多数产业投资基金的股份能像股票一样在证券交易所进行交易，投资者能很快地将其持有的房地产产业投资基金资产转换为现金。

(2) 抗通货膨胀能力。作为房地产产业投资基金基础的房地产，具有较强的保值、增值功能，可以很好地防止通货膨胀给资产所有者带来的损失，当物价持续上涨时，房地产物业的价值也会跟着上涨。而且，由于土地的不可再生性，房地产物业的价值会随时间的推移而升高。以房地产物业为资产基础的房地产产业投资基金的股票价值也会随之上升。因此，房地产企业投资基金是一种较好的保值类投资工具。

(3) 有效地分散投资风险。不同的投资项目,其风险和收益是各不相同的,通过有效的投资组合,可以将投资的风险控制在最小范围内。房地产产业投资基金通过将资金投资于多样化的物业类型,分散了风险,有效地保证了投资者的资产组合效益。同时,由于它由专业的人员进行投资理财,克服了个人理财的专业知识限制。

三、发展房地产产业投资基金的意义

房地产产业投资基金是连接投资者与融资者的桥梁和纽带。在中国当前的宏观经济情况及金融体制下,发展房地产产业投资基金,从宏观上讲可以帮助深化金融体制改革,培育资本市场,减轻银行负担,化解金融风险;从微观角度讲,可以改善房地产业的融资渠道,提高房地产开发企业资产经营的能力,拓宽居民的投资渠道。具体来讲,发展房地产产业投资基金具有以下几个方面的意义。

1. 有助于深化金融体制改革,培育资本市场

目前,我国大部分房地产企业的资金来源依赖于商业银行的贷款。这给商业银行带来很大的风险,通过发展房地产产业基金,可以减轻商业银行的压力。同时,发展房地产产业投资基金有助于增加资本市场的交易工具,活跃资本市场的交易,从而促进资本市场的发育。

2. 给房地产企业带来新的契机,促进房地产行业的持续、健康发展

首先,发展房地产产业投资基金将会改善房地产企业的融资渠道。目前,我国房地产开发资金有三大来源:银行贷款、自筹资金和定金及预付款。2003 年 6 月 13 日,中国人民银行颁布了《关于进一步加强房地产信贷业务管理的通知》(央行 121 文件)。在

121 文件发布后，各银行为了防范信贷风险，均不同程度地降低了房地产贷款的比例。而目前，我国资本市场又不发达，能够通过企业上市或发行债券进行融资的房地产企业毕竟不多。因此，发展房地产产业投资基金对改善房地产企业的融资，提高房地产企业的资产经营水平具有特别重要的意义。

其次，发展房地产产业投资基金有助于房地产企业改善经营管理。产业投资基金对房地产企业的投资是股权投资，这一方面有利于企业减轻债务负担，避免企业因巨额债务负担而陷入资金周转的困境。另一方面，它有助于企业建立现代企业制度，明确企业产权，建立和完善公司治理结构。同时，房地产产业投资基金是通过分散投资来降低风险，它对每个企业的投资不会超过该企业总资产的一定比例，企业不会因此而丧失经营自主权，同时还得接受来自外部投资者的监督，有助于增加运行的透明度和规范性。

最后，发展房地产产业投资基金有助于优化房地产业的内部结构，由于产业基金会挑选一些具有增长潜力的房地产企业进行投资，使其在基金的支持下更加迅速地发展。这将促进房地产业内的优胜劣汰，加速行业内的兼并、收购，有利于房地产业大型企业集团的出现，实现资源的优化配置。

3. 拓宽个人投资渠道，优化社会资金的配置

投资者的手中的财富都有保值、增值的愿望，而投资者一般不具备专业的投资能力，客观上产生了委托专家理财的需求。在我国，尽管居民有这种需求，但由于信托投资制度的不完善，信托投资工具较少，因此居民只能把资金存入银行。截至 2003 年底，我国居民储蓄存款已达 11.2 万亿元，并且主要集中在国有商业银行，从而使国有商业银行面临巨大的压力。房地产产业投资基金的发展，一方面能拓宽居民投资的渠道，优化居民的金融资产结构，另一方面促进银行储蓄分流，减轻银行资金压力，从而提高社会资金的使用效率。

四、我国房地产产业基金的发展构想

1. 我国产业投资基金的现状及其发展的制约因素

我国的投资基金业起步于20世纪80年代中期，到了1994年，全国共有基金70多个。这些投资基金是综合的，既投资实业，也投资证券，基本上处于无序状态。由于当时对房地产业的整顿，大部分投资于房地产的资金都沉淀了。因此，1994年到1997年基金业处于暂停阶段。1997年11月，国务院颁布《证券投资基金管理暂行办法》，此后证券投资基金进入规范发展阶段。而对于产业基金的设立与运作争议较大，始终没有得到国家的批准。因此，我国现有的正式投资基金全部是证券投资基金。

目前，影响我国产业投资基金发展的主要因素有以下三点。

首先是法律障碍，由于国家有关部委坚持“先立法，后放行”的原则，因此在有关法律法规出台之前，房地产产业投资基金是不允许试点的。

其次是资本市场不完善，存在过度投机现象，目前又没有股指期货交易等规避风险的工具，给投资基金业的经营发展造成很大困难。有关部门担心在这种情况下产业投资基金的上市会成为资本市场上的又一炒作工具。

最后是长期传统投融资体制及观念的影响和束缚。

但另一方面，有利于产业投资基金发展的因素也存在。首先，金融体制和投融资体制的改革正有条不紊地推行；其次，法制建设加快，为产业投资基金的进一步发展提供了法律保障。《产业投资基金管理暂行办法》第五稿正待国务院批准通过。一份旨在规范产业投资基金的文件草案也已由国家发改委制订完成，正向有关部委征求意见。另外，国内业界已对产业投资基金作了一些初步探索和尝试。2003年，由全国工商联住宅产业商会支持筹备发起的中国第一个房地产产业投资基金——住宅产业精瑞基金也将正式完成筹备。由此可见,房地产产业投资基金将在不久的将来诞生。

2. 我国房地产产业基金的运作模式建议

(1) 资金来源。房地产产业投资基金的资金来源结构会影响基金的治理结构,进而影响到房地产业的发展。目前,我国居民储蓄存款已达11.2万亿元,再加上保险基金、养老基金等机构投资者以及其他民间资本已形成了一个庞大的潜在资金市场。因此,我们应该借鉴国际上产业基金资金来源多样化的经验,尽可能地调动各方面力量,通过房地产产业投资基金这种方式将其转化为有效投资,推动房地产业的发展。

(2) 基金的规模、期限和募集方式。基金规模太小不利于建立有效的投资组合,不能有效地降低投资风险,从而影响基金的整体投资收益率。规模太大则对基金的管理要求就高,而且也给监管机构的监管工作带来一定难度。因此,基金规模应适中,且以相应的经济技术指标作为测算基金规模的依据。考虑到房地产业建设周期长的特点,房地产产业投资基金应以10—15年为佳。募集方式应采取公募形式。因为在刚起步阶段,如果采取私募发行的方式很可能导致社会乱集资,不利于基金的规范运作和保护投资者利益。公募发行要经过金融主管机构的严格审查,发起机构要按要求进行相关信息的披露,这有助于基金的规范运作,确保投资者利益。

(3) 组织形式。产业投资基金组织形式可分为契约型和公司型。契约型产业投资基金是依据一定的信托契约组织起来的基金,公司型产业投资基金是依据《公司法》成立的以盈利为目标的投资基金公司。两种组织形式各有利弊。一般来说,如果基金规模比较大,投资领域比较广,就应该采用公司型组织形式;如果规模比较小,业务投资又具有专一性,则可采用契约型组织形式。考虑到,我国产业投资基金刚起步,国内又缺少有关机构投资者和合伙人,使得公司型基金的建立难以找到必要的发起人,因此,应以契约型基金为主。

(4) 基金类型的选择。房地产产业投资基金分为封闭式基金和开放式基金两种。封闭式基金在发行原始股份和购买资产之后,不再进一步增发股份,其现有股票的价值完全取决于基金的资产组合的经营业绩;而开放式基金则不断地发行新股份并将其销售给投资者。由于房地产产业投资基金主要投资于未上市企业,以追求长期投资收益为目标,因此要稳定地实施其投资策略,基金必须在较长的时期内保持资产的相对稳定,所以宜以封闭式基金为主。

(5) 投资管理。房地产产业投资基金的投资业务可向以下几方面发展:① 非上市的房地产企业,在上市门槛较高的情况下,房地产产业投资基金的股权投资为非上市房地产企业开辟了新的融资渠道。② 实物性房地产。一种是购物中心、办公楼、仓库等收益类房地产;第二种是二手房业务;第三种是收购尾盘。

3. 相关配套政策

在房地产产业投资基金的发展过程中,国家担任一个很重要的角色,主要是为产业投资基金的发展提供相关配套政策,为其创造良好的外部环境。

(1) 建立、健全法律体系。房地产产业投资基金涉及国民经济的多个领域,需要制定一套完整严密的法律法规体系来规范其运作和发展,以保障房地产投资基金的投资取向、基金投资者的利益以及限制房地产投机。因此,国家应尽快出台一部专门规范产业投资基金的法律,同时完善相应配套的法律法规。

(2) 政府应加强引导,扶持和监管。房地产产业投资属于长期投资,因此政府应出台相应政策,给产业基金以税收等方面的优惠,同时要加强对基金的监管。政府应根据房地产产业投资基金发展的实际情况及发展目标,以功能的充分发挥为标准来设定监管组织机构,建立高效统一的产业投资基金监管机构。通过对基金的监管,促使基金优化自身结构,增强行业自律。

本章小结

资产经营是指资产的所有者或代理人以追求最大盈利和促进资产最大增值为目的,通过对生产要素进行组织、管理、运筹、谋划和优化配置以及对资产结构的调整,实现对多种资源、信息进行综合运行的经营活动。资产经营可以分为两大类:一类是依托产权市场所进行的资产经营,另一类是依托资本市场所进行的资产经营。资产经营与生产经营既有区别又有联系。资产经营具有结构放大效应、交易放大效应、市场放大效应、融资放大效应、时间放大效应和效益放大效应等六大效应。

市场经济的开放性要求扩大资源的时空范围,市场的效益原则要求资源配置向提高经济的整体效益方向调整,而这一点不是靠生产经营所能达到的。因此,企业发展到一定程度就必须从产品经营转向资产经营。房地产要能进行资产经营必须具备两个基本条件:一是要有比较完整的生产要素市场体系,二是要有比较完整的企业经营机制。

兼并通常是指两家或更多的独立企业、公司合并成一家企业,而且通常是一家占优势的企业吸收一家或更多的企业。收购是指企业在证券市场上用现金、债券或股票购买另一家企业的部分或全部资产或股权,以获得该企业的控制权。企业并购的形式多种多样,按照不同的分类标准可划分为许多不同的类型。在市场经济中,并购具有宏观和微观两方面的作用。同时并购也要遵循一定的程序。

房地产投资信托基金又叫房地产产业投资基金,是投资基金的一种，也是房地产企业在资本市场进行资产经营的一种重要方式，在我国目前的宏观经济形势下发展房地产产业投资基金具有特别重要的意义。

第七章　房地产经营风险和风险管理

第一节　风险与风险管理概述

一、风险的定义、特征和分类

1. 风险的定义

天有不测风云，人有旦夕祸福。风险无处不在，它普遍地存在于世界的每一个角落；风险无时不在，它存在于人类文明发展的每一个阶段。在与风险的不断斗争中，人们对风险的理解不断地积累，逐渐认识到风险和社会中普遍存在的各种不确定性有着密切的相关性。

到目前为止，对风险的含义有了大致统一的看法，但是要对它下一个精确的定义还是比较困难的。由于在本章中提到的风险主要是投资风险，所以可以认为"风险是指在投资过程中由于受到各种不确定因素的影响，使投资者遭受收益损失的可能性"。

为了更好地理解风险的定义，必须注意到以下四点。

(1) 风险产生的根本原因是受到各种不确定性的影响，如果世界上不存在不确定性，那么风险也就不会存在了。而根据不确定性的来源，又可以分为来自外部环境的不确定性和来自内部自身的不确定性。

以房地产项目的开发为例，很多外部环境的不确定性都会影响到项目的收益。比如：自然环境的不确定性导致的没有预期到的长期降雨，会拖延项目施工的进度；经济环境的不确定性导致的没有预期到的经济衰退，会使房地产市场需求萎缩；社会环境的不确定性导致的没有预期到了社会动乱，会使房地产商品价格下降；政策环境的不确定性导致的没有预期到的货币紧缩政策，会使房地产开发融资成本上升；而以上的这些都会使房地产开发项目的收益下降。

除了外部环境以外，企业内部自身的不确定性也是影响收益的重要因素。比如：同样一个工程项目，由组织管理良好、工程技术先进的公司开发，其工地发生事故的可能性就要比一个管理混乱、技术落后的公司小得多，从而它面临的风险也就相对比较小。

(2) 风险是指未来收益的不确定性。一个已经完成的投资项目，它的收益已经确定了，也就不会再存在风险。只有那些还没有完成的项目，对它们的收益还只有一个预期，它最后的真实收益还是未知的，才会有风险的存在。如何在项目还没有完成以前做出正确的决策，选择一个方案，确保预期的收益能够实现，是风险管理的内容，也是我们研究风险的最终目的。

(3) 风险的大小在客观上是由两个因素决定的，即损失发生的概率(P)和可能损失的大小(C)。我们可以把风险 R 表示成为损失发生的概率(P)和可能损失的大小(C)的函数：

$$R = f(P, C) \tag{7-1}$$

从以上函数可以看出：一个可能给人们带来很大损失的事件未必会让人们感到有很大的风险，因为它发生的可能性很小，比如金融危机。另外，人们对风险大小的判断还与主观因素有关，由于不同的投资者对于风险的偏好是不同的，即使面临同样的客观风险，他们对于风险的大小也会有不同的主观的判断。

(4) 真实收益对于预期收益的偏离有正负两个方向。正的偏离是指真实收益超过了预期收益，属于风险收益，是投资者希望看到的；负的偏离是指真实收益没有达到预期收益，属于风险损失，是投资者希望避开的。在本书中提到的风险是真实收益对预期收益的负的偏离，强调的是不确定性导致的风险损失。

2. 风险的特征

只是了解风险的定义对于我们进行风险管理还是远远不够的，下面我们介绍风险的另外一个重要的方面——风险的特征。一般而言，风险具有以下四个重要的特征。

(1) 风险的客观性和偶然性。引起风险的根本原因是来自其自身和外在环境的各种不确定因素，而这些不确定因素是客观存在的，不以人的意志为转移，所以风险的存在具有客观性。但是，就单个风险事件而言，它有可能发生也有可能不发生，具有偶然性。以公司的破产为例，世界上每天都有很多公司破产倒闭，对于所有的公司，破产倒闭的风险都是客观存在的；但是对于某个特定的公司而言，它破产的时间、原因都存在偶然性。

(2) 风险的绝对性和相对性。对于任何一个投资项目，风险是肯定存在的，具有绝对性。同时，风险的存在也具有相对性，一方面人们在面对风险的时候并不是完全被动的，可以通过一些手段和措施来进行控制和防范，把风险控制在一定的范围；另一方面引起风险的各种不确定因素也在随时变化，旧的风险在消失，新的风险在产生。

(3) 风险的可预测性和可控性。不确定性是风险的本质，但是这并不意味着风险是不能被人认知的。从最初的风险因素，发展成为风险事件，最后引起风险损失是风险发生的全过程。我们在进行一项投资以前可以借鉴历史经验，结合现实环境，采用一定的办法来分析潜在的风险因素和风险的大小，然后采取有针对性的预防措施来防止它们转化为风险事件。正是因为风险的可预测性和可控性才使得对风险进行管理成为可能。

(4) 风险和收益的共生性。风险和收益是一个投资项目的两个方面，它们是共生的，要想取得投资收益，就必定要承担相应的投资风险。风险和收益之间本来并不存在必然的、固定的关系，但是在竞争的压力下，会形成一种趋势，即收益越大的项目风险也越大。因为，一方面投资者在选择投资项目的时候总是偏好风险低、收益高的项目，而竞争者的增加会降低一个投资项目的收益，同时增加它的风险；另一方面，一个风险高而收益低的项目是不会有投资者愿意投资的，他们会去寻找其他更好的投资机会。但是，风险和收益的相关性也并不是绝对的，要善于发现市场中存在的低风险、高收益的投资机会。

3. 风险的分类

不同的投资项目所面临的风险各不相同的，即使是同一个投资项目，在不同的投资阶段也会面临不同的风险。对各种风险进行分析，发现它们的共性，从各种不同的角度对其进行分类，有利于对风险的识别预防，下面将从各个不同的角度对风险进行分类。

(1) 外部风险和内部风险。不确定因素的存在是风险产生的根源，由来自外部环境的不确定因素导致的风险称之为外部风险，主要有国家经济政策的变化、社会需求的变化等，它们是不能为投资者个人左右的，只能采用被动的应对措施进行控制。由来自企业内部的不确定因素导致的风险称之为内部风险，它主要是由投资者自身的行为引起的，比如火灾、工程事故等，对于这一类风险，可以采用主动的措施来消除或减少风险因素从而达到控制风险的目的，它们是风险防范的主要对象。

(2) 自然风险、社会风险、经济风险和政治风险。如果对来自外部的风险进行更细致的划分，还可以大致分为自然风险、社会风险、经济风险和政治风险等四种类型。

自然风险主要是指由自然现象引起的风险，包括火山喷发、龙卷风、泥石流、海啸、暴风雨等，它们的发生与所处的地域紧密联系，从长期来看具有一定的频率。

社会风险是由处在社会中的个人或团体的一些不可预料的行为引起的风险，包括罢工、暴动、抢劫等，它们发生的可能性与当地的人文环境、风俗等紧密相关。

经济风险是指在投资的过程中由于市场中各种因素的变化或经济政策的变动而导致的收益损失，它是投资者所要面临的最主要的风险。

政治风险是指由于国家政府的原因而引起的风险，包括战争、叛乱、种族冲突、权力斗争等，它们的发生会对整个投资环境都造成重大的影响，使所有的投资者都蒙受损失。

(3) 静态风险和动态风险。静态风险和动态风险的划分是相对而言的。静态风险的发生一般是偶然的，风险一旦发生，风险因素就转化为风险事件，不再存在。这类风险以自然风险和投资者的判断失误引起的风险为主，可预测性差，一般造成的都是风险损失而不是风险收益。动态风险的发生是经常性的，因为引起风险发生的因素是经常性存在的，比如经济中的汇率风险，它随时都存在，同时它在不停地变化，随时带给投资者大小不定的风险损失或是风险收益，这种风险可以在一定程度上进行预测，并且可以用一定的措施进行防范。

以上只是对风险类型的几种主要的划分方法，其他常见的划分还有纯粹风险和投机风险；财产风险、人生风险和责任风险等，投资者可以根据自身风险分析的需要进行其他类型的划分。

二、风险的识别和度量

1. 风险的识别

对风险进行识别是风险管理的前提。对风险进行识别就是在投资的全过程中，对可能会发生的风险以及风险的成因进行分析和判断，作为风险预防的依据。由于实际投资中，各种风险互相交织，可能引起风险的因素也是错综复杂，且影响大小各异，要对它们识别就需要掌握一些专门的科学方法。同时，风险的识别是一项连续性很强的工作，贯穿于整个投资项目的全过程，并且对项目最后的成败有很大的影响，所以应该建立有关的制度，使风险的识别规范化、制度化，成为科学的管理方法的一部分。

风险识别的方法很多，以下介绍最常见的四种。

(1) 市场调查法。在市场经济中，投资风险中很大一部分来自于市场，市场中的供给与需求具有动态的不确定性，把握未来供给与需求的变化趋势是风险识别的重要内容。

以房地产市场为例，随着经济的发展，个人可支配收入提高，人们对房地产商品的需求在不断地变化，包括对房屋的面积、质量、样式、地理位置的要求不断提高；同时房地产商品的供给也在不断地变化，以满足人们需求的变化。房地产商品还具有不同于其他一般商品的特点，它的建设周期一般需要 2—3 年，并且位置固定不能移动，如果投资失败，损失将十分巨大，所以在项目投资以前，对房地产市场未来两年的需求和供给进行调查预测就显得特别的重要。对未来房地产市场需求变化调查的主要内容包括：未来几年总体的经济发展趋势，人口增长率及其分布特征，地区个人的收入变化和财富的积累状况，金融政策，购买者心理的变化等；对未来房地产市场供给变化调查的主要内容包括：正在建设并将在未来两年推出楼盘的数量和类型；土地和金融政策；目前已售出住房中投资买房的比例等。

市场调查法是最基本的风险识别方法，它取得的是最贴近市场的原始数据，通过对它们加以分析和处理，可以及时识别市场中存在的风险并加以回避。

(2) 专家会议法。专家会议法是根据具体投资项目风险识别的要求，邀请有关方面的专家(人数以 5—10 人为宜)召开会议，由会议的组织者提出问题，专家们通过面对面的方式畅所欲言，相互启发，对可能存在的各种风险进行预测和识别，最后通过综合得出比较一致的意见，即判断出某个特定的投资项目所面临的风险。

专家会议进行的过程中应该注意的一些问题：

① 创造自由发表意见的友好的气氛，既要避免受到权威的影响，也要避免在言词上过于激烈的争论。

② 重视不同意见，并对已经提出的想法进行补充和改进。应该有专人做记录，会议进行了一个阶段就公布一次初步分析的结果，使与会专家思路清晰，提高效率。

③ 观点力求简单明了，开会时间也应简短，否则不利于注意力的集中和创造性思维的展开。

专家会议法适合于影响因素比较少，问题相对简单的风险识别。它能够很快地集中专家的意见得出结论，但是因为它是面对面的讨论，很容易受到权威、面子等主观因素的影响从而压制部分意见，使最后的结论不够全面。

(3) 德尔菲法。德尔菲法是一种通过反复征求专家意见，然后总结归纳、反馈信息，以最终取得一致意见的风险识别方法。以下是它具体做法的步骤：

① 由组织者确定风险调查的内容，制定风险调查的方案。

② 根据要调查的内容确定参与的专家，向他们提供所有已经掌握的相关的背景资料，发送调查表。

③ 专家按照组织者提供的资料针对调查表中的内容提出各自的观点和意见，并且反馈给组织者。

④ 组织者通过一定的方法对汇集的专家意见进行处理，再把不同意见和理由反馈给相应的专家，并让他们再次提出意见。

⑤ 多次反复以后，意见逐渐统一，得到基本一致的结果后就可以终止调查。在调查的全过程中，参与的专家之间都不应有横向的联系。

与专家会议法相比，德尔菲法具有明显的优点。一方面，由于在全过程中专家之间不发生横向的联系，向专家的信息反馈也只是各种意见和观点的汇总，不注明姓名，所以克服了专家会议法中易受权威和面子等主观因素影响的缺点；另一方面，信息汇总以后，组织者易于对意见和观点进行定量统计处理，所以适合于处理影响因素多、情况比较复杂时的风险识别。但是，用这种方法进行风险识别会耗费比较长的时间，不利于做出迅速的反应。

(4) 故障树法。前面所介绍的三种方法都是侧重于在事前对风险的预测，而故障树法则重在事后对风险损失产生的原因的分析。它是将可能引起风险损失的各种因素以树的形状表示出来，树根表示风险损失的结果，树枝表示可能引起这种结果的各种风险因素，通过排除法最后确定导致风险损失的原因，如图 7－1 所示。

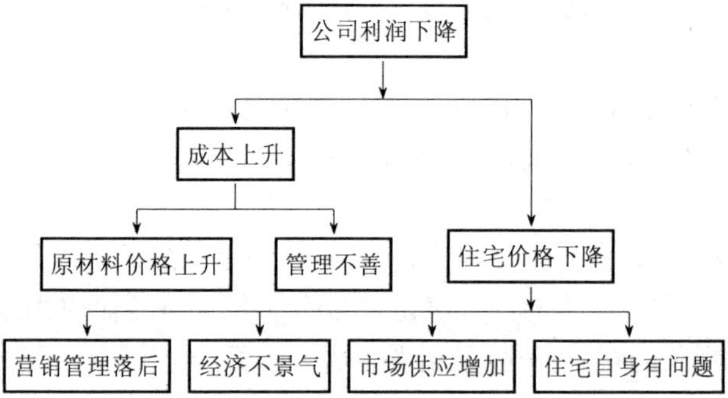

图 7－1 故障树法示意图

2. 风险的度量

对于一个特定的投资项目，风险就是指真实收益的不确定性。由于各种不确定因素的存在，投资项目的收益是不能事先确知的，投资者只能估计各种可能发生的结果及每一种结果发生的概率。如果把一个投资项目还没有实现的真实收益看作是一个随机变量，那么就可以用期望值来表示它的预期收益，用标准差来表示它的风险。

(1) 预期收益。数学期望 $E(X)$,也称为均值,是随机变量所有可能的结果以其概率进行加权平均所得到的平均数。它反映的是如果随机变量能够重复发生无数次,它的结果的平均值。通常用它来表示风险资产的预期收益:

$$E(X) = \sum_{i=1}^{n} p_i x_i \tag{7-2}$$

式中: $E(X)$表示风险资产的预期收益率; x_i 表示第 i 种条件下的实际收益率; p_i 表示第 i 种条件发生的概率。

(2) 风险。预期收益率描述了以概率为权数的平均收益率,但预期收益率与实际收益率之间总是存在一定差距,这就是风险。实际发生的收益率与预期收益率的偏差越大,投资于该资产的风险也就越大。因此,单个资产的风险通常用统计学中的标准差来表示,其计算公式为

$$\delta = \sqrt{\sum_{i=1}^{n} p_i [x_i - E(X)]^2} \tag{7-3}$$

标准差的大小,反映了随机变量的分布在期望值附近的集中程度。从风险的角度来讲,在其他条件相同的情况下,真实收益的标准差越小,反映真实收益的分布在其期望值附近越是集中,风险相对比较小;反之,风险则比较大。

三、风险的管理

1. 风险管理的定义

风险管理是指在投资过程中采用科学的方法,通过对潜在的各种风险因素进行识别、度量、评价和决策处理,选择最佳的风险管理措施对风险予以处理,以最小的成本获得最大的安全保障。风险管理既是一种专门的技术,也是一个工作过程,其目的在于减

少不确定性的经济成本。

从以上风险管理的定义中可知，风险的管理具有以下的特征：

① 由于风险存在于投资的全过程，所以风险的管理也贯穿投资的全过程；

② 风险的管理是一个系统的过程，它一般具有识别、估计、评价和决策四个步骤；

③ 有多种风险管理的措施，在风险管理时，应选择最优的风险管理措施的组合；

④ 风险管理的目标是尽量减少风险损失的可能性，而并不是为了获得额外的风险收益。

2. 风险管理的目的

投资者对一个项目进行投资，总是会有一个预期的收益率，但是由于风险因素的存在，使得预期投资收益率的实现具有一定的不确定性。为了增加投资收益的稳定性，投资者有必要采取一定的手段和措施来对风险进行防范和控制。所以对风险进行管理的目的，就是避免风险带来的投资收益率的不确定性，增加投资的安全性和稳定性。

对风险进行管理，有必要注意以下三个问题。

(1) 就整个社会而言，风险和收益是正相关的。很多风险管理措施的运用只能起到稳定收益的作用，它们虽然减少了投资遭受风险损失的可能性，但是也减少了获得风险收益的可能性。比如在国际贸易中贸易商利用期货市场来避免汇率的波动可能带来的风险损失，但同时也避免了可能带来的额外的风险收益。

(2) 风险管理措施的运用是有成本的，应该以最小的费用支出获取最大的安全保障。因此，在进行风险管理时，应该避免不顾成本追求过高的安全保障，也应该避免片面节约成本而没有对必要的安全保障进行合理的投入，风险的管理也应该讲究效益。比如对保险的运用,应该是有针对性的对最需要的方面进行投保,而不是对全部的风险投保。

(3) 风险管理只是项目投资中管理的一部分,它的具体目标的设定应该与投资的整体的、综合的目标相一致,以确保总目标的实现。

3. 风险管理的一般程序

科学的风险管理要遵循一定的程序,它包括风险识别、风险度量、风险评价、风险决策、风险处理五个环节。这五个环节紧密联系,前一个环节完成以后,后一个环节才能开始。以下对每一个环节要完成的内容加以说明。

(1) 风险识别。风险识别是对投资项目进行风险管理的第一步,它的目的是全面准确地对投资项目开发过程中可能碰到的风险进行预测,是进行风险估计、风险评价、风险决策、风险处理的基础。在这个环节中,应该利用历史的经验和风险识别的方法尽可能地找到项目开发过程中存在的风险因素,并分析风险因素产生的原因。

(2) 风险度量。风险度量是指对已经识别的风险进行度量以确定它们的大小。这个环节主要包括两个方面:一是确定风险发生的概率;二是确定风险发生以后导致风险损失的大小。综合考虑以上两个方面就能对风险的大小做一个大致的度量。

(3) 风险评价。风险评价是指在风险的度量的基础上,评估特定风险对投资项目的总的收益的影响,以及对这一风险进行防范所要支付的成本,进行成本收益分析,为下一步的风险决策提供依据。

(4) 风险决策。风险决策是指在风险评价的基础上,针对各种风险的影响程度以及对风险防范需要的成本进行权衡,选取最佳的风险管理措施的组合,拟定风险管理的方案。

(5) 风险处理。风险处理是指按照风险决策的要求,制定详细的风险管理计划，并把它落实到各个具体的岗位，使对风险的管理在项目中得到具体的落实。

在投资项目的进行过程中，风险管理程序会进行很多个周期。风险管理者应该监督检查五个环节的实施情况并及时对风险的管理效果进行分析，把上一周期中得到的经验反映到下一个周期中去。

4. 风险管理的措施

风险管理的措施很多，主要有风险预防、风险抑制、风险转移、风险自留和风险分散等，在本章的第三节将结合房地产的特点做具体的介绍。

第二节　房地产经营中的风险

一、自 然 风 险

任何的投资项目都会或多或少地受到自然环境的影响，但是由于房地产投资项目具有露天施工、位置固定不能移动等特点，受到自然环境的影响相对其他类型的投资项目要大得多。自然风险是指由于各种自然原因对房地产商品的生产过程和经营过程造成影响，以及对房地产商品产生直接的破坏，从而对房地产开发商和经营者带来经济上的损失。

1. 对工程施工造成影响

恶劣的自然环境会对工程的施工造成很大的影响。一方面，它会直接增加施工的成本，比如在气温小于零度的条件下施工，为了保证混凝土凝固后达到预定的强度，就需要采取特殊的施工措施或是在混凝土中加入防冻的添加剂；另一方面，由于在某些恶劣的环境下施工会对工人的安全造成很大的威胁，工程被迫停工，导致工期拖延，成本增加。

2. 对房地产商品产生直接的破坏

一些自然灾害会对房地产商品造成严重的破坏,从而对房地产投资经营者造成重大的损失。比如我国1976年发生的唐山大地震,对整个城市造成了毁灭性的打击,对房地产投资经营者造成的损失是不可估量的。

自然风险主要包括:地震、洪水、泥石流、暴雨、严寒、酷暑、台风等,它们与房地产投资项目所在的地域紧密相关,并且从长期来看,它们的发生具有一定的概率,开发商一般可以用投保的方法来对这类风险进行防范。

二、社会风险

社会风险主要是指由于人文社会环境因素对房地产市场带来影响,从而给从事房地产商品生产和经营的投资者带来损失的可能性。影响房地产市场的社会风险因素主要有社会稳定、社区治安、风俗习惯、公众干预、文物保护等。

1. 社会安定

社会的安定是房地产市场繁荣的必要条件。如果在一个国家发生诸如战争、社会动乱、政局动荡、罢工之类的事件,必定会引起社会的动荡,导致人们对经济前景的预测变得十分悲观,从而对房地产业产生重大的影响,使房地产的投资保持在一个非常有限的程度,交易量大量减少,价格下降,从而给投资者带来巨大的损失。比如,1992年11月,香港地区新任总督制定了所谓的“政策方案”,使港人对香港的前途产生了一种迷茫感,社会出现了不稳定因素,房地产业受到严重影响,写字楼空置率上升,房地产发展商无法将楼宇如期租赁出去或出售,造成其资金回收期延长,贷款利息增多,因而蒙受了经济损失。1992年11月底,香港股价大幅度回落,其中房地产股损失最为严重,在损失近2 000亿港元的市值中,房地产占了1/4。这个例子充分说明引起社会不安定的因素会给房地产市场带来严重损失。

如果社会的不稳定是由战争、社会动乱等因素引起的，则对房地产业的影响会更加深远，不但战争、动乱所在国家会深受其害，还会波及周边的国家和地区。

2. 社区治安

人们安家置业，投资经营、购物消遣都希望有一个良好的社会治安状况，如果某一地区刑事案件犯罪率居高不下，盗窃抢劫案件频发，生命财产安全得不到保证，则会严重打击人们在该地区购买房产的愿望，在该地区开发房地产项目，投资者就会面临很大的风险。

3. 风俗习惯

不同地区的风俗习惯、文化传统、宗教信仰、价值观念、风水概念等都会有不同，它们都会对房地产的需求产生影响，在进行房地产项目开发的时候应该特别注意，要适合当地的风俗习惯。比如，某地区的一个小区，其价格比周边类似的小区明显便宜一个档次，但是还是少有人问津，因为那块地皮以前是火葬场所在，知情的人们都认为住在那里风水不好，宁可花更多的钱买旁边其他小区的房屋。

4. 公众干预

由于某项房地产的兴建可能影响到周围居民的利益而使公众自觉地进行干预，阻止该项目的发展，从而可能给房地产开发商带来各种形式的损失。比如，在某高楼的建设过程中，由于施工的技术采用不当，导致周围的地面发生不均匀沉降，有些居民楼甚至出现了裂缝，引起了公众和新闻媒体的干预，导致工期延误，施工成本上升。

5. 文物保护

文物是祖先留给后人的宝贵遗产，一般每个国家都会对文物加以保护。由于房地产的开发过程中要平整场地，构筑地基，就有可能会挖到一些以前不为人所知的文物。如果在施工的过程中发现了文物,首先要报告有关部门对文物进行鉴别,然后再确定是否可以继续施工,这不但可能会延误工期,在挖到的文物十分重要时还有可能使工程项目最终被取消,从而给开发商带来很大的损失。我国是一个文明古国,在一些具有悠久的历史的古城开发房地产时,挖到文物的可能性比较大,在房地产开发之前必须考虑到文物保护的因素。

三、经 济 风 险

经济风险因素主要是指由于经济环境和经济发展的不确定因素,对房地产市场产生影响,导致房地产投资经营者遭受损失的可能性。这类风险因素有以下四大类。

1. 国民经济的状况

区域经济的成长状况以及发展趋势,决定了房地产市场的活跃程度。一般说来,在经济繁荣时期,人们对房地产商品的需求量会增大,楼价上升,从而使房地产开发资金的周转速度加快,开发商的收益增加,风险降低,导致更多的资金流入房地产业。但是,在经济萧条时,对商业房地产和商品住房的需求都将减少,从而导致物业的租金下降,空置率上升,楼价下跌。在这个时期,房地产开发商的利润会降低,投资回报率下降,很多资金会退出房地产领域。房地产业对区域经济发展的依赖性是十分明显的。

另一方面,房地产对经济发展状况的反应具有时滞性。这是由房地产开发周期长的特点决定的,在经济繁荣时开始建造的房屋到两年后建成推出市场时,经济可能已经开始衰退了。正是这种时滞性,给房地产的开发带来了很大的风险,同时也给那些能够科学地预测经济发展趋势并能及时把握住瞬间即逝的投资者带来了取得丰厚回报的机会。

2. 市场供求的风险

供求风险是整个房地产市场中最重要、最直接的风险之一。任何市场的供给与需求都是动态的和不确定的，这种动态的不确定性是市场中经营者收入不确定性的主要来源。相对于其他行业而言，房地产业的经营有其特殊性，使房地产市场中的经营者承担的风险要比一般的市场来得大。主要是因为房地产的短期供给弹性很小，短期内的供求失衡很难调整，同时房地产开发的资金中自有资金只占一小部分，资金不能迅速回收会给开发商带来很大的利率成本。所以当房地产市场中供给过剩、需求不足时，房地产开发商就要面临损失的风险。

房地产市场的供给主要受土地的供给状况、工程技术水平、房地产政策、信贷政策等因素的影响。由于建设周期长，就短期而言房地产商品供给弹性很小，长期则可以根据需求的变化作相应的调整。对住房的需求主要受到居民人均收入、房价、租金水平以及国家信贷政策的影响，人们对住宅质量的要求也会随着经济发展而不断变化。对房地产市场供求关系做出客观、准确的判断，并科学地进行预测，把握房地产市场供求关系的规律，才能减少市场供求的风险。

3. 财务风险

财务风险是经济风险中的一大类，主要是指由于财务成本的变化给房地产投资者带来的各种损失。根据财务成本的变化原因，可以分成以下四类。

(1) 通货膨胀的风险。在一个正常的经济环境中，通货膨胀是一定会存在的，只不过幅度有所不同，通货膨胀的起落会对经济活动产生各种不同的影响。

通货膨胀分为需求拉动的通货膨胀和成本推动的通货膨胀两种。需求拉动的通货膨胀产生的原因是经济活动活跃，它会刺激对房地产商品的需求，从而给开发商带来额外的收益。成本推动的通货膨胀产生的原因是各种建筑材料价格的上升或是劳动力和管理费用的上升，它们导致了商品房开发成本的提高，从而提高了房地产商品的价格，引起需求下降，给开发商带来损失。如果社会中不存在通货膨胀，则说明经济活动不活跃，房地产商品价格会下降，消费者可以从中受益。通货膨胀的大小和性质会影响房地产开发的成本、价格、销售，从而对房地产开发商带来风险。

同时，如果人们对通货膨胀存在预期时，也会刺激对房地产商品的需求，因为房地产商品具有保值的功能，可以减少人们在通货膨胀中的损失。

(2) 资金变现的风险。所谓资金变现，就是将非货币的资产或有价证券兑换成货币。不同的资产和有价证券变现的能力有很大的差异。相对于存款单、股票、外汇、债券而言，房地产的变现能力要差得多。房地产资金变现的风险就是指房地产商品不能迅速变现为货币用于其他用途，从而给投资者带来的损失。

房地产资金变现能力差主要是由以下原因造成的：

① 房地产的开发周期长，只有当楼盘封顶以后才能开始预售，回收资金。在开发过程中很少能通过转手出售来兑换现金。

② 房地产竣工以后，因为房地产商品价格昂贵，消费者往往会货比三家再决定是否购买，开发商由于受成本的限制也不可能大幅降价销售，所以房地产的销售期会比较长，即房地产商品转化为货币需要的时间相对比较长。

(3) 开发费用变化的风险。在房地产开发阶段，有许多影响开发成本的不确定因素，这些不确定因素通过影响开发成本，有可能给房地产开发商带来损失。房地产开发大致可以分成四个阶段：投资决策阶段，土地获取阶段，项目建设阶段和租赁管理阶段。开发费用变化的风险主要集中在土地获取阶段和项目建设阶段。

在土地获取阶段，开发费用变化主要来源于土地价格的风险和征地拆迁的风险。海外的房地产界认为,开发房地产成功的因素主要是地块的区位条件,区位条件决定了适合开发房地产的类型。但是,由于城市的开发会有整体的规划,如果在政府规划公布之前买地,房地产商将会面临其准备开发的项目在将来不能被规划部门批准的风险;如果在规划公布、土地用途明确后买地,则要承受土地价格大幅上涨的风险。在购买土地以后,紧接着的就是拆迁和安置的工作。征地拆迁涉及很多的法律和社会问题,地块上的原房产所有者可能因为经济、社会、心理的原因不愿意放弃原来的房屋,或是提出要求十分苛刻的回迁安置条件。此时,开发商将面临困难的选择,要么接受苛刻的不公平的条件,承受远超过预期的额外投资;要么无限期地拖延时间,丧失宝贵的开发时机,同时支付大量的资金利息;要么放弃开发项目,前功尽弃,前期投入的巨额资金付之东流;要么采取法律诉讼,卷入无休止的费时耗资的法庭争议。

在项目建设阶段,建筑工程的费用也可能会有超过预算的变化,主要有两个原因:一方面是原材料的涨价,会增加建筑的成本;另一方面,在施工时还有可能碰到没有预料到的技术困难,重新设计或是采用新技术都会增加施工的成本。

开发费用的增加是房地产开发商事先必须要考虑的风险,它们会对房地产项目开发的收益造成很大的影响。

(4) 税率变动的风险。房地产税率变动风险是指由于有关房地产投资、开发、经营等的税率发生变化,进而对房地产商品开发和经营的成本和收益产生影响。税率变化体现了一个国家和地区的财务制度的变化,或是国家利用税率的变化来调整现有的产业结构。一般国家不会轻易改变税率,但是一旦税率改变,会对房地产的收益产生很大的影响。

4. 融资风险

房地产开发所需的巨额资金的筹资和融通是开发上最为关切

和颇费心计的问题。筹资手段合理，可以减少筹资成本，降低筹资风险。筹资措施不当，轻则造成筹资成本大幅上升，开发建设资金拮据，流动资金周转困难，开发项目干干停停，难以为继，项目质量不能保证；重则导致巨额亏损，开发项目失败，企业面临破产。

房地产的开发运用资金的筹资渠道多样，各种筹资方式具有不同的风险，以下介绍最主要的五种筹资方式及其存在的风险。

(1) 自有资金。自有资金是指企业的注册资金，按照财政制度提留的基本折旧资金、税后利润、现金及其他速动资产。一般而言，自有资金使用方便，来源安全、有保障，且资金的使用成本低廉。但是，一般房地产开发者在开发房地产时，自有资金的数量十分有限，常用于支付地价款和前期的开发费用。

(2) 银行贷款。银行借款具有财务杠杆效应，如果借款的收益率大于支付给银行的利率，则投资者就能通过从银行借款来增加利润。但是，也应该充分认识到从银行借款数量有限、限制较多；还有可能受到国家政治、经济形势变化和有关金融政策的影响，导致房地产开发项目被终止、推迟和调整，具有风险性。

银行贷款的风险主要来源于利率的变动，它主要表现在企业在不恰当的时间或用不恰当的筹资方式筹集了资金，从而导致企业支付的利息增加，给企业带来经济损失。比如，如果预测到将来的利率会下降，则应该用浮动利率来筹资；如果认为将来的利率会上升，则应该用固定利率来筹资，以减少利息的支出。在我国，利率变动由国家决定，是国家干预经济的重要手段。当经济萧条、市场疲软时，政府会有意调低利率，刺激消费和投资的增长；当经济过热、需求旺盛时，政府会有意调高利率，鼓励储蓄，抑制消费和投资。企业在进行融资时要考虑到利率变化的趋势，选择合适的时机、数量、固定利率或是浮动利率以减少利率变化带来的风险。

(3) 发行企业债券。企业债券是企业为了筹集资金而发行的有价证券，持券人有权据此按期限从发行企业取得固定收益并到期收回本金。按照我国现行规定,只有股份公司、国有独资公司和两个以上国有企业或者其他两个以上的国有投资主体投资设立的有限责任公司,才有资格发行企业债券。并且企业债券的发行还受到其他的限制,比如股份有限公司的净资产不低于人民币 3 000 万元,有限责任公司的净资产不低于人民币 6 000 万元,累计债券发行总额不超过净资产的 40%等。

企业债券融资不受银行诸多条件的限制,融资期限和时机也可以由企业根据自身的情况来决定,可长可短。在债券到期之前,只需要支付利息;到期以后,还可以发行新的债券来偿还本金。同时,发行企业债券不会稀释原有股东的所有权和控制权,债券利息可以记入成本而少缴纳所得税。但是,企业债券的发行与企业的信用密切相关,信用好的企业发行的债券利率低、风险小,筹资的成本低于从银行贷款;信用差的企业发行的债券利率高、风险大,还有可能因为缺乏投资者而发行失败。企业发行债券融资在西方发达国家比较普遍,在我国还比较少,债券市场也还不成熟,增加了企业发行债券的风险。

(4) 发行股票。股票是股份公司发给股东用来证明其在公司所持股权的凭证。不论是优先股,还是普通股,股份公司都没有偿还本金的义务,当公司经营不佳而导致现金短缺时,公司董事会可以决定减少或停止分红派息。与其他类型的筹资方式相比,这使企业获得了使用方便、来源稳定可靠的永久资金,并在资金周转困难时不必增加负担。但是,股票发行出让的是公司的所有权,一般而言,股份公司经营比较好时,红利比从银行的贷款利息要高,这意味着股票发行的融资成本很高。一般当公司负债率高,自有资金缺乏,但具有良好的发展前景时,才会考虑利用股市筹资。

发行股票也存在一定的风险。一方面,如果股票发行数量过多,可能会降低企业的每股收益水平,从而导致股价下跌,影响股份公司以后继续筹资;还有可能因为所有权的稀释而导致公司控制权集中程度的变化,使对公司的控制权易手。另一方面,股票的发行时机的选择也十分的重要,应考虑到社会经济的总形势、股市行情、金融机构的利率水平、企业的自身状况等因素,选择在国家政策大力扶持,经济繁荣,股市交易活跃、人气旺盛、股价上扬,金融机构利率较低,企业状况好的时期发行股票,有利于确定一个较高的发行价格,保护原有股东的利益。

(5) 工程招投标风险。工程招投标风险是指由于受到投标方式、投标条件和投标过程中一系列因素的影响,导致工程成本增加,给投资者带来损失。目前采用的招标模式主要有三种,即公开招标、邀请招标和协商议标,它们各有不同的特点。

① 公开招标,即在报刊、电视等大众传播媒介上发布招标信息,凡符合规定条件的承包商均可参加投标。这样可在较大范围内,从众多的投标者中选定承包企业,有助于承包企业开展竞争,从而降低工程造价。但公开招标对招标者而言,招标工作量大,费用支出多,耗费时间长,且对中标者可能不了解,如中标者可能是一个素质较差的企业,这增加了今后双方协调上的困难,且工程的质量难以保证。

② 邀请招标,即开发商根据项目自身要求和所了解的承包商情况,邀请预选的几家承包企业参加项目的投标竞争。邀请招标由于邀请对象仅 3 至 10 家承包企业,从而可有效地缩短招标时间,减少招标工作量,节省费用开支,还可以消除和不熟悉的中标者合作的风险。但是,这种模式限制了竞争范围,失去了获得更低报价、更佳承包商的机会。

③ 协商议标,即由开发商直接邀请某一承包企业进行协商,协商不成再邀请另一家承包企业,直至达成协议。这种招标方式适用于长期合作共事、已建立相互信任关系的开发商和承包商,可以大大地节省招标费用,减少招标时间。但是,因该方式缺乏竞争,开发商可能不得不接受较高的报价,且容易出现贿赂行为,使

开发商蒙受损失。

四、政策风险

1. 产业政策风险

在一个国家的经济发展过程中,国家可能利用产业政策对现有国民经济的结构进行调整,从而使经济能够持续健康地发展。

产业政策对房地产业的影响十分巨大,它的影响主要来源于两个方面。一方面,国家通过产业政策来鼓励某些产业的发展,如果房地产业是支持的对象,则它在国民经济中的地位会得到提高,国家会增加这方面的资金投入,从而给房地产业的投资经营者带来更多的收益;反之,如果房地产业在国民经济中的地位降低,则会给房地产业的投资经营者带来损失。另一方面,国家对不同产业支持力度的变化,会改变房地产市场的需求结构,给房地产业不同领域的投资经营者带来不同的影响。比如,中国香港近几年来工业结构的转型,导致对厂房需求下降,而对写字楼等楼宇的需求上升,厂房的投资经营者和写字楼的投资经营者就会受到完全相反的影响。

2. 土地政策风险

在我国,国家拥有对土地的所有权,土地的一级市场由政府垄断,土地政策的变化对房地产的投资经营者有重大的影响。比如土地的出让方式由协议转让改为招标拍卖挂牌出让国有土地使用权。以前政府以协议方式出让土地使用权时,没有引入竞争机制,缺乏公开性和平等竞争,受人为影响的因素较多,土地的出让价格一般来说都较市场价格来得低,本来应该由开发商承担的风险通过低价拿地转移到了国家的身上。在招标拍卖挂牌出让国有土地使用权实行以后,土地的价格由市场决定,开发商就必须自身承担所有的风险。

另外,由于政府对土地一级市场的垄断,它干预市场价格的能力很强,为了避免地价太大的波动,可能会采取一些政策来对市场价格进行调整。比如,当二级市场的土地供给出现过剩的情况下,为了防止土地价格大幅下降,政府就有可能采用政策减少一级市场供给土地的数量;相反,如果二级市场炒地风行,土地价格暴涨,政府为了打击投机行为,可能就会采取增加一级市场土地供给地的政策来平抑地价。所以,为了避免遭受风险损失,房地产投资经营者应该关注土地政策的变化趋势。

3. 住房政策风险

住房作为人们生活的基本必需品,是政府为保持社会稳定需关注的一个方面,而国家不同的住房政策使开发商面临着不同的风险。如果政府大力推行福利政策,大量建设公房或安居工程用房,且对安居工程用房建设标准、销售对象不加以有效限制,这样会使开发商建设的完全市场商品房受到市场需求短缺的压力,因销售不畅蒙受经济损失。同时,政府关于二手房交易的管理规定也会影响房地产市场的活跃程度,投资决策时也应注意分析。

4. 城市规划风险

城市规划的变动对已经建成的、正在建设中的以及将要建设的房地产商品的价值都会产生影响,使开发商和经营者面临风险。城市规划对房地产的影响主要通过规划指标和规划用途、容积率、建筑覆盖率、建筑限高和道路交通的变化以及行政隶属的变更来引起。比如,城市地铁建造以后,由于交通条件的改善,地铁沿线的房地产价格都会上涨;而容积率的降低将会增加单位面积的造价,从而使房地产的价格上升。

在进行房地产开发时,还应考虑到特殊区域的房地产开发风险,如行滞洪区、文物古迹保护范围、自然风景保护区等。这些地区虽暂时没有具体规划限制,或侥幸能获得主管部门的批准,但不排除今后制定严格规划限制条件,并坚决执行的可能。盲目在这些地区开发,存在遭受巨额经济损失的风险。

5. **金融政策风险**

在我国,房地产开发投资的大部分资金来源于银行贷款,购买者也大多通过银行贷款来买房,所以国家的金融政策对房地产业的影响很大。当政府认为房地产投资过热、采用紧缩信贷的政策时,会导致在建的项目由于资金短缺而停工,拟建的项目因为筹集不到足够的资金而推迟,这会给房地产的投资经营者带来很大的损失。同时,如果政府为了刺激房地产市场的繁荣而降息,则会给开发商带来额外的利润。

6. **法律风险**

法律风险是指房地产商品投资经营者在房地产市场中进行各种活动时,因为法律纠纷,导致延误时间、增加成本或直接造成经济损失而产生的风险。产生法律风险的主要原因是房地产交易双方在签订各种合同时,可能未能就各方面的义务和责任做出详细规定,或在执行合同过程因为理解的偏差而造成的纠纷。同时,我国现行有关房地产方面的法律法规还不健全、不稳定,也是导致法律风险的一个重要原因。

要绝对地避免法律风险的发生,是很难做到的。对于法律风险,投资者可以通过了解我国现行房地产法律,熟知行业经济政策和行业法规,从而将法律风险减少到最低限度。

五、施 工 风 险

在房地产的施工中还会碰到各种各样的不确定因素,它们都有可能给房地产的投资经营者带来损失。

1. **工程质量的风险**

虽然在房地产开发过程中,房地产所在的区位是开发成功最重要的因素,但是房地产的质量同样是不能忽视的重要方面。一个设计陈旧、材料低劣、装饰粗糙的房屋,地段再好也不可能有好的市场。只有设计新颖、结构安全、材料优良、装饰精细的房屋才能有效地实现地段的功能,为开发者带来高额的开发利润。

影响质量的不确定性因素主要来自规划设计和施工的环节,常见的原因如下:

(1) 设计理念落后,不新颖,未充分考虑潜在消费者功能需求,利用不方便。建筑结构安全存在隐患。

(2) 承包商施工水平落后,施工机具功能不全、性能不稳;施工方案、施工方法选择不当。

(3) 承包商偷工减料,采购的原材料质量低劣。

(4) 项目管理者不负责任,未按规定程序实施质量控制,质量意识淡漠。

2. 施工索赔的风险

工程索赔是指承包商在由于业主的原因或发生承包商和业主不可控制的因素而遭受损失时,向业主提出的补偿要求。施工索赔风险增加了开发商的成本风险,在开发中,造成承包商向开发商索赔的原因可能有:

(1) 工程变动。这是指施工的过程中,根据业主的要求对设计和施工项目进行修改与增减,或是业主要求加快工程进度,而导致造价的上升;或是由于工程师的错误而造成的返工、工期拖延等导致的损失。

(2) 施工条件的变化。因为不可抗力的因素、恶劣的自然条件而造成的工程承包商的损失;或是实际的工程地质状况和事先在合同中规定的不一致,需要对地基加固而出现的额外成本的增加。

(3) 业主违约。由于业主违约而对开发商造成的损失。

(4) 第三方干扰。包括其他承包商干扰、指定分包商(供应商)违约、银行付款延误、供应商违约、运输延误、邮路延误、海关清关延误等给工程总承包商造成的损失。

3. 施工事故的风险

施工事故风险是指因为施工过程中出现各种事故而造成建筑物破坏、人员伤亡或机械设备损坏等损失。这类事故一旦发生,就需要支付各种事故处理费和补偿费,同时影响整体工作气氛,并且还会拖延工期。这些开发成本的增加最后会由开发商和购买房地产商品的业主共同承担。

4. 工期拖延的风险

施工中,每个环节的失误都有可能引起时间的损失,导致工期的拖延。这对房地产的开发商是非常不利的,它会延长资金的周转时间,导致开发成本上升。

一般常见的引起工期拖延的原因有:

(1) 低估了项目实现在技术上的困难,错误地估计了项目的实施条件和特点。比如在施工中碰到现有技术没有办法克服的技术难题,必须先进行科研和试验。或是因为施工影响到了周围居民的正常生活,引起不满情绪,阻挠施工进展。

(2) 工作人员的失误。主要有图纸设计不符合要求或是发生错误,必须重新修正。或是施工中,质量管理不到位,出现质量问题,必须重新返工,都会延迟建设进度。

(3) 发生不可预见事件。如工程事故、恶劣的气候条件或是天灾人祸等。

第三节　房地产经营中的风险管理

一、房地产开发风险控制

1. 风险预防

风险预防是指在风险发生前,为了消除或减少可能引致损失的各项风险因素所采取的各种措施。在房地产开发经营的各个阶段，风险预防都是必不可少的。

在投资决策阶段，风险预防的主要措施包括：组建一支高素质的管理队伍，树立风险意识；健全风险管理系统，建立风险管理责任制度，制定科学的考核措施和奖惩措施；进行细致的市场调研，确定项目的市场定位和目标客户；调查项目面临的自然、政治、政策、经济、社会环境，发现可能存在的风险因素；针对方案存在的风险因素，制定全面、详尽的风险管理计划和风险管理措施，在项目实施的各阶段贯彻执行。

在土地获取阶段，风险预防的主要措施包括：与项目开发相关的各政府部门、金融机构保持联系，借助他们的专业知识和信息发现企业没有认识到的风险因素；妥善处理征地、拆迁和安置补偿等问题，防止出现法律纠纷和过高的拆迁成本；认真签订土地出让、勘察规划设计、拆迁安置补偿等合同，尽量避免合同歧义、漏洞、陷阱；调查预测房地产消费趋向，调整优化设计方案，充分考虑项目防火、抗震、防盗等安全要求，防止技术风险。

在项目建设阶段，风险预防的主要措施包括：聘请经验丰富的项目经理，采用系统的项目管理方法，可以大量减少施工中常见的风险的发生；采用有经验的施工队伍，向参与施工的工作人员灌输安全施工的意识，严格遵守操作规程，专业工种先培训后上岗；合理布置施工现场，并保持施工现场的整洁，聘请有经验的工程师参与施工，保证工程质量；及时协调，妥善处理建设过程中设计、监理、施工、材料设备供应各方及总包与分包之间的各种矛盾，以防影响正常施工；做好现场建设日志，注意资料收集和保存，及时落实建设条件，预防和减少施工索赔；签订完善的承包合同。

在租售管理阶段，风险预防的主要措施包括：调查周边楼盘的出售情况，确定合适的出售价格、时机和促销手段；房地产的租售合同请专业人士起草，明确权利义务，防止以后产生法律纠纷；定期检查房地产状况，发现和消除现有房地产存在的各种隐患。

风险预防的目的是在风险发生之前降低风险发生的概率，它只是风险控制的一个部分，在项目的开发过程中只有风险的预防措施是不够的。

2. 风险抑制

风险抑制是在风险事件发生时或发生后，采取的各种降低损失程度或缩小损失发生范围的措施。风险抑制有两方面的含义：一是风险发生时的损失最小化；二是防止风险发生以后对其他方面产生不利影响，抑制风险的扩散。

常见的风险抑制的措施有以下四种。

(1) 准确的预警预报。预警预报做得好，可以及早的发现险情，从而可以及早采取措施对风险进行有效控制，从而使风险损失最小化。

(2) 制定详尽的风险应急计划。当明知工程面临很大的风险，但是发生风险的因素又不能有效控制时，可以及早制定详尽的风险应急计划，一旦发生险情，保证救护工作有条不紊地进行，可以最大限度地减少风险损失。

(3) 保护现场，收集证据。一旦风险事件发生，应在积极抢救的同时，注意保护现场，收集事故的有关证据，为向有关各方和保险公司索赔、反索赔准备充足资料。

(4) 留有余地，保持后备。建立必要的后备是十分重要的，一旦项目实际进展情况与预期不同，就可以动用后备。特别是对于那些对项目有关键影响的环节，一旦发生风险，后备力量的及时投入可以有效地控制风险的扩散，不会对整个项目造成重大损失。

在房地产项目的开发过程中，风险预防和风险抑制的措施应同时采用，相辅相成，以消除和减少风险隐患，降低损失发生频率和损失程度。因为它们是积极的风险管理措施，不会产生不良后遗症，在房地产的开发中应优先采用。

3. 风险回避

当开发商发现某个开发项目潜在风险发生的可能性很大，而且损失后果太严重，又无有效的风险管理措施可用时，才会采用风险回避。风险回避的做法大体可分为两种：一种是放弃或终止某项可能引起风险损失的活动；另一种是改变活动方案或改变工作方法，用完全避开风险来源的方法消除风险隐患。

由于风险回避采用的方式是放弃投资项目或是改变方案，所以一般常常用于投资决策阶段。这时候，通过市场调查，对投资项目进行可行性分析，如果发现项目开发存在巨大的风险，则在还没有大量投入资金以前放弃对该项目的投资或是改变投资方案是最优的选择。如果是在已经投入大量资金的情况下才发现有面临巨大损失的风险，则投资者想要全身而退是不可能了，但是在放弃该项目之前采取一些方法还是可以减少损失。比如母公司悄悄地将所持股份转售给其他的当地企业；停止母公司总部对该子公司的进一步拨款，撤销对该子公司的担保义务；子公司以自身资产做抵押，向当地银行借款以取代母公司资助，提前偿还母公司贷款。

就风险管理的一般意义而言，风险回避是处理风险最强有力的手段，有效的回避措施完全消除了遭受某种风险损失的可能性，但是，它同时也使企业获得收益的可能成为零。因此，风险回避是一种消极的风险管理措施，只有在一些迫不得已的情况下，才会采用风险回避措施。更多的情况下，企业是在众多的项目中选择一个预期收益最大、风险最小的进行投资。

二、房地产开发风险转移

风险转移是指开发商在开发过程中，有意识地将自己不能承担或不愿承担的风险转嫁给其他经济单位承担所采取的措施。与风险控制相比，后者是直接调节风险因素以达到降低风险损失概率和程度，而风险转移是将一部分风险转嫁给其他经济单位而间接达到降低自身的损失程度。房地产开发中常见的风险转移途径有合同、保证、期货和保险。

1. 合同

合同风险转移是指合同的一方通过合同条款，将开发过程中可能发生风险损失的财务负担或法律责任转嫁给合同对方承担。在房地产开发过程中，常见的用来转移风险的合同有工程承包合同、材料设备供销合同、房屋预售合同、房屋出售合同等转移风险。

(1) 工程承包合同。工程承包合同是开发商和承包商之间签订的合同，包括《协议书》、《通用条款》和《专用条款》三部分。《通用条款》是根据法律、行政法规规定及建设工程施工的需要订立，通用于建设工程的条款；《专用条款》是发包人与承包人根据具体工程情况，经双方充分协商一致约定的，包括工程承包方式、合同类型的选择等内容；当发包人和承包人就合同内容达成一致意见后，就会签订《协议书》，向对方承诺履行合同。

工程承包合同其实是开发商和承包商对项目建设过程中的风险和收益进行分担达成的一种协议。一般合同的类型有固定总价合同和成本加酬金合同两种，前者承包商承担的风险较大，后者开发商承担的风险较大。承包的方式也可以分为总包和分包，相对而言，总承包对承包商的风险要来得大。

(2) 材料设备供销合同。材料设备的质量水平直接关系着房屋产品的功能，影响项目的投资。因此，对材料设备质量引起的项目风险不可轻视，同等条件下优先选择已投保产品质量保险的产品。签订合同时，尽量明确材料设备风险范围及其责任，为可能的索赔打下良好的基础。

(3) 房屋预售合同。在工程完工前，为消除工程完工后可能因找不到承担者或购房者的风险，或避免租金可能下降、售价可能跌落的风险，可以通过预售合同，将风险转移给预先购房者。

(4) 房屋出售合同。开发商开发楼盘的目的是最终能够出售盈利。当工程完工以后,开发商可以通过出售合同将与房产所有权有关的风险都转移给新的房屋所有者。

2. 保证

保证也称担保,是当事双方为避免因对方违约而给自己造成损失,要求对方提供可靠的保证,以转移对方不履行合约可能给自己带来的风险。房地产投资经营中常见的保证形式有定金、第三者保证和银行保函。

(1) 定金。定金是指当事人一方为保证合同履行,要求对方预付一定金额的货币,合同履行后,退回定金或抵作价款。如果预付定金一方违约,则无权要求返还定金;如果接受定金的一方违约,则应当双倍返还定金;如双方对合同履行均无过错,则收取定金者如数返还定金。房地产开发中,对重要建筑材料、设备采购常采用预付定金形式,以确保材料、设备按时供应。

(2) 第三者保证。所谓"第三者"是指独立于当事人双方的另一法人,它应当是公认有信用、有权威、有地位或有经济实力,并能被签约双方共同接受的保证人。如发生违约,保证人应履行合同义务或承担损失连带赔偿责任。

(3) 银行保函。它是银行应其客户(被担保人)的要求向合约对方开具的,保证被担保人正常履行其义务的书面保证文件。如被担保人未履行其义务,则由银行承担经济赔偿的责任。银行保函是国际上工程招投标和合同履约过程中的通行做法。

按照银行支付赔偿是不是要求有被担保人违约的证据,银行保函可以分为有条件保函和无条件保函。在房地产开发过程中的各个阶段,开发商应向承包商出具的常见的保函有:投标保函、履约保函、预付款保函和质量担保函。

在以上几种保证形式中,由于银行保函使用方便,容易被各方接受,所以成为国际惯例中最常采用的担保凭证。

3. 期货

期货是指买卖双方签订协议,确定在未来的某一时间,以规定价格交割一定数量的某一品种、规格的商品。期货市场中的交易者通过签订期货合约进行套期保值,以回避将来商品价格变化可能带来的风险。套期保值交易的方式很多,但从首先是卖出还是买入期货合约来看,不外乎卖出套期保值和买入套期保值这两种方式。

(1) 买入套期保值。买入套期保值就是指交易者在期货市场中购入期货,以避免价格上涨带来的风险。房地产建设中需要用到大量的原材料,用于购买原材料的费用占到开发项目总成本的60%以上。在签订合同到工程施工结束的这段时间里,原材料价格的上升会给开发商带来很大的风险。这时如果开发商在期货市场上以可以接受的价格签订期货合约,购买主要的原材料进行套期保值就能避免这类风险的发生。

(2) 卖出套期保值。卖出套期保值就是指交易者在期货市场中卖出期货,以避免价格下降带来的风险。假如房地产开发公司和海外人士签订了预售合同,在三个月后以 100 万美元的单价卖掉一套别墅,那么,三个月后开发商手里就会持有 100 万美元的外汇。如果,这三个月中,美元对人民币贬值,开发商就会受到损失。这时,如果开发商在期货市场上签订合约以可以接受的价格在三个月后卖掉 100 万美元,则美元贬值的风险就可以避免。

4. 保险

保险是保险人通过集中保险费以建立风险基金,用以补偿被保险人可能遭受的经济损失。保险人就是保险业务的经营者,即保险公司,它通过收缴保险费而承担被保险人所转移的风险。被保险人就是通过缴费获得保险保障的个人或单位,他有权在发生风险损失时要求保险人予以补偿。被保险人的风险转移通过订立保险合同来实现。

保险是集合同类风险分担损失的一种经济制度,企业或个人通过保险可以把“不确定”的大的损失转化为“确定”的小的保费支出。但是,不是所有的风险都是可保的,一般而言,只有当风险所导致的损失可以预测且损失的程度不要偏大或偏小时,保险公司才有可能提供这样的业务。在房地产的开发中,常见保险有以下六种。

(1) 建筑安装工程保险。在工程项目的建设过程中,常常会因为自然灾害或建筑事故而引起经济损失。建筑安装工程险就是对这一部分风险进行投保,用少量的固定的保费支出换取开发项目可靠的经济保证。建筑安装工程保险包括建筑工程一切险和安装工程一切险两种。

(2) 货物运输保险。在房地产开发的工程中,要用到很多的原材料和机械设备,常常要通过各种交通工具运到施工现场。在运输的过程中,这些货物都有可能因为各种意外而导致损失,这时可以投保货物运输保险,以获取保险保障。货物运输保险常分为国内货物运输保险和涉外货物运输保险。国内货物运输保险包括国内水路、陆路货物运输保险,国内航空货物运输保险;涉外货物运输保险主要包括海洋货物运输保险、陆上运输货物保险和航空货物运输保险。

(3) 雇主责任保险。雇主责任保险又称为劳工险,它以雇员在受雇期间从事业务活动时因意外事故致伤、残、死亡或患有职业性疾病时,雇主应依法对其雇员的损失承担赔偿责任为保险标的。雇主通过缴纳固定的保险费,将受雇人员遭受意外伤亡事故后的赔偿责任转嫁给保险人。在房地产的开发过程中,施工人员的安全存在较大的不确定性,投保雇主责任险是很有必要的。

(4) 工程第三者责任保险。工程第三者责任保险是以工程施工期间因为意外事故导致第三者的人身伤亡和财产损失,被保险人应该承担的经济赔偿责任为保险标的,一般作为工程保险的附加险。第三者是指与工程项目没有任何关系的法人或自然人，比如工地附近的居民。

(5) 合同保证保险。在房地产开发过程中，开发商会和各个方面签订各种各样的合同，如果另一方拒绝履行合同上规定的义务会给开发商带来损失。如果开发商投保合同保证险，那么这部分损失将由保险公司承担。在房地产的开发过程中，工程承包合同的保证保险是最常见的。

(6) 人身保险。在人的一生中，会面临各种各样的风险，一旦这种风险导致伤残或死亡，将给其个人和整个家庭带来很大的损失。如果公司对其员工进行人身保险，特别是对一些面临风险较大岗位的员工，将会消除员工的顾虑，增强企业的凝聚力，提高企业的竞争能力。房地产企业也应考虑员工的人身保险，人身保险通常包括人寿保险、意外伤害保险和健康保险三大类。

三、房地产开发风险自留

选择最佳的风险管理措施对风险予以处理，以最小的成本获得最大的安全保障，以减少不确定性的经济成本，是对风险进行管理的最终目的。风险是普遍存在的，风险管理措施也是有成本的，所以想要通过采用风险管理的措施来使开发商完全避免风险的损失是不现实的。当某项风险不能避免或是风险转移的成本很高时，企业甘愿自己承担风险损失，称为风险自留。自我保险与专属保险就是风险自留的措施。

1. 自我保险

自我保险是指企业通过对将来经营中可能碰到的风险的损失频率与损失程度预先估计，并提存一笔基金以弥补可能的损失的一种财务安排，它其实是企业运用保险原理与经营技术，主动承担自身风险的一种普遍做法。

自我保险的优势主要体现在以下几个方面：(1) 可以处理保

险公司不能投保的风险；(2) 可以节省保险费用；(3) 损失发生以后可以迅速得到补偿；(4) 自保基金的提取一般先于损失的发生,把它用于其他投资,可以获得资本利得。

自我保险也有它的不足之处：(1) 企业对所面临的风险损失预测比较困难；(2) 如果企业的财务状况不好,可能发生财务困难；(3) 企业的税收负担会增加。

因此,企业应该根据自身的情况来决定自我保险的大小和自保基金的数量。

2. 专属保险

专属保险是指一些非保险业的大规模企业或企业集团为节省费用以及承保自己所拥有的风险,而投资设立的附属保险机构,也称为专属保险公司,它以集团公司的保险业务为主营业务。一些业务规模庞大的跨国公司,子公司遍布世界各地,如果所有的风险完全在当地购买保险则很不经济,因此,选择在保险税负较轻的国家或地区设立专属保险公司,不但可以减免租税负担,还可以承保传统的保险市场所不提供的保险保障。

专属保险有其自身的优点：(1) 由于其主要客户是集团内的子公司,有利于互相协调,增加了保险的弹性；(2) 可以把公司设在税率很低的地区,减少了公司的税收负担；(3) 节省了保险费用；(4) 集团公司可以利用专属保险公司的人才和技术加强对风险损失的控制。

专属保险也有它的缺点：(1) 由于主要服务对象是集团的子公司,所以业务量有限；(2) 由于大多数的业务是传统的保险公司不愿意承保的,所以风险品质较差；(3) 由于组织规模小,所以技术人才和财务基础都比较薄弱。

所以,不管是风险预防、风险转移还是风险自留都是有成本的,并且各有自身的优点和不足。房地产开发商应该根据企业自身的情况和所开发项目的特点,合理地选择运用这些措施,以求用最小的成本获得最大的安全保障。

四、房地产开发风险分散

房地产包括的资产类型十分广泛,对于不同类型的房地产商品、不同地区的房地产投资,我们可以将它们组合成一个资产投资组合。在我国这样一个幅员广阔的国家里,一方面,投资者可将房地产投资分散于全国各地以避免地方性的经济不景气所引起的当地房地产价值下跌而遭受损失;另一方面,房地产商品的类型很多,有住宅、商业建筑、工业厂房、休闲项目等,而每一大项又可细分为许多小项,如住宅有别墅、多层公寓和高层公寓等。这些细分出的每一小项房地产商品,皆有其独特的性质,在市场上各有区分,而且影响其经营发展的因素经常是向不同的方向起作用,因此使得各种类型房地产商品的报酬率也有不同的波动幅度以及方向。

即使是在同一个城市,除了物业类型因素会使得房地产报酬率波动发生差异外,另一个重要的影响因素便是房地产坐落的区位。不同的区位,其周围的社会经济文化环境的不同,物业经营所获得的报酬率也会有差异,而且各个社区的社会经济结构也是呈现动态性变化的;有的地方成长,有的地方则衰退;在某一个阶段有利于某类房地产物业开发与经营而不利于另一项房地产物业投资的因素,在另一个阶段,可能情形又会颠倒过来。房地产物业在区位以及类型两个因素的组合之下,其报酬率波动的关系非常错综复杂而难以掌握。在进行房地产投资组合时,其分散投资策略可以是投资于不同类型的房地产或不同地区的房地产,或者混合使用。投资者希望借助此分散策略使投资组合内的房地产物业间的报酬升降互相抵消而使得组合报酬率的波动较小从而有效地降低风险。

1. 投资于不同房地产类型的投资策略

关于不同类型房地产分散的策略,美国学者迈尔斯与麦克邱曾作过探讨,他们的研究对象是1972—1978年期间投资于特定种类房地产的房地产投资信托基金。在研究中,他们计算了专门投资于办公用房地产、零售性房地产以及住宅性房地产的三种房地产信托投资基金之间投资报酬的相关系数,其数值如表7-1所示。

表7-1 不同类型房地产相关系数

	办 公	零 售	住 宅
办 公	1.00		
零 售	0.48	1.00	
住 宅	−0.49	0.080 6	1.00

由表7-1中数据可知,办公性房地产与零售性房地产报酬的相关系数为0.48,而与住宅性房地产报酬的相关系数则为−0.49。此外,住宅性房地产与零售性房地产的相关系数则为0.080 6。由于办公用房地产与住宅性房地产报酬间有负的相关系数,因此,在一以办公物业为主的房地产投资组合中,如果加入住宅性房地产将有助于减少投资组合报酬率的波动,降低组合的波动。另外,其他学者的有关研究表明:风险与报酬间的替代关系与投资组合内资产的种类密切相关。在同一个期望报酬率水准下,当投资组合内资产类型增加,则组合的风险会显著下降。

2. 投资于不同区域的投资策略

除了以不同类型的房地产进行组合以分散风险外,投资者还可以用不同区域的房地产来搭配。在选择区域时应该注意的是:应该以经济活动来划分区域,而不是以行政区来划分区域。例如攀枝花市和马鞍山市都依靠钢铁工业,其经济活动非常类似,在钢铁工业走下坡路时,两个地方都会受害。所以,资产分析在这两个地理距离很远的地方并没有达到有效分散风险的作用。同样,如果两个地区房地产的收益具有负的相关系数，则风险分散的效果会好得多。

3. 投资于不同资产的投资策略

就房地产整个行业而言，往往会有很大的波动。投资于房地产，当价格大涨时，可能会带来意外的收益；而当经济不景气时，可能会蒙受巨大的损失，这给投资者带来很大的风险。房地产投资还存在有流动性风险，房地产不像其他资产可以通过一个公开的交易市场来出售，其产权的转移需要完成许多法定程序，而且所需资金数额巨大，往往需要有金融机构提供融资。因此，房地产从决定出售到取得出售所得的款项通常需要一段相当长的时间，所以房地产投资者还要充分考虑到对未来资金周转的需要。但是，房地产的收益相对于债券等其他资产要高得多。投资者在投资于房地产的同时，可以另外投资与房地产具有负的相关性的其他资产，以分散风险。

在实际的投资中，投资者往往会混合使用三种投资策略，以取得最好的风险分散效果。

本章小结

本章首先从一般的角度介绍了风险的定义、特征、分类、识别和度量，紧接着介绍了风险管理的一般内容，使读者对风险和风险管理有了一个初步的了解。

本章的第二节介绍了房地产经营中可能遇到的具体风险，并把它们按照来源的不同归为五类分别进行介绍，使读者对房地产经营的风险性及其来源有了一个清楚的了解。

找到房地产经营中的风险并不是我们的根本目的，对这些风险进行有效的管理，减少风险可能产生的损失才是我们的目标。

在对房地产经营风险有一定了解的基础上，我们介绍了运用风险管理中风险控制、风险转移、风险自留和风险分散等手段对房地产经营的风险进行有效的管理，在具体的风险管理中，这些风险管理手段通常是混合使用的，且贯穿整个项目的始终。

第八章　房地产估价

所谓房地产估价是指对房地产价格的评定与估算，就是根据房地产价格的特征，综合考虑各项影响因素的结果。

房地产价格，是指在开发、建设、经营房地产过程中，所耗费的全部社会必要劳动所形成的价值与土地所有权价格综合的货币表现。其最根本的特征是双重实体价格，是房屋建筑物价格与土地价格的结合体，其中，社会必要劳动所形成的价值包括房屋建筑物建设中社会必要劳动所形成的房屋建筑物价值和在土地开发过程中耗费的社会必要劳动所形成的土地价值，而土地所有权价格，实质上就是地租的资本化。同时，与一般商品一样，房地产的价格也受到市场供求的影响。

由于房地产的价格中包括土地的价格，而土地价格本质上不是价值的货币表现，只是地租的资本化，它只受供求规律的影响，从理论上讲不受价值规律的作用影响，导致房地产价格的形成比较复杂。房地产价格的形成必须从纵横两方面进行综合，从纵向来看，由于房地产使用的长期性，房地产估价时既要考虑到过去的基础，又要兼顾以后的变化趋势；从横向来看，房地产价格的形成要受社会因素、经济因素乃至人们的心理因素的影响。

同时，由于房地产市场也不是完全的自由竞争市场，而且每个房地产产品都存在一定的差异性，因而，房地产交易不可能进行样品交易、品名交易，其价格也不可能在交易市场上形成，而需进行实地踏勘综合考虑，这也是需要进行房地产估价的重要原因之一。

根据估价方式的不同，常见的房地产估价方法有：成本法、收益法、市场法、趋势法，以下将对它们进行简单的介绍。

第一节　估价方法之一：市场法

一、市场法的基本原理

1. 市场法的概念和理论依据

市场法又称市场比较法、交易实例比较法、买卖实例比较法、市场资料比较法等。尽管名称众多，但概念是同一的，都是指在求取待估房地产的价格时，将待估房地产与在较近时期内已经成交的类似房地产加以比较，依照这些已经成交的房地产的价格，通过多项因素的修正而得出待估房地产的价格的一种估价方法。这里所称的类似房地产，是指在用途、建筑结构、所处地区等方面与待估房地产相同或相似的房地产。估价业务中通常把已成交的类似房地产称为交易实例。

市场法是房地产估价中最重要、最常用的方法之一。在房地产市场比较发达的国家和地区，如英国、美国、日本、台湾地区、香港地区等，市场法的应用很普遍。随着我国房地产交易的日渐活跃、房地产市场的日趋规范和完善，市场法在我国必将成为广泛应用的一种房地产估价方法。

这种估价方法的理论依据是什么呢？其依据是房地产交易中的替代原理。作为一个经济主体，不论是公司还是个人，其在市场上的行为都是追求利润或效用的最大化。因此，在选购商品时，都会选择效用大而价格低的。在房地产市场上，若两宗效用相等或相似的房地产同时存在，理智的买者总是选择价格较低的；或者，若同时存在两宗价格相同的房地产,理智的买者总是选择效用大的。经济主体的这种选择行为的结果,使得效用相同的物品的价格趋于一致。于是,任何具有合理需求的买者都不会接受高于市场正常价格的价格;反之,任何具有正常动机的卖者都不会接受低于市场正常价格的价格。这样,类似房地产之间的价格就会互相牵动,彼此接近。正是由于房地产市场中存在这种替代原理的作用,所以在进行房地产估价时,我们就可以用类似房地产的已知交易价格,通过比较而求出待估房地产的价格。

2. 市场法的适用条件和应用范围

在一个房地产市场上,个别市场行为可能会因各种原因而导致交易价格偏离市场正常价格,但市场群体行为的结果则基本反映了市场的常态。因此,只要市场上有足够的交易实例,就可采用市场法进行估价。由于前述理由,市场法是一种很具有现实性、颇有说服力的估价方法,在交易比较活跃的地块出让、商品房买卖的估价业务中常常被采用。此外,在采用其他方法进行估价时,估价人员也往往用市场法先确定一个最终估价额的大致区域,或用市场法验证其他方法的计算结果,或以市场法的数据为参考。从我国目前的情况看,各地区房地产市场的发展还不平衡,在房地产市场尚不发达或交易规模很小的地区,这种估价方法就难以应用。比如,在经济基础薄弱的边远农村,由于缺乏必要的市场资料,就不宜采用市场法进行估价。另外,对某些交易实例很少的房地产,如古建筑、纪念堂、寺庙等,也难以用这种方法估价。总之,市场法要求在同一地区或同一供求范围内的类似地区中,存在着较多的与待估房地产相类似的房地产的交易实例,只有在这种情况下,市场法才是有效的、可靠的估价方法。当然,运用市场法时,对交易情况、交易日期、区域因素和个别因素的修正是靠估价人员来完成的,这就要求估价人员了解交易实例所在地的经济环境、市场特性、交易状况等,运用自己的经验和判断能力,作出正确的修正,最终得出合理的价格。

二、市场法的运用

运用市场法对某宗房地产进行估价时,操作步骤通常是:(1) 广泛搜集交易实例的资料;(2) 从中选取几个符合一定要求的交易实例作为估价的参照物,简称比较实例;(3) 将比较实例的成交价调整为具有比较基础的价格;(4) 修正交易情况;(5) 修正交易日期;(6) 修正区域因素;(7) 修正个别因素;(8) 综合修正价格,最终确定估价额。

1. 搜集交易实例的资料

运用市场法进行估价,首先需要搜集尽可能多的交易实例的资料,以便从中选取比较实例。资料太少,就难以保证估价额的准确性。

搜集市场资料,不应到临估价时才去做,而应当在平时经常留意,逐渐积累。估价人员通常的做法有:(1) 查阅政府有关部门关于房地产交易的资料,如公布的房地产市场价格、价格指数、基准地价、标定地价、房地产产权管理部门或交易部门的交易登记文件等。(2) 查阅各种报刊上有关房地产出售、出租的广告和启事。(3) 参加各种房地产交易展示会、洽谈会、换房会,了解行情,收集信息,索取资料,必要时,以顾客身份直接与对方洽谈,使所需资料更丰富、更准确。(4) 一个估价人员搜集资料的全面性和时效性是有限的,同业人员不定期地相互提供各自经手的交易资料,不失为一种互惠的办法,随着我国房地产估价师执业资格制度的建立和完善,各地将相继成立估价师学会或协会,这更有助于同业人员互相提供信息和资料。(5) 直接向当事人了解。搜集交易实例时,首先要确定搜集哪些内容。比较好的做法是,事先将需要搜集的内容制成统一的表格,搜集时按表格逐项填入,特殊内容在表中另项填入,所填的每一项内容都要查证,做到准确无误。

2. 选取比较实例，建立价格比较基础

当估价人员具体对某宗房地产进行估价时，就需要从交易实例的资料中选取几个符合一定要求的实例作为参照物或比较物。一般来说，比较实例应符合下列要求：

(1) 与待估房地产的用途或性质大致相同。如，都为工业物业或商业物业，都为旧城区改造地块或开发区内地块等。

(2) 与待估房地产的建筑结构相同。如，都为钢筋混凝土结构或混合结构等。

(3) 与待估房地产处于同一地区或同一市场供求范围内的类似地区。

(4) 交易日期与待估房地产的估价时点接近。一般来说，当房地产市场供求比较稳定时，两者相隔的时期可长些，但通常不超过 5 年；如若市场变化很快，相隔时期则应缩短。

(5) 与待估房地产的价格类型相同。如，同为买卖价格，或租赁价格等。

(6) 尽可能选取正常交易或可修正为正常交易的交易。所谓正常交易是指在市场公开、信息畅通、交易双方平等自愿的情况下进行的交易。

在对比较实例进行修正前，应先把各比较实例的成交价格调整为在比较实例之间、比较实例与待估房地产之间具有比较基础的价格。所谓具有比较基础是指单价的含义统一，面积的内容统一，货币单位统一。比如，统一调整为土地单价或楼面地价，统一调整为建筑面积或使用面积，统一调整为以人民币表示或以美元表示。

3. 修正交易情况和交易日期

由于房地产具有不可移动性、个别性等特性，不易实现完全的自由竞争市场交易，因此其价格受个别情况影响较大。受个别特殊情况影响的交易价格可能高于也可能低于正常价格，这种价格不能直接作为估价时比较的依据,应予以修正,使其成为正常价格。

交易中的个别特殊情况比较复杂,主要有下列四种。

(1) 有特殊利害关系的人之间的交易。如亲友之间、有特殊关系的公司之间、公司与其职工之间、公司内部各部门之间的房地产交易,通常都以低于市价的价格进行。

(2) 有特别动机的交易。典型的情况是急于抛售或急于购买,前者的交易价格往往偏低,后者的交易价格则往往偏高。另外,购买与原有房地产相邻的房地产,以增加原有房地产的效用,迅速扩展事业,此时的出价往往大于被购买房地产单独存在时的正常价格。还有,买者对购买的房地产有着特别的兴趣,如早先是祖辈的家产,后因各种原因落于他人手中的房地产。

(3) 交易双方或一方由于不了解市场行情或了解不多而买进或售出房地产,价格往往偏高或偏低。

(4) 特殊方式的交易,如拍卖,由于对参加拍卖者有资格要求,参加拍卖者的动机比较复杂,加之以竞争比较激烈,因此拍卖成交价往往比较高。

在选取比较实例时,某些有特殊情况的交易可能已被排除在外,但由于种种原因,我们可能仍不得不选用上述这些交易实例。对这些特殊交易情况如何修正和究竟修正多少,估价上并无统一的规定尺度,只能由估价人员根据具体情况凭其自身的经验和判断能力加以确定。要做到这一点,估价人员平时应注意搜集、整理和分析各种交易实例,在估价业务中逐步提高自己给出修正比率的准确度。修正比率的计算公式为

修正比率=正常交易情况(100)/实例交易情况(100±)

当实例交易价低于正常交易价时,上式中的分母小于 100;反之,则大于 100。

在待估房地产的估价时点与比较实例的交易日期所相隔的期间内，如若房地产价格变化很小，则可不进行交易日期修正；反之，则需修正，修正交易日期的方法从理论上说应以地价指数或房地产价格指数的变化为依据。

4. 修正区域因素和个别因素

比较实例若与待估房地产处于同一地区，则一般不需作区域因素修正；若是处于类似地区，就要进行区域因素修正。区域因素的内容一般包括：城市规划要求、自然条件、交通条件、繁华程度、市政基础设施情况、环境卫生和景观、社区服务机构、治安状况、房地产市场发达程度等。所谓个别因素，主要指房地产的位置、面积、地势、形状、土地使用年限、临街状况、设计等级、建材标准、施工质量、“风水”情况等。不论是区域因素还是个别因素，同样一种因素对不同用途的房地产的影响程度是不相同的，如，环境的清静状况对居住用房地产影响较大，修正时应予以具体考虑。此外需要注意的是，比较实例的所有可修正因素均是指交易当时的因素。

修正区域因素和个别因素的方法主要是直接比较法和间接比较法。直接比较法是指以待估房地产的状况为基准，将比较实例的区域因素和个别因素逐项与基准作比较并打上对比分，依次求得因素修正比率。间接比较法，是指以一个设想的标准房地产的状况为基准，比较实例和待估房地产均逐项与这个基准作比较，然后依据对比分值求得因素修正比率。

5. 综合修正结果，最终确定估价额

当交易情况修正、交易日期修正、区域因素修正、个别因素修正相继完成后，就可综合各修正结果，求出某一比较实例的修正价格。

三、市场法运用中应注意的问题

如前所述，每一个比较实例一般要进行四项修正，而每一项修正均设有统一的标准尺度,特别是交易情况修正。区域因素修正和个别因素修正把握难度更大。因此,谨慎地、合理地确定修正比率,尽可能地使估价额接近其真实价格就显得尤为重要。

在房地产价格指数体系尚未建立、不少地区还缺乏房地产价格指数时,如果在一定时期内的某一地区的房地产市场上,同一类似房地产有两次或两次以上交易,可以该房地产价格的实际变动幅度作为修正比率;或者,在查阅了各种房地产的价格变动的历史资料后,找出价格变动的基本轨迹,并预测其走向,在此基础上再确定一个修正比率。

为了使搜集到的交易实例的资料便于查找和应用,估价人员可自制一张交易实例图。具体画法是,先画一张黑白街区图,然后将交易实例的位置在图上标出,旁边注上该交易实例的编号(即交易实例调查表的编号),编号可以用不同的颜色或前面冠以不同的字母来分别代表不同用途或性质的房地产。

第二节　估价方法之二:成本法

一、成本法的基本原理及基本公式

1. 成本法的概念和理论依据

成本法,又称重置成本法、原价法等,是指在估价时点以假设重新建造(开发)待估价房地产所需耗费的各项必要费用以及正常的利润、税金为依据来确定待估房地产价格的一种估价方法。成本法是房地产估价的基本方法之一。

成本法的理论是建立在生产成本与产品价格之间有着直接、密切关系这一基础之上的。一个房地产出售者愿意接受的价格不能低于他为建造(开发)该房地产已耗费的费用,从这个角度看,立足点是生产费用,或者说,理论依据是生产费用价值论。同理,一个房地产购买者愿意支付的价格也不能高于他重新建造(开发)该房地产所需的费用,此时的立足点为重置成本。正是由于买卖双方有着上述共同意愿,使得以建造(开发)待估价房地产所需的各项必要费用为基础,再加上正常的利润和税金来进行估价成为可行。

2. 成本法的适用范围

成本法以其独特的技术特征在各种估价方法中占有重要一席,它特别适用于无法利用市场法进行估价的狭小市场或欠发达市场或封闭市场上房地产的估价。此外,对于无收益的房地产,如学校的教学楼、图书馆、政府办公楼、军队营房等也很适用。还有,对一些很少交易的房地产如厂房、仓库、码头、医院、公园等也较适用。再有,在运用其他估价方法进行估价时,成本法也可作为验证估价结果的一种手段。需要注意的是,由于房地产价格的形成是多种因素综合作用的结果,并非简单地取决于耗费的成本,更多的是取决于其效用。因此,成本增加并不意味着价格一定同比增加,成本的增减只有对效用有所影响时才会影响价格。这是成本法的一个缺陷。

3. 成本法的基本公式

成本法的基本公式因估价对象不同而有所不同。一般分以下三种情况:① 旧有房地产;② 新建房地产;③ 新开发土地。

(1) 对旧有房地产的估价。对旧有房地产的估价,成本法的基本公式为

旧有房地产价格＝旧有房地产重新建造完全价值
－建筑物折旧

此公式为成本法的典型运用,所谓重置成本法即为上式所表达的涵义。应当指出的是,上式中的重新建造完全价值指的是在估价时点的重新建造完全价值,这就是说,同一宗房地产的

重新建造完全价值会因估价时点的不同而不同。对旧有房地产估价的估价时点通常是“现在”，但是也有以“过去”为估价时点的，例如涉及房地产纠纷案件的估价，往往就是以“过去”为估价时点的。

(2) 新建房地产的估价。对新建房地产的估价，成本法的基本公式为

新建房地产价格＝取得土地费用＋建造建筑物费用
＋正常利税

式中的取得土地费用一般为三种情况：① 征用农地而取得土地的为征地费；② 出售房屋拆迁而取得土地的为拆迁补偿费和拆迁安置费；③ 政府有偿出让而取得土地的为地价款及有关费用。

式中的建造建筑物费用一般包括以下各项：① 建筑工程费用及专业费用；② 投资利息；③ 销售费用。

式中的正常利税指开发商负担的正常税费(营业税、城市建设维护税和教育费附加)及开发利润。

(3) 新开发土地的估价。新开发土地通常是指新近有填土或挖土开发形成的土地以及新近征用农地后进行了“三通一平”或“七通一平”的土地。至于城市中的街区地，一般不采用成本法估价。

新开发土地估价的基本公式为

新开发土地价格＝取得待开发土地费用
＋开发费用＋正常利税

式中开发费用一般包括开发项目可行性研究费、规划设计费、勘察测绘费、场地平整费、各项市政基础设施费、配套设施费等。正常利税仍指开发商负担的税费及开发利润。

二、建筑物重新建造完全价值的确定

1. 重新建造完全价值的概念及涵义

重新建造完全价值是假设在估价时点重新建造与旧有建筑物完全相同或具有同等效用的全新建筑物所需的正常建造费和利税;或者是假设承包商支付的标准建造费以及发包人直接负担的附加费(手续费、利息等)。这里说的正常建造费、标准建造费是要强调该建造费不是指个别企业的实际耗费,而是指在正常施工条件下行业的平均耗费。

重新建造完全价值有两种涵义:一种是指以原有的建筑材料、建筑标准、建筑工艺和建筑风格重新建造与旧有建筑物完全相同的新建筑物的价值,又称“复制成本”;另一种是指以现时的建筑材料和建筑工艺等重新建造与旧有建筑物基本相同且具有同等效用的新建筑物的价值,又称“重置成本”。前者主要适用于具有保护价值的建筑物,如文物性建筑物、纪念性建筑物等;后者则广泛应用于普通建筑物,估价人员在实际工作中更多地使用后者。

2. 重新建造完全价值的求取方法

求取重新建造完全价值的方法有直接法和间接法两种。

(1) 直接法。所谓直接法,是就待估旧有建筑物的构成部分或全体,通过调查其所使用材料的种类、品级、数量及所需人工的级别和数量等,以旧有建筑物所在地区在估价时点的各种单价为基础,计算出工程直接费,再进一步加上应由发包人直接负担的附加费后,最后算出重新建造完全价值的方法。

可以看出,直接法有些类似于编预算,考虑到估价与施工图预算工作性质的不同,在实际估价业务中,通常采用分部工程作为计算基础,即先计算出待估建筑物的各分部工程的数量,然后分别乘以在估价时点上的各个平均综合单价,加总后即得出标准建造费。

(2) 间接法。间接法是指在近邻地区或同一供应范围内的类似地区中，若能掌握与待估旧有建筑物相类似的新建筑物的实际总造价及各构成部分的明细价，则可以此为基础，经适当修正后求取重新建造完全价值的方法。这里说的修正一般是指待估旧有建筑物在结构、用途、材料、设计标准、附属设备、层数等方面与作为基准的新建筑物不同时所作的修正。实际估价中，通常经过分析、测算和修正，得出新建筑物每平方米建筑面积的标准造价，然后乘以待估旧有建筑物的总建筑面积，最后得出旧有建筑物的重新建造完全价值。这种方法又称“平方法”或“单位面积法”。

同直接法相比，间接法看上去似乎十分简单，然而要使求取的重新建造完全价值合理、可靠、公平却并非易事，有时甚至比直接法更难。间接法的关键是准确求取适合用于待估旧有建筑物的单位造价，这要求估价人员在进行分析、比较、测算和修正时对新建筑物和待估旧有建筑物两者的差异及其程度把握好，特别是在最后确定单位造价时要慎重，“单价差百元，房价差百万”，道理就在此。

三、建筑物折旧的计算

1. 建筑物的价值损耗

所谓折旧，是指建筑物在使用过程中的价值损耗。估价人员在确定了建筑物的重新建造完全价值后，要扣除折旧，才能得出建筑物的现值，即估价额。建筑物的价值损耗通常分为两类：一类称为自然因素引起的损耗，如自然磨损，自然老化，风、光、水等侵袭建筑物而引起的价值损耗；另一类称为社会因素引起的损耗，由于建筑设计标准提高、施工工艺改进、建筑材料升级换代、人们消费观念更新等变化，使得现有建筑物显得式样过时、设备落后、布局不合时宜、功能不足；另外，国家政策、城市规划也会对建筑物产生影响。无论是自然因素引起的损耗还是社会因素引起的损耗，估价时都必须确定建筑物的折旧额。

2. 估价上的折旧计算中应该注意的问题

(1) 估价上的折旧与财务上的折旧不同,科学地说不是折旧,而是减价修正。财务上的折旧注重的是固定资产的价值补偿问题、产品成本的负担问题、投资的回收问题、所得税缴纳的迟早问题等;估价上的折旧注重的则是房地产价值的减损问题,目的是要求得在估价时点的合理价格。财务上据以计算折旧的基数是固定资产原值,它不随时间的变化而变化;估价上则是用重新建造完全价值,它随估价时点的不同而不同。财务上不能用实际观察来计算折旧,也不考虑应计折旧固定资产的市场情况;估价上则不同,实际观察法是常用的重要方法,房地产的市场情况也是经常需要考虑的。

(2) 由于建筑物大体可划分为主体建筑和附属设备两部分,所以在估价时因该两部分使用年限不同而应分别计算折旧。建筑物的附属设备通常是指可与主体建筑共同产生效用的各种设备,如水卫、暖通、电梯、电讯、音响等设备。

(3) 从理论上讲,耐用年限减去已使用年数等于剩余年数,然而在估价实物中,即使建筑物具有相同的耐用年限和已使用年数,因保养、维护、损耗情况不同,它们的剩余年数也会不同。此点在运用耐用年限法时应予以注意。

第三节　估价方法之三:收益法

一、收益法的基本原理

1. 收益法的概念、基本公式和理论依据

收益法,它是收益还原法的简称,又称为收入资本化法或收益现值法。在收益法用于土地估价时,一般又称为地租资本化法。它是运用适当的还原利率,将房地产的未来纯年收益额通过折现计算进行还原，从而确定房地产价格的一种方法。通过收益法确定的房地产价格，称为收益价格。

收益法的基本计算公式为：待估房地产价格＝纯收益/还原利率，即 $P = A/R$。房地产的长期性，决定了因占用某一房地产而获得的纯收益也是长期的，因而这个纯收益就相当于将一定量的货币存入银行所带来的收入，即，纯收益＝一定量的货币×利率。也就是说，房地产价格就相当于这一定量的货币。例如某人通过房地产的出租，每年可获得收益 30 万元，在银行存款利率为 10% 的情况下，房地产所有者出售该房地产的价格为 300 万元。或者说，他将 300 万元货币存入银行，每年也能带来 30 万元的收益，即利息。

收益法对于土地的估价，是以地租理论为依据的，尽管纯粹的"土地不是劳动产品，从而没有任何价值"，但由于土地的特殊使用价值，因而在一定条件下，土地能为人类持续提供收益，即产生地租。地租是土地价格的基础。正如马克思所说："实际上，这个购买价格不是土地的购买价格，而是土地所提供的地租的购买价格……土地的价格无非是土地出租的资本化收入。"或者说，"资本化的地租表现为土地价格。"

但是，由于"未来收益不如现在的收益那样受到欢迎，并且，期限越远，就越不受重视……为了求现利，情愿将未来收益折扣出让。……这种折扣率就是现行的利率"。土地价格实质上就是将土地年收益分别进行折现而资本化，即土地价格＝地租/还原利率。

2. 收益法的运用范围与条件

(1) 收益法的运用范围。收益法主要运用于收益性房地产的估价，包括租赁房地产与企业用房地产。

① 租赁房地产。收益法最适用于租赁房地产的估价。无论是租赁土地还是租赁房屋，每年获得的收入扣除有关成本、费用和税收后，即为纯收益。将此连续产生的纯收益运用一定的还原率

进行还原,即为该租赁房地产的价格。

② 企业用房地产。无论是工厂生产用的房地产,还是商店、银行、旅馆经营用的房地产,在其每年的总收入中扣除相应的成本、费用和税收后,就可得到每年的纯收益,而且这个纯收益是在较长时期内连续不断取得的,其还原的现值之和就是该房地产的价格。

(2) 收益法的应用条件。

① 待估房地产未来年纯收益可以用货币计量。由房地产提供的收益包括有形收益与无形收益。前者如出租房地产每年所获的租金收入;后者如房地产对人们生活的舒适方便性的增加。收益法的收益是指有形收益,是指可以用货币计量的收益。

② 纯收益的产生是连续的。通过地租的资本化确定土地价格是收益法的典型运用。由于土地的不可毁灭性,决定了地租的产生是持续不断、永无止境的。收益法的基本公式就是土地价格=地租/还原利率。

③ 年纯收益在数量上还必须是稳定的。收益法的基本公式,除了假定纯收益的获取是连续不断的以外,在数量上还必须以稳定,即以不变为前提。

④ 还原利率是可以确定的。运用收益法估价房地产,是在纯收益一定的条件下,房地产价格的高低取决于还原利率的高低,收益法的基本公式是以还原利率的已知为先决条件的。

⑤ 取得收益过程中的风险也是可以计量的。风险与效益相伴而生,在待估房地产连续不断的产生收益的过程中,必然伴随着各种风险,这种风险也是可以计算的,即可用衡量风险的概率。

3. 收益法的优点与不足

(1) 收益法的优点。收益法在国外被广泛应用于收益性房地产的估价。以其充分的理论依据和广泛的应用范围,曾被誉为房地产估价方法中的“皇后”。与其他估价方法相比,其优点主要表现为：

① 运用范围较广。无论是纯粹的土地还是单纯的建筑物，或者是合二为一的房地产，只要是收益性的或具有潜在的收益，都可以运用收益法进行估价。特别是对于不能用成本法估价、不可再生的城市土地，收益法同样适用。

② 理论依据充分。收益法是将待估房地产的未来期望收益总和折现为现在的价格，它以地租理论为依据，与市场比较法和成本估价法相比，是一种具有理论基础的方法。市场比较法，通过类似房地产实例与待估房地产的比较，确定待估房地产的价格，尽管比较符合人们的现实经济行为，但是以价格求价格，并没有说明价格的形成依据；成本法从费用着眼，确定价格，有一定的理论基础，但有一定的应用限制，例如不可再生的城市土地就不能用成本法进行估价。

③ 符合买者的投资宗旨。通过收益法所确定的收益价格，实质上是一种需求价格。对于房地产的购买者来说，他购买房地产所愿意支付的代价，自然以他期望该房地产在未来所能给他带来的收益为依据，而不会去考虑该房地产在开发建设过程中所花费的成本。

(2) 收益法的不足。收益法的不足之处主要体现在以下三方面。

① 纯收益及还原利率的确定相当困难。收益还原法是以纯收益和还原利率为计算基础的，房地产价格与纯收益成正比，与还原利率成反比。但是，纯收益及还原利率的确定相当困难，它受房地产市场的发展变化以及社会经济条件各方面因素的影响，这是收益法最大的缺陷。

② 仅仅根据预期的纯收益确定价格，难免脱离实际。首先，纯收益是购买者期望的未来纯收益，是以预测为基础，与实际的收益额不一定符合。同时，纯收益与还原利率不可能是稳定不

变的，从而增加了这种方法运用的难度。其次，收益法仅仅从预测收益的角度考虑价格，完全忽视成本费用的大小，并不科学。因为成本费用作为人类劳动成果的凝结，毕竟是价格的主要构成部分。

③ 适用范围仍有一定的局限性。对于收益性房地产来说，收益法是最有效的估价方法，但是对于非收益性的房地产，如出售房地产或居住房地产来说，就不能运用收益法进行估价。

4. 需要注意的几个问题

(1) 收益法中的收益是指预期的纯收益。纯收益是总收益扣除有关成本费用后的余额，而且它不是现在已产生的收益，而是对房地产未来收益的期望。

(2) 纯收益是指正常的纯收益。纯收益有正常纯收益与个别纯收益之分。正常纯收益也称客观纯收益，它是指从房地产最有效的使用状态下，在使用者正常的经营能力下所提供的收益。它需要排除房地产使用过程中的特殊的偶然因素对纯收益的影响。

(3) 还原利率是指适当而又合理的标准利率。还原利率实质上是对未来收益的折扣率，其大小对待估房地产价格的高低影响极大，因此，它是指适当而合理的还原利率。

(4) 收益法的估价步骤。收益法估价的第一步，就是确定待估房地产在未来所能提供的年纯收益；接着确定还原利率；然后再计算待估房地产的价格；最后依据房地产的非经济利益，调整待估房地产的价格，确定估价额。

二、折现与资本化

折现与资本化是收益法估价中需要用到的计算方法，收益法的实质是将未来的持续的期望收益折现为现值，此过程称为资本化。

1. 资金的时间价值

折现是与资金的时间价值密切联系在一起的。所谓资金的时间价值是指资金在周转使用过程中由于时间因素而形成的不同价值,也就是指等量货币在不同的时点上具有不同的价值。如在年利率为10%的情况下,今天的100元相当于两年后的121元,两年后的100元相当于今天的82.64元。

常用的资金时间价值的基本计算方法有单利法和复利法。

(1) 单利法。单利法,也称为静态法,它是将资金在周转使用过程中所提供的收益,退出周转使用过程,即只对本金计算利息。

因此,资金P在n年内按利率i所能得到的收益为P_{ni},资金P折算到n年后的资金量(即终值)为$P_{ni} = P(1 + ni)$。

(2) 复利法。复利法,也称为动态法,其出发点是,投资者对资金在周转使用过程中所获得的收益,不会退出周转使用领域而被储藏起来,因为资金只有在不断地运动中才会发生增值。因而对于投资者来说,第一个周转流通过程所获得的利益必然连同本金一起进入下一次周转过程。所以复利法也就是"利滚利"。

因此,资金P在n年内利率为i,获得的收益为$P_{ni} = P(1 + i)^n$。

单利法与复利法,在时间不长、利率不高的情况下,两者计算结果相差不大,但是房地产的价值大,产生收益的时间跨度长,甚至是永续性的,因此应该用复利法对资金的时间价值进行计算。

2. 折现与资本化

折现的过程是确定未来收益的现值,与确定资金的未来价值是一个相反的过程。折现的公式为

$$PV = FV/(1 + r)^n$$

式中,FV为未来的收益;PV为折现的价值;r为利息率;n为计息

次数。

折现既可以是对未来一次性的货币量的折现,如复利现值的计算;也可以是对于未来的连续性货币量的折现,如年金现值的计算。资本化仅仅是折现中的一种,它是针对永久性、周期性的折现而言的,它是年金收入的折现,所以资本化实质上是预计未来收入的货币总量的现在价值。以上提到的所谓年金,是指在一定时期内,间隔相等的时间收付相等的金额。如某房地产,在出租期间每年均可获得10万元的纯收益,这个10万元就是年金。所以,资本化可以用公司表示为:$C = PV = A/r$,其中C表示资产的价格,A表示未来的年金收益,r表示利息率,在上例中,如果利息率为5%,则房地产的价格为200万。

三、纯收益与还原利率的确定

纯收益和还原利率的确定是收益法的难点,估价结果的正确程度,与纯收益、还原利率的关系极大。

1. 纯收益计算

(1) 纯收益的概念、种类和计算方法。收益法中的纯收益,是指以收益为目的的房地产所产生的总收益在扣除有关总费用后的余额。它是归属于房地产的客观、持续、规划的适当收益,一般以年为计算单位。

从不同的角度进行相应的分类,纯收益可以分为:实际纯收益与客观纯收益、无限期纯收益与有效期纯收益、折旧前纯收益与折旧后纯收益、税前纯收益与税后纯收益。其中的有限纯收益和无限纯收益是按照收益持续的时间来划分的。

纯收益的基本计算公式为

$$年纯收益=年总收益-年总费用$$

租赁房地产和企业生产经营用房地产是最重要的收益性房地

产，但应该注意的是，以出租为目的租赁房地产和企业生产经营用的房地产，其总收益、总费用所包含的内容有所区别，从而使年纯收益的计算也存在一些差别。

(2) 计算纯收益时应注意的事项。

① 作为房地产估价依据的纯收益是由房地产产生的。只有由房地产产生的纯收益才能作为估价的依据，因此对于租赁房地产来说，其纯收益的计算就是年租赁收入扣除年租赁费用后的余额。但对于企业生产经营用房地产来说，其纯收益的计算，在年经营收入中扣除有关成本费用、税金后，还必须扣除正常的生产经营利润。

② 纯收益的客观、持续、规则，同样适用于总收益和总费用。纯收益是根据总收益与总费用计算的。因此，作为估价依据的纯收益的客观性、持续性、规则性要求，就是对总收益、总费用的规定。也就是说，总收益的产生基础是客观的，在时间上是持续的，在数据上是有规则的。短期的租赁收入、房地产的一次性转让收入都不能作为资本化的基础。与此相适应，在总收益中扣除的总费用，应该是为取得总收益所必须持续支付且直接必要的费用。

③ 对于非收益性自用房地产，也可以通过其他方法确定其纯收益，继而运用收益法进行估价。收益法原则上只适用于收益性房地产的估价，但是如果能根据类似的房地产的收益进行修正后，并确定待估房地产的纯收益，则也可运用收益法对收益性的自用房地产如住房等进行估价。

④ 总费用的扣除，是纯收益计算的关键。总费用包括的内容比较复杂，特别是对于企业生产经营用房地产来说，尤其如此。一般地，可以根据持续支付和直接必要两个原则来确定，但在估价实务中，具体到某一项费用时往往难以把握。这里需要注意的是，估价与财务处理有所区别。例如，抵押贷款的利息，在财务上可列入

期间费用,但估价上就不能列入费用类进行扣除,因为房地产抵押贷款的利息,是根据抵押贷款进行计算的,但抵押贷款的大小除受房地产的客观价值影响外,还受借款人的信誉、贷款银行的抵押率等有所影响;而且抵押贷款并不会影响房地产的客观收益价格。因此,抵押贷款的利息不能扣除,否则会影响估价的客观性。在计算总费用时,还应避免重复计算。

2. 还原利率的确定

(1) 还原利率的概念与种类。所谓还原利率,简单地说是将房地产的年纯收益还原为价格的利率。其实质是一种投资收益率。由于投资收益率的大小与投资风险成正比,风险越大,收益率越高。因此,作为还原利率的投资风险率应等同于房地产所产生的纯收益具有同等风险的投资收益率。

由于房地产可表现为土地、建筑物或合二为一的房地,而还原利率也有个别还原利率和综合还原利率之分。个别还原利率包括土地还原利率和建筑物还原利率。土地还原利率是指估价土地时使用的还原利率,此时的纯收益应该是由待估价土地所产生的;建筑物还原利率是指只估价单纯建筑物所使用的还原利率,此时的纯收益是由建筑物产生的,不能包括土地所产生的纯收益。综合还原利率是指估出房地合一的价格时所使用的还原利率。相应的纯收益是指房地合一所产生的纯收益。

还原利率的选用,与估价的类型、纯收益的内涵必须相适应。另外,土地还原利率、建筑物还原利率与综合还原利率在一定情况下可以换算。

(2) 还原利率的计算。从贴现的角度看,未来收益的风险越大,贴现率越高,而由于房地产的个别性和用途的多样性,不同的房地产其风险程度各不相同。因此,在理论上不可能存在一个统一的、运用于不同类别房地产的还原利率。同时,房地产的未来价值对还原率的变动非常敏感。

由于还原利率的敏感性和难予统一性，在理论上，对于还原利率的确定有不同的看法，其中最有代表性的三种是：以资金的社会平均利润率作为还原利率；以房地产行业的投资利润率作为还原利率；以实质利率作为还原利率。

同时，在确定还原利率时，还需要考虑到房地产的个别性。房地产的固定性和差异性，使任何房地产的价格都各不相同，这也从另一个角度证实了不可能存在一个统一的还原利率。因此在确定还原利率时，可以以房地产行业的投资利润率为基础，并考虑待估价房地产的风险等特点，分别计算。

上述关于还原利率的有关主张仅仅是提供了确定还原利率的一种思路，在实际中，可采用以下三种计算方法。

① 市场法。与市场估价法的情形相类似，待估价房地产还原利率的确定，可以以市场上类似房地产的还原利率为基础进行计算。为了避免偶然因素的影响，类似房地产还原利率的掌握与市场估价法对市场实例的要求相同，即要求是近期发生的，在用途地区等方面是相同或相似的，并存在 3—10 个实例。

② 调整法。所谓调整法，它是结合待估价房地产的特点，对土地或建筑物的一般还原利率进行适当的调整，从而确定所需还原利率的一种方法。具体地说，它是根据近五年来定期存款的利率，以物价指数修正为实质利率，再在其平均数中扣除 10%的所得税率，以此作为土地及建筑物的一般还原利率；然后根据待估价房地产的特点，对一般还原利率进行适当的调整，作为个别还原利率。

③ 估算法。所谓估算法，就是先列出各种投资风险程度及其投资风险率的大小，然后根据待估价房地产的投资风险等因素，估算出与此相应的投资收益率，作为还原利率。

在纯收益和还原率确定的基础上，根据实际情况，通过运用收益法的公式就可以得到建立在收益法基础上的房地产价格。

第四节　估价方法之四：趋势法

一、趋势法的基本原理

1. 趋势法的概念与依据

所谓趋势法，是长期趋势法的简称，它是依据一系列已知房地产价格数据，运用一定的数学方法，对未来房地产价格进行推测和判断的一种估价方法。因此，趋势法又称为时间序列分析法、历史延伸法或外推法。

从长期趋势的发展看，房地产价格的变动呈现出一定的规律性，或呈上升趋势或呈下降趋势。因此，根据某一房地产价格的历史资料，按照时间顺序排列为时间序列，就可以反映出该房地产价格的变化过程，以此进行类推和延伸，就可以估算出该类房地产在估价时期（一般为目前或未来某一时点）的价格。

事物的现状是历史发展的结果，而未来又是现状的延伸。因此，估价房地产价格的历史数据，通过统计分析，可以判断该类房地产的目前价格或未来一定时日的价格。这就是趋势法的理论依据。

2. 趋势法的特点

(1) 估价结果带有预测性。趋势法是根据房地产价格的历史资料进行估价的，其前提是假设房地产价格的历史变动趋势会延伸到未来。但是我们知道，影响房地产价格的因素是错综复杂、不断变化的，房地产市场也不可能是过去的简单重复。所以，这种以预测为主的估价方法，往往会影响估价结果。因此，趋势法一般在房地产估价中不宜单独运用，只能作为其他估价方法的补充和验证。

(2) 根据时间序列排列的房地产价格不存在单一的规律性。

以时间序列排列的房地产价格,呈上升或下降趋势,是以长期的发展为出发点的。但从具体的数据资料看,其增减额度不可能完全相同,时而上升时而下降也是正常现象。从价格的变动类型看,注意表现为下列三种现象。

① 长期趋势变动。即从长期的时间序列看,房地产价格或呈上升趋势,或呈下降趋势,或呈平稳发展趋势。

② 循环变动。国民经济乃至世界经济的发展都有一定的循环周期,如资本主义的循环周期一般有繁荣、危机、萧条、复苏四个阶段组成。国际经济形势的变化会影响外来投资,进而对我国房地产价格产生影响。同时,我国的经济发展也有一定的周期性,从农业看,一般由丰年、平年、歉年的变动周期;从固定资产投资及国民经济看,也有一定的循环周期。这就使房地产价格出现周期性循环变动。

③ 不规则变动。战争、政局、自然灾害以及心理等突发或偶发因素都会影响房地产的价格,这种价格变动往往没有规律可循。

因此,作为预测基础的房地产价格资料,有的具有规律性,如长期趋势变动、季节性变动和循环变动,有的则没有规律性。而且,即使是呈规律性变化的房地产价格,由于房地产的个别性及交易过程的单独性,往往呈现出明显的非规律性。而趋势法,就是把时间序列作为随机变量序列,运用数学方法,消除偶然因素影响,对待估价房地产的价格进行判断和估计。

(3) 趋势法撇开了价格变动的因果关系。房地产价格受众多因素的制约和作用,但是,趋势法对于这些因素与房地产之间的关系并不考虑,它只是房地产价格的历史数据,预测、判断现在乃至未来的房地产价格。

3. 趋势法的运用

(1) 趋势法的运用步骤。

① 收集房地产价格的历史数据。房地产价格历史数据的收

集与待估价对象,两者之间应该一致。如果估价对象是普通住宅,则应收集该住宅的价格资料。

② 分析整理价格资料,并排成时间序列。房地产价格的个别性十分突出。因此,对于收集的房地产价格资料需要进行分析整理,分析整理的原则是可比性,并按照时间先后排成序列。

③ 分析时间序列,找出变化规律。通过对时间序列数据的分析,找出房地产价格随时间变化而呈现的规律性,并总结出数学模型。

④ 选择适当的趋势法进行估价。根据时间序列数据呈现的规律,选择适当的趋势法,就可对待估价房地产的价格进行预测、判断。根据所掌握房地产价格资料及其变化规律的不同,趋势法有简易平均趋势法、移动平均法、指数平均法、季节指数法、趋势延伸法等。

(2) 趋势法的运用范围。趋势法的运用范围较广,无论是土地还是房屋建筑物,也不论是房地产的买卖租赁还是典当抵押,只要掌握足够的历史数据,都可以运用趋势法对其价格进行估计。

另外,在剩余法等估价方法中往往需要运用趋势法对未来售价进行估计。

4. 趋势法的运用前提

运用趋势法进行房地产估价的前提,就是掌握较长期的房地产价格资料。而且越是长期,越可以消除短期变动和意外变动对房地产价格的影响。

5. 趋势法的优缺点

运用广泛是趋势法的最大优点,但是其缺点也很明显:首先,只考虑房地产价格资料的过去与未来的关系,忽视价格变化的因果关系,是估价结果带有预测性;其次,在房地产市场不完善或缺乏较长期房地产价格历史资料的地区,这种方法无法使用;最后,这种方法比较适合于某类房地产价格总体水平的预计,如果用于对某幢房屋建筑物或某幅土地的估价,往往会使估价结果偏离实际。因此，趋势法，严格地说只是一种预测方法，而不是估价法。

二、简易平均趋势法及其应用

简易平均趋势法是以房地产价格资料的平均数为基础，来确定待估价房地产价格的一种估价方法。它属于趋势法中最简单的一种数学方法，较为常用的简易平均法，有算术平均法、几何平均法、加权平均法和移动平均法等。

1. 算术平均法

算术平均法，就是将房地产价格之和除以期数，求得平均数，以此作为待估价房地产的价格。

根据房地产价格资料的价格变化规律不同，以此平均数作为估价额有两种形式：

(1) 在房地产价格资料没有明显的长期升降趋势变动和季节性变动时，可以最后一年的每月平均值，或数年的每月平均值，作为待估价房地产的价格。

(2) 在房地产价格有明显的季节性变动时，以房地产价格的每月平均值作为待估价房地产相应月份的价格。

上述第一种形式，在房地产价格没有明显的增减趋势变动和季节性变动时，比较适宜。但在房地产价格资料有明显的季节性变动时，仍采用上述形式，往往使估价结果偏离实际。

2. 几何平均法

几何平均法，又称为平均发展速度趋势法。它是根据房地产价格资料的平均发展速度，计算各期的趋势值，并以此作为待估价房地产的价格。一般当房地产价格变动过程为均衡上升或下降，且逐期的变动速度大致相同时，可以用几何平均法。

3. 加权平均法

一般来说，越是接近估价日期的房地产价格对待估价房地产价格的影响越大，而上述两种方法即算术平均法和几何平均法都忽略了这一点。因此,如果对不同时期的房地产价格赋予不同的权数,就更能使估价结果符合实际。所谓加权平均法,就是根据对待估价房地产影响程度的不同,对不同时期的房地产价格赋以不同的权数,然后计算其平均值,作为待估价房地产的价格。

加权平均法的关键是权数的确定。这只能根据房地产价格的变动过程和趋势,由估价人员根据经验来判断决定。一般地,由于越是接近估价日期的价格对房地产价格影响越大,因而给予较大的权数,而距离估价日期较远的价格则给予较小的权数。但是在房地产价格的变动幅度较大时,权数之间的级差可大一些,可采用等比级数;而在房地产价格变化比较平稳时,权数之间的级差可小一些,可采用等差级数。另外,如果房地产价格起伏波动较大,也可根据波动情况确定权数,波动幅度大者权数较大,波动幅度小者权数较小,并将权数之和定为1,以简化运算。在用加权平均法进行估价时,最好设定几种权数,然后通过分析比较,选择较能反映实际的方案。

4. 移动平均法

移动平均法是将各期的房地产价格,由远而近按一定跨越进行平均,取其平均值,随着期限的推移,按一定跨越期的房地产价格资料也应向前移动,逐一求得移动平均值,并将接近估价日期的最后一个移动平均值,作为确定估价额的依据。也就是说,移动平均法是根据房地产价格资料的时间序列的移动平均数进行估价。

对于具有长期趋势变动和季节性变动的不动产价格,特别是对于波动幅度较大的房地产价格,经过移动平均法,可以消除不规则的变动。估价结果的准确性,既取决于移动跨越期的长短,又取决于房地产价格资料的多寡和估价要求。一般来说,在掌握一定量的房产价格资料的条件下,如有 20 至 30 期的价格资料,为取得长期变动趋势值,移动的平均跨越期可长些,而为了灵敏地反映房地产价格变动趋势,跨越期可定得短一些。

三、其他趋势法及其应用

1. 季节指数法

在房地产价格呈季节性变动时,可用季节指数法对房地产进行估价。所谓季节指数法,是指以价格的循环周期(一般为 1 年)为移动期计算移动平均值,并在移动平均值的基础上计算季节指数,然后以最后一个移动平均值、增长趋势值及季节指数为依据,对房地产价格进行估算和判断。

季节指数法评估房地产价格的基本步骤为:

(1) 计算移动平均值。由于价格的季节变动周期一般为 1 年,即 12 个月,因此,对消除季节性变动的影响,需要以 12 个月为循环周期进行简单移动平均,计算移动平均值。

(2) 计算中心化的移动平均值。对相邻两个移动平均值再一次平均,即除以 2,可得到中心化的移动平均值。

(3) 计算各月的季节指数。以各月的实际价格与中心化的移动平均值相比较,就可得到各月的季节指数,从中可观察房地产价格的变动趋势。

(4) 计算季节指数的平均值,并进行修正。

(5) 建立季节指数法数学模型,进行估价。

与其他长期趋势法比较,季节指数法具有以下特点:

(1) 通过中心化移动平均值的调整,可以使房地产价格消除季节性变动和不规则变动的影响,得到较为平稳的平均值。

(2) 由于房地产价格具有季节性变动,而并非纯粹的长期变动,因此,不可能仅用其他的长期趋势估价,而需要季节指数来反映季节变动值。

2. 指数平滑法

(1) 指数平滑法的概念与特点。指数平滑法,又称指数修匀趋势法,它是以本期的房地产价格的实际值和估价额作为依据,经过修匀平滑后作为下期即估价日期房地产的估价额。指数平滑法包括一次指数平滑法和二次指数平滑法，这里我们只介绍一次指数平滑法。

指数平滑法实质上是一种特殊的加权移动平均法，其特点是：① 强调了近期价格对估价额的影响，使估价额能迅速反映市场变化。② 对平滑系数取不同的值，可以改变权数。在系数取较大值时，价格的最近变化趋势能迅速地反映在指数移动平均值中；而在系数取较小值时，指数移动平均值则接近于算术平均值。

(2) 平滑系数的确定。平滑系数是 0 至 1 的正数，尽管数据不大，但对估价额的影响却不小。运用指数平滑法进行估价的关键是平滑系数的确定。确定原则，需要根据指数平滑法即估价额的不同要求进行相应的取值。在平滑系数取值较大如 0.9 时，指数平滑值能敏感地反映最近房地产价格的变化情况。在系数取值较小如 0.1 时，指数平滑值一般只能反映该时间序列上房地产价格的值，能够全部或部分地消除房地产价格季节性变动的情况，一般而言：

① 在房地产价格的长期趋势变动为接近稳定的常数时，系数取中间值，即 0.4—0.6；

② 在房地产价格呈现出明显的季节性变动时，系数应取较大的值，一般 0.6—0.9；

③ 在房地产价格的长期趋势变动比较缓慢时，系数应取较小的值，一般 0.1—0.4。

当然在估价实践中，估价人员还必须根据经验对上述计算结果进行修正，才能作为最后的估价结果。因为指数平滑法，与其他趋势法一样，毕竟只是预测。

另外，对于系数的大小，在实际工作中，估价人员最好通过测算确定，即对同一房地产价格用不同的系数进行试算，取指数平滑值与实际价格的绝对误差最小的系数，作为所需的平滑系数。

3. 线性趋势法

线性趋势法,又称趋势延伸法或最小二乘法,它是根据房地产价格的时间序列资料,视价格为时间的函数,应用最小二乘法求得变动趋势线,并使其延伸来评估房地产价格的一种趋势法。

常用的线性趋势法有三种,即直线趋势法、曲线趋势法和对数趋势法。

在房地产价格资料的逐期增减量大致相同时,即房地产价格表现为近似直线的上升或下降,可用直线趋势法来评估房地产的价格。而在房地产价格呈非直线状态,如季节性变动,时高时低呈现出曲线时,就应运用曲线趋势法来评估房地产的价格。如果各期的房地产价格不断递增,并几乎以相等的比例增长时,一般应用对数趋势法评估房地产的价格。

本 章 小 结

房地产商品拥有其他商品所没有的特点,由于其位置的固定性和差异性,每一件房地产商品都是世上独一无二的产品,即没有两宗房地产是完全相同的,房地产商品不可能像其他商品那样统一定价。同时,缺乏信息是房地产市场的显著特征之一,在其他许多市场上,商品明码标价,交易公开进行,而在房地产市场上,买主或卖主往往可能不了解行情,缺乏必需的知识和信息。所以对房地产进行准确的估价是房地产市场正常交易的基础,它一般由专门的房地产估价机构来从事,需要专业知识。在本章中只是简单介绍了房地产估价的四种基本方法:市场法、成本法、收益法、趋势法,使读者对房地产估价的原理有一个基本的了解。在现实的估价中,市场法是最基本的一种,是房地产估价的主要依据,其余的三种起辅助和参考的作用。

第九章　房地产经营的收益分析

第一节　房地产经营收益概述

通常情况下，投资房地产所获得的报酬来自于以下两个方面：(1) 物业持有期间所产生的增值；(2) 从事物业经营所产生的收益，如所获得的租金收益。一般说来，在经济稳定时，投资房地产所获得报酬的主要来源为其经营收益而非物业本身的增值。

房地产经营所带来的收益通常包括：销售收益、租金收益、自营收益和避税收益。

一、销 售 收 益

物业在持有期间产生了增值，就可以通过售出来得到销售受益。实力雄厚投资者的投资收益主要来源于销售收益，在房地产投资收益中，销售收益是最大的。销售收益是房地产投资者卖出房地产时得到的房地产投资收益，指房地产销售收入减去房地产开发成本和应纳税金后的余额。销售收入一般为项目的建筑面积与单位面积销售价格的乘积。应缴纳的税金一般等于销售收入与税率的乘积。由于销售收益的大小与销售价格直接相关，而销售价格又与所选择的销售方式有关，因此，选用恰当的销售方式可以促进房地产销售收益的提高。

描述房产销售收入的主要指标：

(1) 商品房出售计划完成率。报告期商品房的实际出售额占计划出售额的百分比。

(2) 商品房出售收入增长率。报告期的商品房出售收入较上期增长额占上期商品房出售收入的百分比。

(3) 商品房出售合同完成率。报告期商品房实际出售量占合同规定出售量的百分比。

描述销售房产成本的指标：

(1) 销售房产成本降低额。销售房产经营成本比计划成本降低的金额。

(2) 销售房产成本降低率。销售房产经营成本降低额占计划成本的百分率。

二、租 金 收 益

租金收益是房地产投资者利用所拥有的房地产从事经营活动所获取的净收入。租金收入扣除总营运费用和偿还到期借款后的余额,就是房地产租金收益。租金收益受到多方面因素的影响。物业的位置、物业的类型、租户类型、装修水平、物业管理的水平都对租金收益有很大的影响。在其他条件相同的情况下,交通越便利的物业租金越高,收益性物业租金从高到低的顺序是：商场、娱乐中心、写字楼、公寓。将物业出租给大型综合性公司,在获取租金收益方面有着特殊的安全保障。因为在整个租期内,即使这些公司的某些分支机构的利润水平不尽如人意,也能通过公司内部的协调来支付租金,小型公司的资金有限,其业务亏损的可能性较大,不能按时支付租金的危险就随之增大。

描述房产出租收入的主要指标：

(1) 租金收缴率。房产租金已收余额占应收金额的百分率。

(2) 出租计划完成率。实收房产租金占计划收取房产租金的百分率。

(3) 旧欠租金收缴率。已收回本年度以前拖欠租金额占本年度以前欠租金总额的百分比。

(4) 欠租户发生率。拖欠租金户数与应收租金户数的百分比。

描述企业出租房产状态的主要指标:

(1) 房屋出租率。已出租房屋建筑面积占企业出租房屋总建筑面积的百分比。

(2) 房屋完好率。完好与基本完好房屋建筑面积占企业出租房产总建筑面积的百分比。

三、自 营 收 益

自营收益是指房地产开发企业已开发完成后的房地产产品为其进行商业和服务业等经营活动的载体,通过综合性的自营方式得到的收入。

在进行自营收益的估算时,应充分考虑目前已有的商业和服务业设施对开发项目建成后所产生的影响,以及未来商业和服务业设施对拟开发项目建成后所产生的影响,未来商业和服务业市场可能发生的变化对拟开发项目的影响。

四、避 税 收 益

避税这一术语指的是投资房地产引起的任何可扣除税收支出。房地产投资中最常被利用的是利息、维修、保险、财产税(我国目前为止还未开征财产税)和折旧。本章以折旧为例来说明。

折旧为房地产投资提供了一种重要的税收方面的优势。从理论上讲,投资者可以通过不断地从房地产投资所得(免税)中提取折旧来回收投资。房地产折旧是指以货币形式表现的房地产使用过程中由于无形和有形的损耗而逐渐减少的价值。为了补偿房地产的价值损耗,通常采用提取折旧的方式。折旧应从房地产租金收入中提取。虽然从账面上提取了折旧,但投资者在提取折旧时不支付现金,仅仅是账面资金的扣除,不像经营费用、房地产税收、保险费等则必须支付现金。

所得税=应纳税所得额×所得税税率,而应纳税所得额=收入总额-营业税及附加-(经营成本+折旧+摊销+应偿还的借款利息),其中营业税及附加、经营成本、摊销、应偿还的借款利息四项费用,是必须从收入总额中付给他人的资金,它们本来就不是企业所得,所以不缴纳所得税是理所当然的。折旧费则不同,折旧费只是从账面提取但并没有付给其他任何人的隐形开销。如果投资者投资于其他领域,则没有折旧或折旧额小于房地产折旧额。由于折旧是在所得税前从所得中扣除,因而折旧可以使投资者在改建的房地产的使用年限内收回改建投资。投资者通过提取折旧而回收改建资产投资时,绝大多数房地产及其改建项目会因建筑成本上升、通货膨胀、租金增加、地价升高等原因发生增值,投资者由此可以对增值的房地产多提折旧。

第二节　静态盈利性分析

项目经济效益静态评价需要由损益表来为其提供信息资料。损益表反映了项目在整个寿命期的利润总额、所得税和税后利润的分配情况等财务信息。国家计委在 2002 年发布的《投资项目可行性研究指南》中将损益表称为“利润与利润分配表”。

一、以出租经营为主的房地产投资项目租赁收入与税金、成本的关系

以出租经营为主的房地产投资项目的经营成本主要包括：物业管理费、维护管理费、维护维修费、设备设施使用费、员工工资及福利以及市场推广费和其他费用。租赁收入、税金与成本的关系如图 9-1 所示，经营成本根据实际租赁合约中规定测算。当租赁合约中规定租金为净租金标准时，则经营成本几乎不存在；当租赁合约中规定租金为毛租金标准时，则经营成本约占租赁收入的 25%。利息支出主要为出租经营期间长期借款与流动资金借款的利息之和。

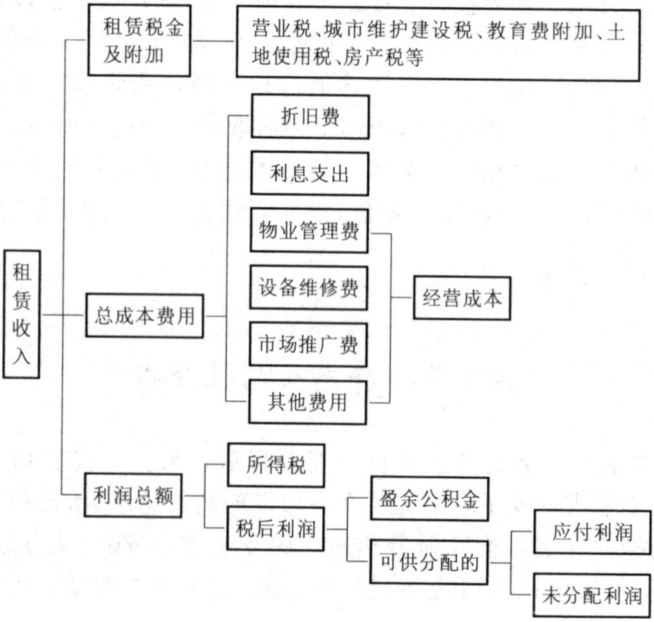

图 9-1　房地产项目租赁收入、成本与税金关系图

房地产折旧的计算方法有很多,如直线折旧法、年数折旧法、比率折旧法等,不同的折旧法的折旧速度不一样。直线折旧法属于匀速折旧法,年数折旧法和比率折旧法属于加速折旧法。直线折旧法是用预期的折旧总金额除以折旧年限。例如:价值30万的建筑物,折旧年限为30年,使用直线折旧法折旧每年的折旧额为:$\frac{\text{固定资产原值}(1-\text{残值率})}{\text{折旧年限}}=\frac{30}{30}=1$,要注意的是只有地上建筑物可以折旧,土地不可以折旧,所以投资购买不动产的时候,在计算折旧时,有必要先将土地的价值从购买总价中减除掉。

房地产租赁税金及附加主要包括营业税、土地使用税、房产税、企业所得税、城市建设维护税、教育费附加 、个人出租自有房产综合税、租赁登记税费等。

营业税是对在我国境内提供应税劳务(包括交通运输业、建筑业、金融保险业、邮电通信业、文化体育业、娱乐业、服务业)、转让无形资产或者销售不动产的单位或个人所获得营业额征收的一种税。城市维护建设税是对在我国境内既享用城镇公用设施,又有经营收入的单位和个人征收的一种税。开征城市建设税的目的,是为了进一步扩大城市建设,提供城市维护和建设资金来源。外资企业免征。征收教育费附加是为了加快发展地方教育事业,扩大地方教育经营的资金、来源。

二、以销售为主的房地产投资项目销售收入、税金与成本的关系

房地产销售税金及附加包括防洪工程维护费、营业税、教育费附加、城市维护建设税、土地增值税、商品房预售款监督管理服务费、企业所得税、个人所得税等。其销售收入、税金与成本的关系如图 9-2 所示。

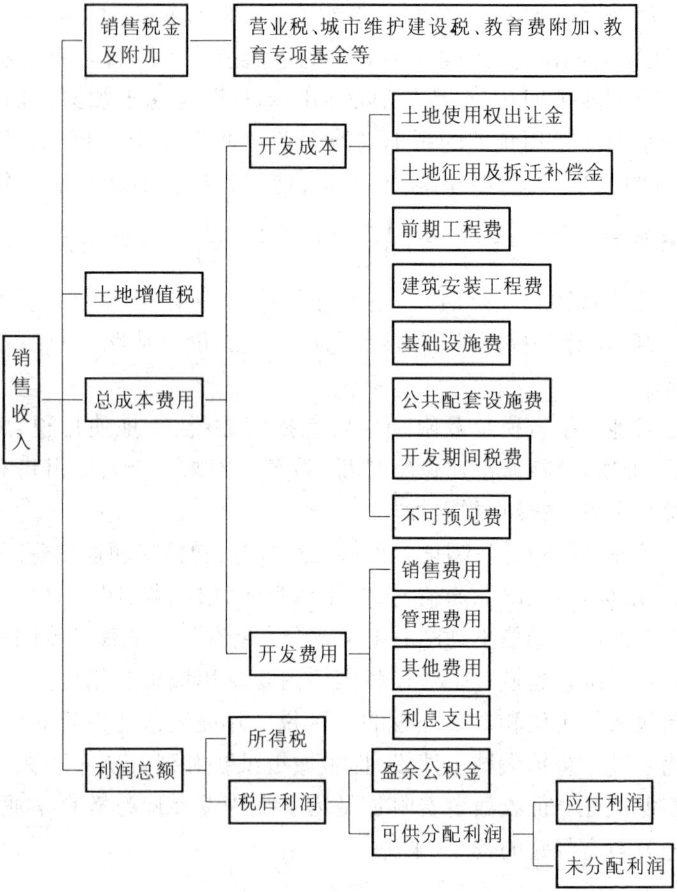

图 9-2 房地产投资项目销售收入、税金与成本的关系图

三、损益表的编制

1. 以出租经营为主的房地产项目损益表

由房地产投资项目租售收入、税金与成本的关系，可得到以租赁为主的房地产投资项目损益表的格式，如表 9-1 所示。

表 9-1　租赁型房地产项目损益表

序号	项　　目	合计	1	2	…	…	$N-1$	N
1	租售收入							
2	总成本费用							
3	租售税金及附加							
4	土地增值税							
5	利润总额							
6	所得税							
7	税后利润							
7.1	盈余公积金							
7.2	应付利润							
7.3	未分配利润							
评价指标,年投资利率,年自有资金利润率								

应注意的是租赁型房地产项目经营期末那一年的折旧费应等于该租赁房地产原值总额扣除经营期内累计的折旧额之和,这主要是与项目在经营期末的转售收入相对应。

表 9-1 中总成本费用的计算见表 9-2。

表 9-2　租房型房地产项目总成本费用预测表

序号	项　　目	合计	建　设　期			经　营　期	
			1	2	…	$N-1$	
1	折旧费						
2	经营成本						
3	利息						
4	总成本费用(1+2+3)						

2. 以销售为主的房地产投资项目损益表

由房地产投资项目销售收入、税金与成本的关系,可得到以销售为主的房地产投资项目损益表的格式,如表 9-3 所示。

表 9-3　销售型房地产项目损益表

序号	项　　目	合计	1	2	…	…	$N-1$	N
1	租售收入							
2	总成本费用							
3	土地增值税							
4	租售税金及附加							
5	利润总额							
6	所得税							
7	税后利润							
7.1	盈余公积金							
7.2	应付利润							
7.3	未分配利润							
评价指标：总投资利润率，自有资金利润率								

需要特别注意的是，表中第 2 项“总成本费用”的合计值虽然与销售型房地产项目总投资的合计值是相同的，但分配进各年度时应按当期销售面积（销售收入）与全部销售面积（销售收入）的比例对项目的开发总成费用进行结转，因此它的记录时间有可能与现金流量表中的记录时间（即投资实际发生的时间）是不相同的。

四、静态盈利性分析

从损益表中得到静态盈利能力指标主要包括：

(1) 年投资利润率，计算公式为

$$年投资利润率=\frac{年平均利润总额}{总投资}\times 100\%$$

式中，总投资为房地产开发项目建设投资与租赁经营所需的流动资金之和。

评价标准是年投资利润率大于或等于该类房地产的基准年投资利润率。

(2) 年自有资金利润率,其计算公式为

$$年自有资金利润率=\frac{年平均税后利润总额}{自有资金}\times 100\%$$

式中,自有资金为总投资中自有资金的出资额。

评价标准是年自有资金利润率大于或等于投资者设定的目标年自有资金利润率。

(3) 总投资利润率。指投资项目利润总额与项目总投资的比率,计算公式为

$$总投资利润率=\frac{项目利润总额}{项目总投资}\times 100\%$$

其评价标准是总投资利润率大于或等于该类型房地产的基准投资利润率。

(4) 自有资金净利润率。指项目税后利润总额与项目自有资金出资总额的比率,其计算公式为

$$自有资金净利润率=\frac{项目税后利润总额}{项目自有资金}\times 100\%$$

其评价标准项目自有资金净利润率大于或等于投资者设定的目标自有资金净利润率。

以销售为主的房地产投资项目的静态盈利性分析指标与租赁型房地产项目略有不同,主要区别在于以销售为主的房地产投资项目一般不考察年投资利润率指标,而主要考察总投资利润指标,主要计算指标有总投资利润率及自有的资金净利润率等,而租赁性房地产主要以年投资利润率和年自有资金利润率作为盈利能力指标。

对于房地产项目的基准投资利润的确定,要考虑以下一些因素:

(1) 当前的宏观经济情况,银行的贷款利率以及其他行业的

投资利润水平；

(2) 房地产投资项目的类型；

(3) 房地产项目的开发建设周期。

第三节　动态盈利性分析

动态盈利性分析是指考虑了资金时间价值的动态评价指标以及评价项目在整个寿命期内总的盈利能力的分析。常用的动态评价指标包括财务净现值(NPV)、财务内部收益率(IRR)和动态投资回收期等。这些指标分别根据全部投资现金流量表和自有资金现金流量表进行计算,其中全部投资应按所得税前与所得税后分别计算。

一、常用的动态评价指标

1. 净现值

净现值是反映项目在整个寿命期内总的获利能力的动态评价指标。它是指项目按部门或行业的基准收益率,将各年的净现金流量折现到建设起点的现值之和。其计算式为

$$NPV = \sum_{t=1}^{n}(CI - CO)_t(1 + i_0)^{-t}$$

式中,CI 为现金流入量;CO 为现金流出量;$(CI-CO)_t$ 为第 t 年的净现金流量;i_0 为部门或行业的基准收益率;n 为项目寿命期;NPV 为财务净现值。

当 $NPV \geqslant 0$ 时,可以考虑接受该项目;$NPV < 0$ 时,考虑拒绝该项目。

净现值指标的主要优点是：它考虑了资金时间价值并全面考

虑了项目在整个寿命期内的经济状况,直接以货币额表示项目的净收益,经济意义明确。净现值指标的主要问题是:必须事先确定一个比较符合经济现实的基准收益率,而基准收益率的确定比较复杂。基准收益率若定得太高,会导致现值之和变小,失去一些经济效益本来不错的项目;若定得偏低,会导致现值之和变大,可能会接受过多的项目,而其中的一些经济效益并不好。

标准折现率的确定一般以行业的平均收益率为基础,同时综合考虑资金成本、投资风险、通货膨胀以及资金限制等影响因素。对于国家投资项目,在进行经济评价时使用的标准折现率是由国家组织制定并发布的行业基准收益率,对于非国家投资项目,可以参考行业基准收益率,由投资者自行确定。

净现值不仅考虑了项目的整个寿命期,而且显示出了项目现金流量的时间分配。通过把将来的现金流量折现成现值的办法,还可以帮助投资者选择较好的投资时间。但是,财务净现值仅仅衡量了项目净收益的大小,不能直接说明项目营运期间各年的经营成果,不能真正反映项目投资中单位投资的使用效率。

2. 内部收益率

在从事投资计划的评估时,一般投资者会遇到两个问题:第一,如何估计未来各期的现金流入。未来第一期的现金净流入等于当期的现金流入扣去当期的现金流出。对于现金流入和流出的准确估计当然是评估投资计划成功的关键之一。第二,如何估计折现率。一般采用投资者所要求的报酬率作为折现率,而投资者所要求的报酬率则决定于该计划所承受的风险。如果风险越高则要求报酬率越高。此外,因为一个投资者拿出的期初成本必定牺牲其他投资机会,因而会承担机会成本。因此,如果机会成本越高,则要求的报酬率越高。

内部收益率是指项目整个寿命期内,各年净现金流量现值累计等于零时的折现率,反映拟建项目的投资收益水平。由于

$NPV=0$ 是净现值判别准则的一个分界线,因此可以说,$NPV=0$ 时的折现率是一个临界值,我们将其称作内部收益率(IRR)。其表达式为

$$\sum_{t=1}^{t}(CI-CO)_t(1+IRR)^{-t}=0$$

式中,IRR 为内部收益率。

内部收益率反映的是项目全部投资所能获得的实际最大收益率,是项目借入资金利率的临界值。假设一个项目的全部投资均是借入资金,则从理论上讲,若借入资金的利率 $I<$ 项目的 IRR,项目会有盈利;若 $I>IRR$,项目就会亏损;若 $I=IRR$,项目全部投资所获得的净收益刚好用于偿还借入资金的本金和利息。这样一个偿还的过程只与项目的某些内部因素,如借入资金额、各年的净收益以及由于存在资金的时间价值而产生的资金的增值率有关,反映的是发生在项目内部的资金盈利情况,而与项目的外部因素无关,因而该指标称作内部收益率。

由内部收益率的表达式可以看出,内部收益率的计算是求解一个一元多次方程,要想精确地求出方程的解,即内部收益率,是一件非常困难的事。因此在实际应用中,一般是采用一种称为线性插值试算法的近似方法来求得内部收益率的近似解。它的基本步骤如下:

(1) 根据经验,选定一个适当的折现率 i_0。

(2) 根据投资方案的现金流量情况,利用选定的折现率 I 求出方案的净现值 NPV。

(3) 若 $NPV>0$,则适当使 i 继续增大;若 $NPV<0$,则适当使 i 继续减小。

(4) 重复步骤 3,直到找到这样的两个折现率 i_1 和 i_2:其所对应的净现值 $NPV_1>0$, $NPV_2<0$,其中 i_2-i_1 一般不超过2%—

5%。

采用线性插值公式求出内部收益率的近似解。公式为

$$IRR = i + \frac{NPV_1}{NPV_1 + |NPV_2|}(i_2 - i_1)$$

IRR 指标的优点是：考虑了资金的时间价值以及项目在整个寿命期内的经济状况；能够直接衡量项目真正的投资收益率；不需要事先确定一个基准收益率，只需要知道基准收益率的大致范围即可。因此，*IRR* 是判断项目是否可行的最重要的一个指标。

IRR 指标的不足：需要大量的与投资项目有关的数据，计算比较繁琐；对于具有非常规现金流量的项目来讲，其内部收益率往往不是唯一的，在某些情况下甚至不存在。

3. 投资回收期

投资回收期分为静态投资回收期与动态投资回收期两类。

(1) 静态投资回收期。静态投资回收期是在不考虑资金时间价值的条件下，以项目净收益抵偿全部投资所需的时间。其表达式为

$$\sum_{t=1}^{n}(CI - CO)_t = 0$$

式中，n 为静态投资回收期。

静态投资回收期可从建设项目财务现金流量表中求得，其详细计算公式为

$$n = [\text{累计净现金流量开始出现正值的年份数}] - 1 + \frac{\text{上年累计净现金流量绝对值}}{\text{当年净现金流量}}$$

当求出建设项目静态投资回收期 n 后，其大小与标准静态投资回收期 n_0 相比较，若 $n \leqslant n_0$，则表明该项目投资能在规定的时间内收回，可以考虑接受该项目；若 $n > n_0$ 可以考虑拒绝该项目。

静态投资回收期指标计算简便，便于投资者衡量项目承担风险的能力。其缺点与局限性主要有以下两点：第一，静态投资回收期只考虑投资回收的速度，不能反映投资回收之后的情况，无法反映盈利能力，存在片面性；第二，静态投资回收期不考虑资金时间价值，无法正确地判断项目的优势，会带来不必要的损失。

因此，静态投资回收期指标只能用于粗略的评价或者作为辅助指标，必须和其他指标结合起来使用。

(2) 动态投资回收期。动态投资回收期是在考虑资金时间价值的条件下，以项目净收益抵偿全部投资所需的时间。其表达式为

$$\sum_{t=1}^{D}(CI-CO)_t(1+i_c)^{-t}=0$$

式中，D 为动态投资回收期。

与静态投资回收期相似，动态投资回收期也可以从项目寿命期内累计净现金流得出。其计算公式为

$$D=[\text{累计折现现金流量开始出现正值的年份数}]-1+\frac{\text{上年累计折现净现金流量绝对值}}{\text{当年折现净现金流量}}$$

求出的 D 必须与项目计算期(包括建设期、投产期、生产期)进行比较。若 $D\leqslant n$(此时有 $NPV\geqslant 0$)，可以考虑接受该项目；若 $D>n$(此时有 $NPV<0$)，可以考虑拒绝该项目。

由于考虑了货币的时间价值，用动态投资回收期法计算出的投资回收期要比用传统方法计算出的静态投资回收期长。在项目基建投资采用银行贷款的条件下，项目投资回收期的估算显然采用动态投资回收期指标比较合理。

4. 净现值法和内部收益率法的比较

通常情况下，内部收益率的投资计划准则和净现值的投资

计划准则是一致的。也就是说,如果用内部报酬率为准则而接受了一个投资计划,那么用净现值准则也会接受该计划。但是,这并不表示内部报酬率法和净现值法是一样的。在没有替代计划且我们只要决定接受或不接受一个计划时,用这两种方法没有多大差别。但是,如果同一个投资计划有两种做法,而且都可行的话,不能直接比较两个计划的内部报酬率,而应该比较两个做法的净现值,并选择净现值较高的做法,在选择一个投资计划后,其净现值使得投资者的财富增加,而财富的增加当然是越多越好。所以,净现值法才是我们应该使用的准则。在许多情形下,净现值法的选择和内部收益率法的选择并不相同。详细情况请参见图 9 - 3。

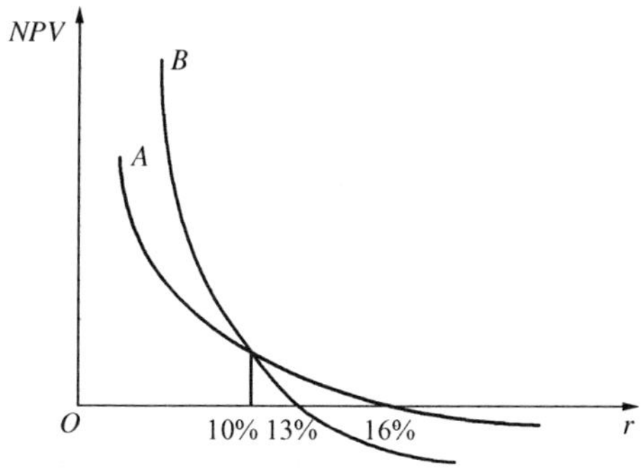

图 9 - 3　净现值法和内部收益率法的比较

B 计划的内部收益率是 13%。如果用内部收益率作为准则,A 永远优于 B。但如果在市场上现行的要求收益率为 10%时则两个计划的 NPV 相当,在要求的收益率小于 10%时 B 计划的净现值比 A 计划的净现值高,所以应该选择 B 计划。我们注意到 B 线比 A 线陡,因此受折现率影响较大;这种现象可能是因为 B 计划的现金流入大都在计划的末期才发生,故受到较多期的折现,故

而折现率低时对 B 计划折现的影响比较有利。所以,如果必须在 A 和 B 之中选一个时,净现值准则和内部收益率准则不一定得到同一答案。

除了在上述情形之外,内部收益率法还存在有其他缺点。例如,可能无解或有多重解(参见图 9-4)。即使没有上述两问题,在投资期间超过两期时,公式为高次方程式,其解需由试错法解出,其过程繁琐。另外,由于内部收益率系以百分比表示,因而忽略了投资规模的问题。一个投资规模大的计划,虽然内部收益率可能比另一个投资规模小的计划低,但投资规模大的计划其绝对获利额可能还是大于规模小的计划。因为投资者所关心的是自身的财富增加多少而非相对收益百分比,所以净现值法仍是我们作投资决策的最佳依据。

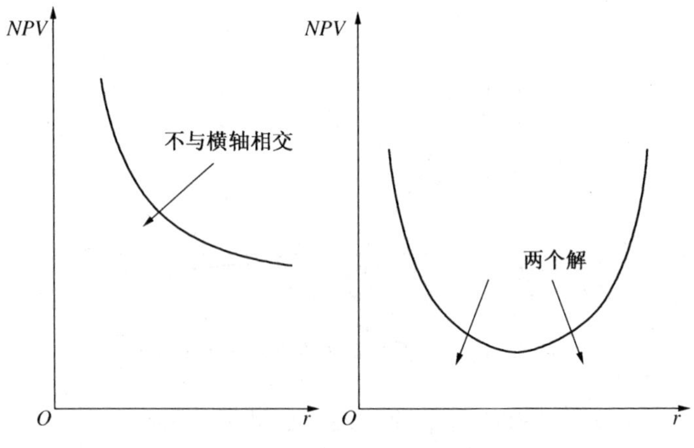

图 9-4 内部收益率法的解

二、租赁型房地产项目现金流量表

1. 全部投资现金流量表的编制

全部投资包括自有资金投资和借贷资金投资。全部投资现金流量表不分投资金来源,以全部投资作为计算基础,用以计算全部投资在所得税前和所得税后的 NPV,IRR 以及投资回收期等评价指标,考察项目全部投资的盈利能力,为各个投资方案(不论其资金来源及利息多少)进行比较建立共同基础。其具体形式如表 9 - 4 所示。

表 9 - 4　租赁型房地产项目全部投资现金流量表

序号	项目	1	2	…	…	$N-1$	N
1	现金流入						
1.1	转售收入						
1.2	转售收入						
1.3	回收流动资金						
2	现金流出						
2.1	建设投资						
2.2	流动资金						
2.3	经营成本						
2.4	租售税金及附加						
2.5	土地增值税						
2.6	所得税						
3	净现金流量						
4	累计净现金流量						

2. 自有资金现金流量表的编制

自有资金是指项目投资者自己拥有的资本金投入,自有资金现金流量表是从投资者的角度出发,以投资者的出资额作为计算基础,把借款本金偿还和利息支付作为现金流出,用以计算自有资金财务内部收益率、财务净现值等评价指标,以考察项目自有资金盈利能力。其具体形式如表 9 - 5 所示。

表 9-5 租赁型房地产项目自有资金现金流量表

序号	项目	1	2	…	…	$N-1$	N
1	现金流入						
1.1	转售收入						
1.2	转售收入						
1.3	回收流动资金						
2	现金流出						
2.1	自有资金						
2.2	经营成本						
2.3	借款本金偿还						
2.4	借款利息支付						
2.5	租售税金及附加						
2.6	土地增值税						
2.7	所得税						
3	净现金流量						
4	累计净现金流量						

三、销售型房地产项目现金流量表

以销售为主房地产投资项目,其财务现金流量表的编制与动态盈利性指标的计算,与租赁型房地产项目略有不同。

1. 全部投资现金流量表的编制

在以销售为主的房地产投资项目的全部投资现金流量表中,其现金流入的项目为销售收入;现金流出项目为:建设投资(不含投资利息)、销售税金及附加、土地增值税、所得税。

对于房地产投资项目而言,其经营成本已包含在项目的投资与成本费用之内,故不再单独列作为现金流出的项目。由于以销售为主的房地产投资项目总投资主要就是流动资金的投资,故在现金流出的项目中没有单独列出“流动资金”。在现金流入项目中也没有“回收流动资金”项目。同时由于以销售为主的房地产投资项目不存在固定资产余值的回收，故现金流入项目中也没有“回收固定资产余值”的项目。

以销售为主的房地产投资项目的全部投资现金流量表的具体形式详见表9-6。

表9-6 销售型房地产项目全部投资现金流量表

序号	项目	1	2	…	…	N-1	N
1	现金流入						
1.1	销售收入						
2	现金流出						
2.1 2.2 2.3 2.4	建设投资 销售税金及附加 土地增值税 所得税						
3	净现金流量						
4	累计净现金流量						

2. 自有资金现金流量表的编制

在以销售为主的房地产投资项目自有资金现金流量表中，其现金流入项目为：销售收入；其现金流出项目为：自有资金、预售收入再投入、销售税金及附加、土地增值税、贷款还本付息、所得税。

由于“预售收入再投入”是房地产投资项目总投资的一部分，故在现金流出栏目中增加了该项目。

以销售为主的房地产投资项目自有资金现金流量表格式详见表9-7。

表 9-7　销售型房地产项目全部投资现金流量表

序号	项目	1	2	…	…	N-1	N
1	现金流入						
1.1	销售收入						
2	现金流出						
2.1 2.2 2.3 2.4 2.5 2.6 2.7	自有资金 预售收入再投入 借款本金偿还 借款利息支付 资金税金及附加 土地增值税 所得税						
3	净现金流量						
4	累计净现金流量						

四、动态盈利能力分析

根据全部投资现金流量表和自有资金现金流量表对净现值、内部收益率和投资回收期进行计算,并根据这些指标评价项目的盈利能力。其中,全部投资应按所得税前与所得税后分别计算,自有资金只需计算税后各项指标。

对以销售为主的房地产投资项目进行财务评价,其动态盈利性分析指标一般选取财务净现值(NPV)和财务内部收益率(IRR)。因为其并非长期经营性项目,分析计算投资回收期并无太大实际意义,而且以销售为主的房地产投资项目,其投资回收的速度取决于项目的营销计划和销售价格,营销方案一经确定,投资回收期也确定,这些信息在项目的现金流量表和销售收入测算表中已提供,无需再另行计算分析。

当净现值大于等于零时,表示项目的收益水平达到或超过了该行业应达到的最低经济效益水平或社会平均收益水平,否则,可以认为项目的经济效益较低。因此，当 $NPV\geqslant 0$ 时，可以考虑接受该项目；当 $NPV<0$ 时，可以考虑不接受该项目。

内部收益率是不考虑项目经营本身的资金增值前提下，使企业收支平衡时可接受的最大利息率，这是项目接受贷款利率的最高临界点。如果贷款利率高于内部收益率，项目就亏损。因此，满足内部收益率大于或等于贷款利率，并且大于或等于部门规定的基准收益率两个条件的项目在财务上是可行的。

计算得出的动态投资回收期小于行业的基准动态投资回收期时，表明该项目的投资能在规定的时间内收回。

第四节　清偿能力分析

很多房地产投资项目预期的盈利能力很高，但这类项目占用资金多、投资回收周期长，一旦资金出现紧缺，不得不低价出让或者低价销售，严重时出现破产清算的局面。因此，需要对房地产项目进行资金平衡分析。资金来源与运用表是为资金平衡分析提供财务信息。在制作了资金来源与运用表的基础上，可以制作资产负债表，进行清偿能力的分析。

清偿能力是指房地产企业偿还各种到期债务的能力，静态地讲，就是项目资产清偿其长短期负债的能力；动态地讲，就是用项目收益偿还长短期债务的能力。用来描述项目债务清偿能力的指标可以分为短期偿债能力指标和长期偿债能力指标。相应的清偿能力分析也就可以分为项目长期偿债能力分析和短期偿债能力分析。

一、资金来源与运用表

资金来源与运用表反映计算期内各年的资金盈余或短缺情况，是编制资产负债表的依据。该表的格式见表 9－8。

资金来源与运用表能够反映项目的资金活动全貌。编制该表时,首先要计算项目计算期内各年的资金来源与资金运用,然后通过资金来源与资金运用的差额反映项目各年的资金盈余或短缺情况。该表格式参见表 9-8。

表 9-8 资金来源与运用表 单位：万元

序号	项　　目	1	2	3	4	5	6
1	资金来源						
1.1	利润总额						
1.2	折旧费						
1.3	摊销费						
1.4	长期借款						
1.5	流动资金借款						
1.6	短期借款						
1.7	资本金						
1.8	其他						
1.9	回收固定资产余值						
1.10	回收流动资金						
2	资金运用						
2.1	固定资产投资(含投资方向调节税)						
2.2	建设期贷款利息						
2.3	流动资金						
2.4	所得税						
2.5	应付利润						
2.6	长期借款本金偿还						
2.7	流动资金借款本金偿还						
2.8	其他短期借款本金偿还						
3	盈余资金						
4	累计未分配利润						

二、资产负债表

资产负债表综合反映项目计算期内各年年末资产、负债和所有者权益的增减变化情况及其对应关系。主要用于考察项目资产、负债、所有者权益的结构是否合理,并据以进行清偿能力分析。资产负债表主要提供如下几方面的财务信息:项目所拥有的经济资源;项目所担负的债务;项目的债务清偿能力;项目所有者(投资者)所享有的权益。该表格式参见表9-9。

表9-9 资产负债表 单位:万元

序号	项目	1	2	3	4	5	6
1	资产						
1.1	流动资产						
1.1.1	应收账款						
1.1.2	存货						
1.1.3	现金						
1.1.4	累计盈余资产						
1.1.5	其他流动资产						
1.2	在建工程						
1.3	固定资产						
1.3.1	原值						
1.3.2	累计折旧						
1.3.3	净值						
1.4	无形及递延资产净值						
2	负债						
2.1	流动负债总额						
2.1.1	应付账款						

续　表

序号	项　　目	1	2	3	4	5	6
2.1.2	其他短期借款						
2.1.3	其他流动负债						
2.2	中长期借款						
2.2.1	中期借款(流动资金)						
2.2.2	长期借款						
	负债小计						
2.3	所有者权益						
2.3.1	资本金						
2.3.2	资本公积金						
2.3.3	累计盈余公积金						
2.3.4	累计未分配利润						

资产由流动资产、在建工程、固定资产净值、无形及递延资产净值四项组成。其中,流动资产总额为应收账款、存货、现金、累计盈余资金及其他流动资产之和。前三项数据来自流动资金估算表;累计盈余资金数额则取自资金来源与运用表,但应扣除其中包含的回收资产余值及自有资金。在建工程是指投资计划与资金筹措表中的年固定资产投资额,其中包括固定资产投资方向调节税和建设期利息。

负债包括流动负债和中长期负债。流动负债中的应付账款可以直接取自流动资金估算表。流动资金借款和其他短期借款两项流动负债及长期借款均指借款余额,需根据资金来源与运用表中的对应项及相应的本金偿还项进行计算。

中长期借款与其他短期借款余额按下式计算:

$$第\ t\ 年借款额 = \sum_{t=1}^{T}(借款 - 本金偿还额)_t$$

式中，$(借款-本金偿还额)_t$ 为资金来源与运用表中第 t 年借款与同一项目本金偿还额之差。

按照流动资金借款本金在项目计算期末用回收流动资金一次偿还的一般假设，流动资金借款余额可以按下式计算：

$$第\ T\ 年借款额 = \sum_{t=1}^{T}(借款)_t$$

式中，$(借款)_t$ 为资金来源与运用表中第 t 年流动资金借款。若属于其他情况，可以参照长期借款的计算方法计算。

所有者权益包括资本金、资本公积金、累计盈余公积金及累计未分配利润。其中，累计未分配利润可以直接取自损益表。累计盈余公积金也可以根据损益表中盈余公积金项目计算各年的累计值，但应根据有没有用盈余公积金弥补亏损或转增资本金的情况进行相应调整。资本金为项目投资中的累计自有资金，当存在由资本公积金或盈余公积金转增资本金的情况时，应进行相应调整。资本公积金为累计资本溢价及赠款。

资产负债表满足等式：资产＝负债＋所有者权益。

三、项目短期偿债能力分析

短期偿债能力是指项目用流动资产和营业利润归还各种一年内到期或超过一年的一个营业周期内到期的流动负债的能力。它反映了项目在一年内出现偿债危机的可能性。通常用流动比率、速动比率等指标来描述和评价。

1. 流动比率

流动比率是指企业流动资产与流动负债的比率。其计算公式为

$$流动比率 = \frac{流动资产}{流动负债}$$

其中：流动资产主要包括现金、短期投资、应收及预付款项、待摊费用和1年内到期的长期债券投资等，一般为资产负债表中的期末流动资产总额；流动负债主要包括短期借款、应付及预收款项、各种应交款项、1年内即将到期的长期负债等。

流动比率反映了项目承受流动资产贬值的能力和偿还中、短期债务能力的强弱。流动比率越高，说明项目偿还债务能力越强。房地产业的流动比率在1.2左右。

2. 速动比率

速动比率是指速动资产与流动负债的比率，也称酸性试验。其计算公式为

$$速动比率 = \frac{速动资产}{流动负债} = \frac{流动资产 - 存货}{流动负债}$$

速动资产等于流动资产中扣除存货剩下的资产，主要包括现金(即货币资金)、短期投资、应收票据、应收账款等能够迅速转变为货币资金的资产。由于流动资产中包括了存货，这类资产变现能力较差，影响了用流动比率评价短期偿债能力的可靠性。就是说，由于积压的存货并不能迅速变现为现金，流动比率较高的项目，也可能面临清偿短期债务的困难。因而，在更精确地评价项目的短期偿债能力时，人们用扣除了存货的速动资产与流动负债之比来描述。房地产业的速动比率为0.65左右。

3. 现金比率和现金净流量比率

除流动比率和速动比率外，还可以用现金比率和现金净流量比率对投资项目各年的短期偿债能力进行补充分析。

现金比率是企业的现金类资产与流动负债的比率。现金类资产包括企业的库存现金、随时可以用于支付的存款和现金等价物，即现金流量表中所反映的现金。其计算公式为

$$现金比率 = \frac{现金 + 现金等价物}{流动负债}$$

现金流量比率是反映企业经营活动现金流量与流动负债的比率，反映企业经营活动所产生的现金净流量足以抵付流动负债的倍数。其计算公式为

$$现金流量比率=\frac{经营活动产生的现金净流量}{流动负债}$$

现金净流量可以通过现金流量表用现金流入量扣减现金流出量得出。

4. 到期债务本息偿付比率

到期债务本息偿付比率是经营活动产生的现金净流量与本期到期债务本息的比率。其计算公式为

$$\begin{matrix}到期债务本\\息偿付比率\end{matrix}=\frac{未来报酬的总现值}{本期到期债务本金+现金利息支出}$$

5. 项目长期偿债能力分析

长期偿债能力是指项目在长期借款使用期内的还本付息能力或长期借款到期后的归还借贷本金的能力。长期偿债能力不仅与项目资产与负债结构有关，还与项目经营风险有关。长期偿债能力分析是通过项目的资产负债率、负债经营率、资本负债率等指标来描述的。

6. 资产负债率

资产负债率是企业负债总额与资产总额的比率，也称为负债比率或举债比率，它反映企业的资产总额中有多少是通过举债而得到的。其计算公式为

$$资产负债率=\frac{负债总额}{资产总额}\times 100\%$$

资产负债率多高才算合理并没有统一的规定。这受到企业的盈利率、银行贷款的利率、通货膨胀率、国民经济的积累率和国民

经济发展水平等因素的影响。一般来讲,银行利率的提高通常会迫使企业减少负债。国民经济景气时,企业一般会提高负债水平。规模较大、期限较长、投资额较大的项目,其资产负债率也较高。房地产投资项目的资产负债率一般都在70%—80%之间。

资产负债率增加,说明项目债务压力增加、破产风险增大。但是,分析时还要结合资金利润率的变化分析同时进行。当自由资金利润率上升,且大于银行贷款利率时,说明负债经营是正确的,举债扩大经营规模,新增的利润在支付了银行贷款利息后增加了项目的净收益。反之,若增大的资产负债率使项目自有资金利润率下降了,说明项目增加负债后的经营并不理想,利润率低于银行贷款利率。

7. 负债经营率

负债经营率指项目长期负债与所有者权益之比,是研究项目资金结构,评价项目资金来源独立性、稳定性和项目风险的重要指标。其计算公式为

$$负债经营率 = \frac{长期负债总额}{所有者权益总额} \times 100\%$$

项目在投资建设过程中,一般都要发生流动负债和长期负债。流动负债主要是为了应付临时支付而发生的短期借贷。长期借贷则是经过周密安排,为项目开发建设需要而发生的债务。通常的负债经营,是指凭借长期负债而进行的生产经营。

负债经营率一般与银行贷款利率成反方向变化,贷款利率越高,负债经营率越低。贷款利率越低,企业更愿意举债,负债经营率上升。房地产投资项目一般都有很高的负债经营率。

8. 资本负债率

资本负债率,又称自有资金负债率,是项目负债总额与所有者权益之比。资本负债率是反映项目债务偿还保障程度的指标。计

算公式为

$$资本负债率 = \frac{负债总额}{所有者权益} \times 100\%$$

项目资本负债率提高说明债权人所得到的偿债保障下降、项目举债能力下降、破产风险增加。资本负债率因行业或项目利润水平不同而有很大差异,投资额大、资金占用额大、利润率高的行业,其资本负债率要高一些。

资本负债率是判断能否获得银行贷款的重要指标之一。资本负债率越高,项目获得贷款的可能性越小。资本负债率也是企业间确定付款方式、付款期限的主要依据,较低的资本负债率通常都能获得较宽松的付款方式与付款期限。

本 章 小 结

通常情况下,我们投资房地产所获得的报酬,主要来自于物业持有期间所产生的增值以及从事物业经营所产生的收益。

物业在持有期间产生了增值,就可以通过售出去得到销售受益。销售收益是房地产投资者卖出房地产时得到的房地产投资收益,指房地产销售收入减去房地产开发成本和应纳税金后的余额。实力雄厚投资者的投资收益主要来源于销售收益,在房地产投资收益中,销售收益是最大的。物业经营包括出租给他人经营和自营。若出租给他人经营,可以获得租金收益,若自己经营,可以获得自营收益。另外值得一提的是,在房地产经营中,由于国家政策在税收等方面的相关规定,可以为房地产投资者带来一定的避税收益。

房地产净收益的估计,主要在计算未来期间每年所能产生的总收益，以及相应的费用支出，将总收益减去总费用即可得净收益。支出费用通常包括房地产税、保险费、房屋折旧费，以及其他管理维护费用等。

房地产的增值要看许多因素而定，不容易精确地加以估计，但是仍可以根据下列三项因素的变化来进行推测。首先是总体经营因素，包括国民经济的增长速度、经济体系内资金松紧以及长短期利率的变化、重大工程建设、物价上涨率，以及政府对土地及相关租税政策所产生的可能影响。其次，要考虑区域经济的发展，包括地方产业与经济的成长、区域人口的增长以及收入水平的变化、区域交通运输系统的发展以及与其他都市区的交通便利程度等。此外，还要考虑的是一些整体与区域的非经济因素，包括区域环境污染程度、区域的景观及舒适程度、日常生活水准、社会阶层的形态、犯罪率以及次文化的类型。

本章在介绍几种收益的基础上，着重详细介绍了对销售和出租型房地产的收益分析，分别介绍了以出租经营为主和销售为主的房地产项目的损益表和现金流量表的编制方法。静态与动态盈利分析所需要的信息分别来源于损益表和现金流量表。本章在详细介绍了这两个表的编制方法的基础上，主要对静态和动态盈利性分析的指标和方法进行了介绍。

很多房地产投资项目预期的盈利能力很高，但这类项目占用资金多、投资回收周期长，一旦资金出现紧缺，不得不低价出让或者低价销售，严重时出现破产清算的局面。因此，还需要对房地产项目进行资金平衡分析。资金来源与运用表是为资金平衡分析提供财务信息。在制作了资金来源与运用表的基础上，可以制作资产负债表，进行清偿能力的分析。清偿能力分析可以分为项目长期偿债能力分析和短期偿债能力分析。

第十章　房地产管理法

第一节　房地产管理法概述

一、房地产管理法的概念

房地产又叫不动产，主要指土地和附着于土地上的改良物，以及使用它们的权利。不动产是相对于动产而言的，它强调的是财产和权利载体在地理位置上的相对固定性(非移动性)。自古以来，土地和房屋就是财富的标志，在现代社会，房地产不仅关系到城乡居民的居住问题，而且已成为一种重要的投资。房地产业对社会其他产业乃至金融、证券业的影响越来越大，在我国社会经济发展中起到了支柱性的作用。所以，依法调整房地产开发、经营和管理关系，规范房地产开发经营行为，保护房地产权利人的合法权益，对我国房地产业的健康发展具有重要意义。

所谓房地产管理法，是指国家调整房地产关系的法律规范的总称。它是国家管理房地产市场、保护房地产权利人的合法权益，促进房地产业发展的重要工具。具体来说，房地产管理法是调整房地产开发、经营、交易、管理以及与房地产相关的社会关系的法律规范的总称，包括《中华人民共和国城市房地产管理法》(以下简称《城市房地产管理法》)和与其相配套的行政法规、部门规章，以及其他相关的法律法规中的有关规定。

二、房地产管理法的特点

根据房地产管理法的概念，可以看出房地产管理法具有以下四个特点。

1. 房地产管理法的主体具有广泛性

房地产是人类进行生产、生活活动的基本物质条件之一，任何个人和社会组织都会与房地产业发生各种联系，包括房地产管理机关、房地产交易所、房地产咨询服务公司、房地产评估事务所以及其他法人和公民。可见，房地产管理法的主体众多而广泛。

2. 房地产管理法以权属管理为中心

房地产产权是寓于房地产实体中的各项经济利益以及由此而形成的各项权利，如所有权、使用权、租赁权和抵押权等。房地产在市场上交易后，其权利主体就易位他人了，从这种意义上说，房地产交易实质上就是权利的交易，所以，房地产管理法是以权利为基础的立法。

3. 房地产管理法具有国家行政干预性

由于房地产业的发展关系到国民经济的发展和社会秩序的稳定，因此，国家必须对房地产领域实行必要的行政干预。

4. 房地产管理法的内容具有多样性

房地产管理法所涵盖的内容十分广泛，涉及土地使用权的出让与转让、房地产拆迁、建筑施工、房地产税收、房屋的转让、房地产租赁，以及房地产典当与抵押等各个方面。

三、房地产管理法律体系

房地产管理法律体系主要由以下五个层次构成。

1. 宪法

宪法是国家的根本大法，是由国家最高权力机关依据特定立

法程序制定的,具有最高法律效力。我国宪法对房地产制度和土地所有权作了原则性的规定:

(1) 关于所有权的规定。例如,“矿藏、水流、森林、山岭、草原、荒地、滩涂等自然资源都归于国家所有,即全民所有;由法律规定属于集体所有的森林和山岭、草原、荒地、滩涂除外。”“城市的土地属于国家所有。农村和城市郊区的土地,除由法律规定属于国家所有的以外,属于集体所有;宅基地和自留地、自留山,也属于集体所有。”

(2) 关于土地转让的规定。例如,“任何组织或个人不得侵占、买卖或者以其他形式非法转让土地。土地的使用权可以依照法律的规定转让。”

(3) 关于对土地征用的规定。例如,“国家为了公共利益的需要,可以依照法律规定对土地实行征用。”

(4) 关于保护公民房屋所有权、居住权的规定。例如,“国家保护公民的合法的收入、储蓄、房屋和其他合法财产所有权。”“中华人民共和国公民的住宅不受侵犯。”

2. 法律

法律是由全国人民代表大会及其常务委员会制定的规范性文件。法律不得与宪法相抵触。法律是制定行政法规、地方法规以及行政规章的依据。有关房地产的法律主要有《土地管理法》、《城市规划法》、《城市房地产管理法》以及《民法通则》、《继承法》中的有关条款。

3. 行政法规

行政法规是由国家最高行政机关即国务院以及中央各部委根据宪法和法律制定并公布的规范性文件,包括条例、规定、办法、决定、命令等文件。有关房地产的行政法规非常多,比如《城镇国有土地使用权出让和转让暂行条例》、《城镇土地使用税暂行条例》、《国有土地使用权有偿使用收入若干财政问题的暂行规定》、《房地产转让管理规定》、《城市商品房预售管理办法》、《城市房地产租赁管理办法》等等。行政法规和规章能弥补法律的不足,使法律具体化,更具有操作性。

4. 地方性法规

地方性法规是省、自治区、直辖市及省、自治区人民政府所在地的市和经国务院批准的较大的市人民代表大会及其常务委员会,根据法律和行政法规制定的适合于本地区的有关房地产方面的规范性文件,仅在本行政区域内有效。

5. 司法解释

司法解释是最高人民法院公布的有关房地产法律、法规具体适用的解释和对房地产案件处理的意见等具有指导性的说明,也具有法律的约束力。

四、房地产管理法的基本原则

房地产管理法的基本原则是指房地产管理法在调整房地产法律关系的过程中所必须遵循的指导思想。我国现行房地产管理法的基本原则主要包括以下五个方面。

1. 保护房地产权利人合法权益原则

所谓房地产权利人,主要是指房产的所有权人、土地使用权人、房地产的抵押权人、房屋出租人与承租人、房屋出典人与承典人等依法对房地产享有一定财产权利的民事主体。对于任何侵犯房地产权利人合法权益的行为,我国法律均对其都进行了规范,以确保权利人的合法权益,稳定房地产市场。

比如《城市房地产管理法》第5条规定:"房地产权利人的合法权益受法律保护,任何单位和个人不得侵犯。"第16条规定:"土地使用者按照出让合同约定支付土地使用权出让金的,市、县人民政府土地管理部门必须按照出让合同约定,提供出让的土地;未按照出让合同约定提供出让的土地的,土地使用者有权解除合同,由土地管理部门返还土地使用权出让金,土地使用者并可以请求违约赔偿。"第 27 条规定:"依法取得的土地使用权,可以依照本法和有关法律、行政法规的规定,作价入股、合资、合作开发经营房地产。"第 69 条还规定:"没有法律、法规的依据,向房地产开发企业收费的,上级机关应当责令退回所收取的钱款;情节严重的,由上级机关或者所在单位给予直接责任人员行政处分。"

2. 房地一体原则

我国房地产法律明确规定了房屋产权及其土地使用权必须同时归属于同一人。而房地的一体性,也是房地产交易的必要前提,如果房屋与相关土地分属不同主体,必将导致权利行使的不相一致,从而导致社会秩序的混乱。比如《城市房地产管理法》第 31 条规定:"房地产转让、抵押时,房屋的所有权和该房屋占用范围内的土地使用权同时转让和抵押。"第 51 条规定:"需要拍卖抵押房地产时,可以依法将土地上新增的房屋一同拍卖。"

3. 国有土地有偿、有期限使用原则

在传统集中控制式的计划经济体制下,国家机关、部队、学校、国有企业等单位使用土地,通过申请批准后,由土地管理部门无偿划拨。在使用土地过程中,也无须缴纳地租和土地使用费,这些土地划拨给使用者,也没有具体规定明确的使用期限。这种房产制度造成房地产投资管理分散、重复建设、盲目发展、比例失调、经济效益低下等,房地产资源严重浪费,难以实现优化配置。

针对上述问题,《城市房地产管理法》第 3 条规定:"国家依法实行国有土地有偿、有限期使用制度。"第 13 条规定:"土地使用权出让最高年限由国务院规定。"而国务院颁布的《中华人民共和国城镇国有土地使用权出让和转让暂行条例》第 12 条按照土地用途明确了土地使用权出让的最高年限,即居住用地 70 年,工业用地 50 年,教育、科技、文化、卫生、体育用地 50 年,商业、旅游、娱乐用地 40 年,综合或其他用地 50 年。

4. 扶持发展居民住宅建设原则

住宅建设是社会保障体系中的一个重要方面,从侧面反映了一个国家人民生活水平和社会物质水平的高低。因此,国家为改善城镇居民住宅条件,鼓励、扶持发展居民住宅建设项目,在《城市房地产管理法》第 4 条中明确规定:"国家根据社会、经济发展水平,扶持发展居民住宅建设,逐步改善居民的居住条件。"第 28 条还规定:"国家采取税收等方面的优惠措施鼓励和扶持房地产开发企业开发建设居民住宅。"

5. 登记公示原则

登记公示原则,是指我国法律对于房地产权属的变更采用登记生效的制度。我国《城市房地产管理法》第 59 条规定:"国家实行土地使用权和房屋所有权发证制度。"第 60 条规定:"以出让或划拨方式取得土地使用权,应当向县级以上地方人民政府土地管理部门申请登记,经县级以上地方人民政府土地管理部门核实,由同级人民政府颁发土地使用权证书。在依法取得的房地产开发用地上建成房屋的应当凭土地使用权证书向县级以上地方人民政府房产管理部门申请登记,由县级以上地方人民政府房产管理部门核实并办理房屋所有权证书。房地产转移或变更时,应当向县级以上人民政府房地产管理部门申请房产变更登记,并凭变更后的房屋所有权证书向同级人民政府土地管理部门申请土地使用权变更登记,经同级人民政府土地管理部门核实,由同级人民政府更换或者更改土地使用权证书。"

在一般情况下,土地使用权证书与房屋产权证书由土地、房屋管理部门分别颁发。但是我国《城市房地产法》第 62 条又规定:"经省、自治区、直辖市人民政府确定,县级以上地方人民政府由一个部门统一负责房地产管理和土地管理工作的,可以制作、颁发统一的房地产权证书。"

第二节　我国土地管理法律制度

一、土地与土地管理法的概念

1. 土地的概念

我国土地管理法并未对“土地”作出一个明确的定义，但较普通的观点认为，土地包括国家和集体所有的耕地、园地、草原、内陆水域、沿海滩涂、工矿用地、交通用地、国防用地，还包括荒地、沙漠、戈壁以及其他未经开发利用的土地。

2. 土地管理法的概念

土地管理法是调整人们在开发、利用、保护、管理土地的过程中所形成的各种社会关系的法律规范的总称。它在调整规范土地关系时，把土地既视为一种资源，也视为一种资产。

由于房产和地产的密不可分性，房地产管理法与土地管理法有诸多交叉之处。如房地产业发展规划与土地利用管理就息息相关。但两者也有显著的区别，比如土地管理法偏重于资源管理，而房地产管理法偏重于行业管理；土地管理法适用于全部土地，而房地产管理法只涉及与房屋在空间上结合为一体的土地。在本节中所介绍的土地管理法，重点是在与房地产经营与管理相关的部分，即房地产管理法与土地管理法的交叉部分。

二、与土地有关的产权关系

1. 土地所有权

土地所有权是指土地所有人依法对其所有的土地占有、使用、收益、处分的权利。由于我国实行的是土地公有原则，所以我国的土地所有权人只有两种类型：国家所有和集体所有。

(1) 国家土地所有权。国家土地所有权是指国家代表我国全体人民对其所有的土地行使占有、使用、收益、处分的权利。

根据我国土地法有关规定，属于国家所有的土地包括：

① 城市市区土地；

② 除依法划定或者确定为集体所有的以外，农村和城市郊区中依法没收、征用、收购、征收、收归国有的土地；

③ 国家未确定为集体所有的林地、草地、山岭、荒地、滩涂、河滩地以及其他土地。

国家的土地所有权有一定的抽象性，其相关权利的行使一般通过一定的职能机构来完成。国务院代表国家行使国有土地所有权；各级土地管理机关和其他有关国家机关可以按照法律规定或者中央政府授权行使国家土地所有权。

(2) 集体土地所有权。集体土地所有权是指农民集体依法对其所有的土地行使占有、使用、收益、处分的权利。

根据我国土地法有关规定，属于集体所有的土地包括：

① 农村和城市郊区的土地，除去法律规定属于国家所有的以外，属于集体所有；

② 农民的宅基地、自留地、自留山也属于集体所有。

集体土地所有权的行使按照以下规定：

① 乡(镇)农民集体所有的土地，可以由乡(镇)农民集体经济组织行使所有权；

② 原来以生产大队为基本核算单位的村，其土地由村农民集体所有；如果该村级单位有统一的农业集体经济组织，则由该级组织行使所有权；如果没有统一的农业集体经济组织，则由村民委员会行使所有权；

③ 村级单位以内有两个以上农业集体经济组织(生产队或村民小组)的，集体土地可以归该组织农民集体所有，由该农业集体经济组织行使所有权。

特别要注意的是，集体土地所有权属于集体公共所有，而不是属于集体成员按份共有,集体组织内的任何成员,不得主张对集体土地的所有权。

2. 土地使用权

土地使用权是指土地使用者依法在一定期限内对国家或集体所有的土地所享有的占有、使用、收益、处分的权利。土地使用权根据其权利所有人分为国有土地使用权和集体土地使用权。

(1) 土地使用权的划拨。

① 土地使用权划拨的概念和特点。土地使用权划拨即通过行政划拨的方式取得土地使用权。“划拨”是指县级以上人民政府批准,在土地使用者缴纳补偿、安置等费用后将该土地交付其使用,或者将土地使用权无偿交付给土地使用者的行为。

土地使用权的划拨具有以下三个主要特点。

a. 没有明确的使用期限。通过划拨方式取得的土地使用权,除法律、行政法规另有规定外,没有使用期限的限制。

b. 无须支付土地使用权出让金。通过划拨方式取得土地使用权,虽然土地使用者要缴纳补偿、安置等费用,但不必向国家支付地租性质的费用。

c. 不能转让、出租和抵押。通过划拨方式取得的土地使用权,除符合法律规定的条件外,不得转让、出租和抵押。所谓法律规定的条件,主要是指《城市房地产管理法》规定的条件,即:首先要经市、县人民政府土地管理部门和房产管理部门批准;其次要与土地管理部门签订土地使用权出让合同,向当地市、县人民政府补交土地使用权出让金,或者以转让、出租、抵押所获收益抵交土地使用权出让金。不具备这两个基本条件的,土地使用权不得转让、出租和抵押。

② 土地使用权划拨的范围。通过划拨方式取得土地使用权,是国家为了支持或照顾某些公益性事业或特殊行业的发展,而对其建设项目用地采用的特殊的供地方式。根据《城市房地产管理

法》规定，下列建设用地的土地使用权，确属必需的才可以由县级以上人民政府依法批准划拨：

a. 机关用地和军事用地；

b. 市基础设施用地和公益事业用地；

c. 国家重点扶持的能源、交通、水利等项目用地；

d. 法律法规规定的其他用途。

③ 土地使用权划拨的程序。根据《土地管理法》的规定，除乡（镇）村建设经依法批准使用本集体经济组织农民集体所有的土地外，任何单位和个人进行建设需要使用土地的，都必须依法申请使用国有土地。土地使用者申请使用国有土地包括国家所有的土地和国家征用的原属于农民集体所有的土地。在现阶段土地使用者申请使用国有土地的，以后者为多。因此，土地使用权划拨的程序与国家征用土地的程序基本相同，大体上由以下四个步骤构成。

a. 用地单位提交用地申请。经批准的建设项目，需要使用国有土地的，建设单位应当持法律、法规规定的有关文件，向有批准权的县级以上人民政府土地行政主管部门提出建设用地申请。

b. 土地行政主管部门审查和报批。县以上人民政府土地管理部门对建设用地申请进行审查后，便划定用地范围，并组织建设单位与被征地单位及有关单位，依法商定征用土地的补偿、安置方案。然后，依照《土地管理法》规定的审批权限报有批准权的人民政府批准。建设项目占用土地需要征用农用地的，还应依照《土地管理法》第45条的规定办理农用地转用审批手续。其中，经国务院批准农用地转用的，同时办理征地审批手续，不再另行办理征地审批；经省、自治区、直辖市人民政府在征地批准权限内批准农用地转用的，也同时办理征地审批手续，不再另行办理征地审批。

c. 土地划拨。建设用地申请及土地补偿、安置方案，经有批准权的人民政府依法批准后，向建设单位颁发建设用地批准书，土地管理机关根据建设用地批准文件和建设进度，一次或分期划拨建设用地，并督促被征地单位和建设单位按时移交土地，尽快落实土地补偿、安置方案。

d. 核发国有土地使用证。建设项目竣工后，建设项目主管部门组织有关部门验收时，县以上人民政府土地管理部门要到现场核查实际用地情况，经核查无误后，用地单位应到土地行政管理部门办理土地登记，由土地管理机关颁发《国有土地使用证》，确认土地使用权。

④ 划拨土地使用权的收回。土地使用者依法取得划拨土地使用权之后，便在法律规定的范围内对划拨的土地享有占有、使用和收益的权利。其权利的行使受国家法律的保护，但土地使用者在行使权利时，也必须遵守国家法律、法规的有关规定。

当遇到以下情形之一时，土地管理部门应当无偿收回划拨土地使用权：

a. 土地使用者因自身发展的需要等因素而迁移的；

b. 因经营管理不善等原因而解散的；

c. 因不符合法定成立条件或者违法经营而被撤销的；

d. 因经营严重亏损不能清偿债务而宣告破产的；

e. 未经原批准机关同意，连续 2 年未使用的土地；

f. 不按批准用途使用的土地；

g. 公路、铁路、矿场等经核准报废的。

另外，市、县人民政府根据城市建设需要和城市规划的要求，可以无偿收回划拨土地使用权，但对其地上建筑物、其他附着物，市、县人民政府应当根据实际情况给予适当补偿。

(2) 城镇国有土地使用权的出让。

① 城镇国有土地使用权出让的概念和特点。所谓城镇国有土地使用权的出让，是指国家以土地所有人的身份，将一定时间内的国有土地的使用权，有偿转让给土地使用人的一种法律行为。

与土地使用权划拨相比，城镇国有土地使用权的出让具有以下特点：

a. 有偿取得。通过出让方式取得的土地使用权，土地使用者要依法与代表国家的土地管理部门签订土地使用权出让合同，并按合同的约定向国家支付土地使用权出让金，这是土地使用权出让与土地使用权划拨的主要区别。

b. 有明确的期限。与划拨土地使用权不同，出让土地使用权具有明确的期限。权利人享有土地使用权的起止时间在出让合同中有明确的约定，土地使用权人必须按出让合同的约定行使权利。

c. 出让土地使用权包括占有、使用、收益和处分四项权能。权利人对其享有的土地使用权享有处分权，在合同约定的期限内，土地使用权人可以将其享有的土地使用权转让、出租或抵押。

② 城镇国有土地使用权的出让程序。土地使用权的出让由市、县人民政府负责。市、县人民政府土地管理部门会同城市规划和建设管理部门、房产管理部门就土地使用权出让的地块、经济用途、年限和其他条件共同拟定方案，按照国务院规定的批准权限报经批准后，由土地管理部门实施。

③ 城镇国有土地使用权的出让方式。土地使用权的出让可以采取协议、招标、拍卖等方式。

④ 土地使用权的出让年限。前面已经介绍，我国法律对各类土地使用权出让都规定了出让的最高年限。土地使用权出让当事人之间约定的土地使用权期限不得超过法定期限；当事人之间没有约定期限的，按照法定期限执行。

(3) 城镇国有土地使用权的转让。

① 城镇国有土地使用权转让的概念。所谓城镇国有土地使用权的转让，是指土地使用权人将土地使用权转让的行为，包括出售、交换、赠与、承继等方式。

土地使用权的转让依照我国法律规定，必须签订书面的转让合同，并应经过土地管理部门的批准，办理过户登记手续。

土地使用权转让可以在中华人民共和国境内进行，也可以在境外进行。在境外进行的，应取得所在国家或地区的公证、外交机构的公证或鉴证和中华人民共和国驻该国领事馆或商务代表处的认证；在境内进行的应经公证处公证。

② 土地使用权转让的条件。根据我国法律规定，以出让方式取得的土地使用权转让时应符合以下条件：

a. 按照土地使用权出让合同约定已经支付全部土地使用权出让金，并取得土地使用权证书；

b. 按照土地使用权出让合同约定进行投资开发，属于成片开发土地的，形成工业用地或者其他建设用地条件。

③ 土地使用权转让的年限。通过转让取得的土地使用权，其土地使用权的使用年限为原土地使用权出让合同约定的使用年限减去原土地使用年限后的剩余年限。土地使用权转让时，其地上建筑物、其他附着物分割转让的，应当经市、县人民政府土地管理部门批准。土地使用权转让价格明显低于市场价格的，市、县人民政府可以采取必要措施来防止，如规定最低限价。

④ 土地使用权转让的限制。对于未按出让合同规定的条件和期限来开发和利用土地的，土地使用权不得转让；土地使用权转让价格明显低于市场价格的，市、县人民政府有优先购买权，国家实行先买以后，土地使用权又归国家所有。

土地使用权转让后，受让人改变原土地使用权出让合同约定的土地用途的，必须取得原出让方和市、县人民政府城市规划行政主管部门的同意，签订土地使用权出让合同变更协议或重新签订土地使用权出让合同，相应调整出让金。

(4) 土地使用权的抵押。

① 土地使用权抵押的概念和性质。所谓土地使用权的抵押，是指当城镇国有土地使用权人将自己合法取得的土地使用权作为债务履行的担保，保证在债务不能履行时，债权人有权将用以担保

的土地使用权按合同规定予以处分，并将处分的收益补偿债务的法律行为。

在土地使用权抵押的法律关系中，用自己的土地使用权来保证债务履行的土地使用权人是抵押人；对特定土地使用权享有抵押权的债权人是抵押权人；用来作为债务保证的土地使用权是抵押物。

土地使用权抵押是一种担保行为，也是一种要式行为，即土地使用权的抵押必须签订书面合同，并进行登记。

② 土地使用权抵押登记。当土地使用权和地上建筑物、其他附着物抵押时，应当依照有关规定办理抵押登记；凡因处分抵押财产而取得土地使用权和地上建筑物、其他附着物所有权的，应当按照有关规定办理过户登记；当抵押权因债务清偿或者其他原因消灭的时候，应当办理注销。

(5) 土地使用权的租赁。土地使用权的租赁，是指土地使用权人向他人收取租金出租一定时间内土地使用权的行为。土地使用权的租赁必须符合如下条件：

a. 土地开发必须达到法律规定的和土地出让合同所约定的标准；

b. 非商业用地或无偿取得使用权的土地，出租时必须经市、县土地管理部门批准，向国家缴纳土地使用权出让金；

c. 土地使用权的出租期限不能超过土地使用权的剩余年限；

d. 土地使用权出租时，连同其地上的建筑物、其他附着物一并出租；

e. 土地使用权出租时必须进行登记。

三、土地征用和房屋拆迁管理法律制度

1. 土地征用

(1) 土地征用的概念。土地征用，一般来讲是指国家或政府

为了公共目的而强制取得土地所有权人的土地,并依法给予补偿的行为。

土地征用是在特定条件下,国家取得土地所有权的一种特殊的方式。从另一个角度讲,土地征用是国家或政府协调社会成员个体和局部利益与社会整体利益关系的措施,以及重新分配土地资源的方式。其在土地利用中有着十分重要的意义和作用。在土地利用的过程中,有许多公共或公益性的用地,如道路、公园、城市基础设施、低收入者的住宅建设等,其投资难以收回,用地的经济效益很难评价,多由政府来投资开发。但是,在许多实行土地私有制的国家,土地大部分为私人或其他社会组织所拥有,这些由私人或社会组织享有所有权的土地,很难通过市场转为公共或公益事业的用途。于是,为了保证社会公共或公益事业的发展,世界各国普遍建立了土地征用这种特殊的土地取得制度,以此来调整社会成员个体利益与社会整体利益、长远利益的关系。

在我国目前条件下,土地征用是指国家为了社会公共利益的需要,依法将农民集体的土地变为国有,并依法给予补偿的法律制度。

(2) 土地征用的原则。根据我国现行法律规定和土地征用的实际情况,我国的土地征用应遵循以下三项原则。

① 合理利用土地的原则。这是由土地资源的稀缺性和不可再生性所决定的。土地征用基本上都由农业生产用地变为建设用地,而这种变化具有不可逆转性。被征用的土地绝大部分是农业生产用地,其中有相当数量为耕地。征用土地的数量直接关系到农业生产用地的保护,关系到农业生产结构和农产品产量的变化。因此,在征用土地时必须要坚持合理利用土地的原则。应根据建设项目的性质和规模,合理确定征用土地的时间、位置和数量,避免早征晚用、多征少用等浪费土地的现象发生。

② 兼顾国家、集体和个人三者利益的原则。征用土地实质是

土地资源占有关系的调整，是对土地权益的重新分配，它涉及多方面的利益关系，尤其是直接关系到被征地者的生产、生活以至生存。因此，在征用土地时应坚持国家、集体和个人三者利益兼顾的原则。被征地单位农民集体要顾全大局，服从征用土地的需要，维护国家利益；国家也要对被征地者给予合理的补偿，对原土地使用者的生产、生活给予妥善的安置，使他们因土地被征用所受的影响减少到最小。

③ 土地征用权由国家统一行使原则。土地征用是强制性地改变土地的所有权，其必然导致土地所有权的变更。土地征用权的滥用或过度行使，必然会带来严重的社会问题，最终损害国家的利益。因此，土地征用权必须由国家统一行使，并应限定在公共目的或公共用途这个范围。

2. 房屋拆迁

(1) 房屋拆迁的概念。房屋拆迁是指国家因城市建设发展的需要而使用城市规划区内已建有房屋及地上建筑的土地时，经人民政府批准，由具有拆迁资格的拆迁人对现有房屋及其他地上建筑物进行拆除，并依法对房屋所有权人及房屋使用权人给予经济赔偿的行为。

房屋拆迁是国家在征用或收回国有土地的过程中发生的一种社会现象，它与土地征用有着相同的性质和密切的联系。当国家进行经济建设和公共事业建设，需要使用现居民住宅用地时，就会发生房屋拆迁。

房屋拆迁作为一种强制性的法律行为，同样不以被拆迁人是否同意为条件，为了保障城市建设的顺利进行，维护拆迁双方当事人的合法权益，国家就要通过立法，对房屋拆迁行为进行管理和规范，对拆迁过程中发生的各种利益关系进行调整和协调，从而形成拆迁管理法律制度。拆迁管理法律制度是房地产管理法律制度的重要组成部分。

(2) 房屋拆迁的原则。房屋拆迁是在特定条件下发生的一种法律行为,房屋拆迁要遵循以下原则:

① 房屋拆迁必须经过人民政府依法批准。按现行《城市房屋拆迁管理条例》的规定,房屋拆迁必须经过人民政府依法批准后,由具有法定资格的拆迁人来承担,并在房屋拆迁主管部门的管理监督之下进行。未经人民政府依法批准,并取得拆迁权,任何单位和个人都不得进行房屋拆迁。

② 房屋拆迁具有强制性。因为拆迁行为发生的前提是城市建设发展的需要,是城市规划实施的要求,它体现的是社会公共利益、国家整体利益和人民长远利益的要求,作为土地使用者的被拆迁人为此做出牺牲是必要的,他们既是某种利益的牺牲者,同时也是城市建设未来的受益者。在城市发展的过程中,这种利益冲突和调整是不可避免的。因此,拆迁行为的发生,不以被拆迁人同意为前提,具有明显的强制性。

③ 房屋拆迁的条件是对被拆迁人给予合理的补偿。由于房屋拆迁的直接后果是被拆迁财产的损失和居住条件的改变。因此,他们在服从需要的同时,应该获得合理的补偿。有关补偿的范围、标准和方式,国家有关法规都作了明确的规定。拆迁人在进行房屋拆迁时,必须依法对被拆迁人所受的损失给予补偿,使他们生产、生活能够正常进行,这是房屋拆迁得以实现的基本前提和条件。

第三节　我国房地产开发管理法律制度

一、房地产开发企业管理法律制度

1. 房地产开发企业的类型

房地产开发企业是以营利为目的,从事房地产开发和经营的企业。它是房地产开发和交易的主体,是房地产市场中的主要角色。房地产企业的开发、经营活动是否规范有序,直接关系着房地产业的繁荣和健康发展。

房地产开发企业按权属关系划分,可以分为全民所有房地产开发企业、集体所有房地产开发企业、外资房地产开发企业等类型,其中外资房地产开发企业又可以分为中外合资、中外合作以及外商独资三种。全民所有和集体所有房地产开发企业现已基本上改制成有限责任公司和股份有限公司的形式,符合上市条件的,可以成为房地产开发企业上市。

按房地产开发企业的经营性质来划分,可将其分为房地产开发专营企业、兼营企业和项目公司三种。其中,房地产开发专营企业根据《房地产开发企业资质管理规定》分为五个资质等级,在本书第四章中已经详细介绍,这里不再重复。

2. 房地产开发企业的业务范围

根据《房地产开发企业资质管理规定》:

(1) 一级资质的房地产开发企业承担房地产项目的建设规模不受限制,可以在全国范围承揽房地产开发项目。

(2) 二级资质及二级资质以下的房地产开发企业可以承担建筑面积 25 万平方米以下的开发建设项目,承担业务的具体范围由省、自治区、直辖市人民政府建设行政主管部门确定。

(3) 各资质等级企业应当在规定的业务范围内从事房地产开发经营业务,不得越级承担任务。

二、房地产开发建设管理法律制度

1. 房地产开发项目管理

根据现行有关法规的规定,国家对房地产开发项目实行严格的审批制度。

(1) 房地产开发项目立项申请。房地产开发项目,应当根据城市规划和市场需求确定,并经批准才能立项。开发项目的"立项"是房地产开发投资构想付诸实施的第一步。房地产开发企业进行房地产开发首先要向有关主管部门提出立项申请,起草并向计委报送项目建议书,取得批准项目建议书的批复,并据此编制可行性研究报告,报计委审批。获得计委批准的基本条件是申请人具备立项的条件和要求。

(2) 房地产开发项目立项审批。一个房地产开发项目的审批,要经过若干政府管理部门如:计划、规划、土管、房管、工商、税务、绿化、卫生、公安、消防等部门。从立项、开发到经营,每个环节都需要取得本阶段有关政府部门的批准文件。

房地产业作为一个新兴产业,对于加快城市改造、促进经济发展具有重要意义。但是,由于我国的房地产业尚处于起步阶段,有关方面的法律制度还不健全,国家对房地产开发建设的宏观管理尚缺乏有效手段。在房地产开发项目的管理上曾出现了房地产建设规模过大,投资结构不合理的问题。高档商品房开发项目超过实际需求量,大量空置,压占了大量的资金,而用于居民住宅建设的资金又满足不了市场的需要。因此,1995 年 5 月 26 日国务院发出《关于严格控制高档房地产开发项目的通知》,明确指出要严格控制高档房地产开发项目的审批。控制的范围包括:

① 别墅性质的住宅及度假村;

② 单位面积建筑设计造价高于当地一般民用住宅、办公楼一倍以上的公寓、写字楼项目;

③ 建筑标准四星级(或相当于四星级)及以上的宾馆、饭店。

同时,还强调对高档商品房开发项目,在资金、用地、审批等方面都要严格管理。对于外商投资的房地产开发经营企业和项目,要引导外商向旧城改造和普通居民住宅项目投资。此外,还严禁新上高尔夫球场、仿古城、游乐宫等项目。

2. 房地产开发建设的规划控制

根据我国《城市房地产开发经营管理条例》和《城市规划法》的规定,房地产开发项目的确定,应当符合土地利用总体规划、年度建设用地计划、城市规划和房地产开发年度计划的要求。也就是说,在城市进行房地产开发需要申请用地的,必须持国家批准建设项目的有关文件,向城市规划行政主管部门申请定点,由城市规划行政主管部门核定其用地位置和界限,提供规划设计条件,核发建设用地规划许可证后方可向相应的土地管理部门申请建设用地。

一般来说,房地产项目的开发建设的规划控制包括:

(1) 项目规划选址许可。项目规划选址许可是指城市规划行政主管部门为保障建设项目的选址与城市总体布局和规划科学相结合,在申请人获得计划立项许可前提下,从城市总体规划、交通、通讯、能源、市政、防灾、公共设施、环保等各方面对建设项目予以的行政强制审查。

(2) 建设用地规划许可。建设用地规划许可是指城市规划行政主管部门为房地产项目核定其用地位置和界限,提供规划设计条件,核发建设用地规划许可证的行为。建设用地规划许可证确定了建设项目的用地位置、范围、规划性质等一系列规划技术参数,包括建设容积率、建筑密度、建筑高度、间距、日照、绿地覆盖面积、停车场、配套的公共设施、消防设施、工程设施等。未经原审批机构许可,任何擅自变更土地的使用性质或规划技术参数和指标都是严重的违法行为,都有可能导致建造好的建筑物无法通过综合竣工验收。项目建设单位或者个人在取得建设用地规划许可证后,方可向县级以上地方人民政府土地管理部门申请用地。

(3) 建设工程规划许可。建设工程规划许可是指城市规划行政主管部门根据建设工程规划设计要求,综合协调有关行政主管部门对建设工程设计方案意见,对建设单位或个人提供的工程施工图等建设工程初步设计方案进行审核后核发建设工程规划许可证的行为。

3. 房地产开发建设用地管理

房地产开发建设项目经依法立项后，所面临的首要问题，就是如何取得开发建设项目用地的使用权。取得土地使用权是进行房地产开发的前提。土地使用权的取得必须符合国家有关法律、法规的规定。

根据《城市房地产开发经营管理条例》的规定，房地产开发用地应当以出让方式取得土地使用权，但是法律和国务院规定可以采取划拨方式的除外。房地产开发土地使用权的取得方式、程序等具体问题在本章第二节已经介绍，这里不再重复。

房地产开发建设用地必须符合国家有关法律的规定，必须严格执行土地利用规划和年度计划，房地产开发建设用地必须经过有关部门审批，具体规定有：

(1) 房地产开发企业通过出让方式取得土地使用权的，人民政府土地管理部门要会同城市规划、建设及房产管理部门，共同对出让的地块、用途、年限和其他条件拟定方案，然后报有批准权的人民政府批准。

(2) 人民政府对征用或使用土地的审批，主要是以土地利用规划和年度土地利用计划为依据，对符合土地利用总体规划和年度土地利用计划的房地产开发项目用地予以批准，对不符合规划或计划的用地不予批准。不经人民政府依法批准，国有土地使用权不能出让或划拨。

(3) 出让土地的审批权限。根据我国有关法律的规定，出让土地的审批权限与征用土地的审批权限相同，即使用基本农田的，使用基本农田以外的耕地在35公顷以上的，使用耕地以外的其他土地在70公顷以上的，由国务院批准；使用耕地在35公顷以下的，使用耕地以外的其他土地在70公顷以下的，由省级人民政府批准。人民政府在批准出让土地使用权时，必须严格遵守法律规定，不得超越法定权限行使土地审批权。

4. 房地产工程建设项目实施管理

(1) 施工企业资质管理制度。施工企业是房地产开发工程建设项目实施的主体，是工程项目施工任务的承担者。房地产开发企业对施工单位的选择，应符合国家关于施工企业资质管理的有关规定。施工企业应当按照审定的资质等级和业务范围承接工程，并对所承接工程的施工质量负责。

根据有关规定，施工企业资质管理主要包括以下三部分内容。

① 确定资质标准。即建设行政主管部门，根据企业的经历、资历和技术、管理人员的资格、数量、比例，以及其拥有固定资产和专业设备的数量及生产能力，确定分等定级的资质标准，它体现了国家对施工企业在资格和素质方面的要求。建筑施工企业资质等级标准包括建筑、设备安装、机械施工三类，具体可以参照建设部的《施工企业资质等级标准》。

② 认定企业资质等级。即由建设行政主管部门根据确定的资质标准和企业达到标准的实际情况，给建筑企业核定资质等级。经资质审核合格的，由审批部门向企业颁发《建筑业企业资质证书》。非等级施工企业的资质条件和业务范围，由省、自治区、直辖市建筑行政主管部门或其授权部门审定。

③ 划定企业的营业范围。即确定不同资质等级的建筑企业所能承担的工程项目，明确其经营范围。具体可以参照建设部的《施工企业资质等级标准》。各施工企业必须按照《建筑业企业资质证书》规定的范围从事施工活动，不得越级承担工程。擅自超越经营范围，越级承担工程的，除按国家有关规定予以处理外，还要由工程所在地的建设行政主管部门予以警告、停止施工、责令限其返回原地的处理，并可处以罚款。

(2) 开发建设项目开工管理。国家对房地产开发建设项目开工实行施工许可证制度。它要求建设单位在施工之前，要向工程所在地县级以上人民政府建设行政主管部门办理施工许可证手续，取得施工许可证。建设单位获得施工许可证后可在两个月内组织施工；未取得施工许可证的建设单位，不得擅自组织开工。建设单位取得施工许可证后，因故未能按期开工的，建设单位应在期满前及时向发证机关说明理由，申请延期开工。未按时开工又不申请延期的，施工许可证将失效。

(3) 施工现场管理和竣工验收制度。施工单位应当根据建设部《建设工程施工现场管理规定》和《工程建设项目实施阶段程序管理暂行规定》，进行建设项目施工组织设计，并加强施工现场管理，着重抓好工程质量、材料消耗、场容场貌、机械设备、经济核算和安全施工等六个方面的工作。

此外，根据《城市房地产开发经营管理条例》，房地产开发项目竣工后，必须组织竣工验收，经验收合格后，方可交付使用。有关房地产开发项目竣工验收的程序等问题，在本书第六章中已有介绍，这里不再重复。

(4) 工程监理制度。工程监理是指监理单位受项目法人的委托，依据国家批准工程项目建设文件、有关工程建设的法律法规和工程建设监理合同及其他工程建设合同，对工程建设实施的监督管理。

工程监理的主要内容是控制工程建设的投资、建设工期和工程质量，进行工程建设合同管理，协调有关单位间的工作关系。工程监理的主要任务是，按照“公正、独立、自主”的原则监督施工单位，并运用科学方法从组织管理的高度采取措施，确保建设项目总目标(工期目标、质量目标、费用目标)按合同实现。

工程监理单位与建设单位之间的法律关系是一种委托关系。一般是项目法人通过招标投标方式择优选定工程监理单位，被选定的监理单位承担监理业务之前与项目法人签订书面工程监理合同。

工程建设监理制度，是房地产开发管理法律制度的重要组成部分。在我国的房地产开发管理中起着重要作用。建设部于1995年制定的《工程建设监理规定》，为规范工程监理行为提供了依据和具体要求，同时，也为监理单位合法权益的维护提供了保障。

第四节　房地产交易法律制度

一、房地产交易法律制度概述

所谓房地产交易，是指房地产的所有权或者使用权在平等主体之间的移转。它包括房地产的转让、抵押和租赁等形式。

房地产交易法律制度是国家为了加强房地产交易管理而制定的有关法律、法规，是我国房地产管理法的重要组成部分。本节根据房地产交易的不同形式，分房地产转让、房地产抵押和房地产租赁三部分来介绍房地产交易的有关法律和规则。

二、房地产转让法律制度

1. 房地产转让的概念

所谓房地产转让，是指房地产所有人向他人转让房地产的所有权及其相关土地的使用权的法律行为。它包括买卖、赠与、交换、承继等方式。

2. 房地产转让的条件

(1) 以出让方式取得土地使用权的，其房地产转让应符合下列条件：

① 按照出让合同约定已经自付全部土地使用权的出让金，并取得了土地使用权证书。

② 按照出让合同约定进行投资开发、属于房屋建设工程的，

完成开发投资总额的25%以上；属于成片开发的，形成工业用地或其他建设用地的条件。

③ 转让房地产时房屋已经建成的，还应当持有房屋所有权证书。

(2) 以划拨方式取得土地使用权的房地产转让的条件。按照《城市房地产管理法》规定，以划拨方式取得土地使用权的房地产转让时，应当按照国务院的规定，报有批准权的人民政府审批准予转让的，应由受让方办理土地使用权出让手续，并依照国家有关规定缴纳土地使用权出让金，或可以不办理土地使用权出让手续，转让方应按照国务院规定将转让房地产所获收益中的土地收益上缴国家或作其他处理。

3. 房地产转让的限制

根据《城市房地产管理法》的规定，下列房地产不得转让：

(1) 未依法登记领取权属证书的房地产。

(2) 有争议的房地产。

(3) 未经其他共有人同意的共有房地产。同意转让共有房地产的其他共有人要以书面形式作出意思表示。

(4) 已被依法收回的土地使用权。

(5) 司法机关和行政机关依法裁定，决定查封或者以其他形式限制房地产权利的房地产。

(6) 法律、行政法规禁止转让的其他情形。例如，已被国家列入文物保护范围的房产，已被国家列入征用范围的房产等。

4. 商品房预售法律制度

(1) 商品房预售的概念。所谓商品房预售，是指商品房权利人在房屋建成前，在符合法定条件情况下将房屋连同其所占用的土地使用权预先出售的行为。

(2) 商品房预售的条件。根据《城市房地产管理法》的规定，商品房预售的条件如下：

① 房地产开发企业已交付全部土地使用权出让金，并取得土地使用权证书。

② 房地产开发企业持有建设工程规划许可证。

③ 按提供预售的商品房计算，投入开发建设的资金达到工程建设总投资的25%以上，并已确定了施工进度和竣工交付日期。

④ 向县级以上人民政府房产管理部门办理预售登记，取得商品房预售许可证明。并按照国家有关规定将预售合同报县级以上人民政府房产管理部门和土地管理部门登记备案。

另外，上海市还专门制定了《上海市房地产转让办法》和其他相关规定，其中对商品房预售条件作了其他更为严格的规定，比如七层以下(含七层)的商品房项目，应当完成基础工程并施工至主体结构封顶；八层以上(含八层)的商品房项目，应当完成基础工程并施工至主体结构三分之二以上(不得少于七层)；已经与在上海注册登记的银行(以下称监管银行)签订了预售款监管协议；已经制定房屋使用公约，并与物业管理企业订立了前期物业管理服务合同等。

5. 房地产交易法规最新动态

近年来，房地产市场发展十分迅速，特别是在上海、北京、杭州等一些大城市，房地产价格上升很快。与此同时，也出现了相当多的房地产投机现象，不利于房地产的长期健康发展。投机主要集中在交易的环节，炒期房的现象特别严重，地方政府为了规范房地产交易市场，出台了相关限制期房交易的法规。

以上海为例，2004年4月19日市政府第36次常务会议通过了《上海市人民政府关于修改〈上海市房地产转让办法〉的决定》，自2004年4月26日起预购人购买的预售商品住房应当在竣工并取得房地产权证后进行转让，并按规定办理房地产转移登记；在取得房地产权证前，房地产登记机构不办理预售商品住房转让的预告登记。也就是说，在房子没有造好、房地产权证没有办出来之前，消费者向房地产开发商预购的期房不能转让给他人。规定只针对居住用的商品房，但非居住商品房并不在其列。该规定的出台，杜绝了炒作期房的投机现象，使干扰市场正常运行的因素大大减少。

由于房地产商品的特殊性，其交易价格缺乏透明度，房地产开发商一般比买房者拥有更多的信息，并且往往利用信息不对称危害购房者的利益。为了增加房地产交易价格的透明度，建设部通过了《关于修改〈城市商品房预售管理办法〉的决定》，要求建立房地产信息系统和预警预报体。有关地方政府为了贯彻这一决定的精神，出台了相应的法规。

以北京市为例，出台了房地产交易网上登记制度，要求 2004 年 7 月 1 日起，新申请预售项目实现网上数据报送和网上审核的功能，已办理预售证的项目可在北京市房地产交易管理网完成数据化工作。该信息平台的建立，及时向政府和消费者提供了全面准确的数据，有利于公平合理的市场环境的形成，也有利于政府发现问题，及时采取宏观调控的政策。

以上两个房地产法规的建立，都是房地产交易法方面的重要进步，必将对我国的房地产交易市场产生有利的影响。

三、房屋租赁管理法律制度

1. 房屋租赁的概念

房屋租赁是指房屋所有人作为出租人，在一定期限内，将其房屋出租给承租人使用，由承租人向出租人支付租金的行为。

通常，对承租人来讲，在购买力有限或者无需长期使用的情况下，房屋租赁便成为满足房屋需求的一种较为理想的途径；对出租人来讲，通过租赁将多余的房屋出租出去，获得相应的收益，做到物尽其用，同时，又不转移所有权，不影响自己今后对房屋的拥有，这也是一种比较理想的经营方式。因此，长期以来，房屋租赁就是民间调剂住房余缺的主要方式，也是无房者解决用房困难、满足生产经营用房需要的重要途径。房屋租赁是房地产交易的主要形式之一。

2. 房屋租赁的限制

作为房屋租赁法律关系客体的房屋应是法律允许出租的，根据《城市房屋租赁管理办法》的规定，有下列情形之一的房屋不得出租：

(1) 未依法取得房屋所有权证的；

(2) 权属有争议的；

(3) 共有房屋未取得其他共有人同意的；

(4) 不符合安全标准的；

(5) 属于违章建筑的；

(6) 已抵押，未经抵押权人同意的；

(7) 不符合公安、环保、卫生等主管部门的有关规定的；

(8) 司法机关和行政机关依法裁定、决定查封或者以其他形式限制房地产权利的；

(9) 有关法律、法规禁止出租的其他情形。

3. 房屋的转租

房屋转租是房屋承租人将承租的房屋再出租的行为。根据《城市房屋租赁管理办法》的规定，承租人在租赁期限内，征得出租人同意，可以将承租房屋的部分或全部转租给他人。目前，我国的房屋转租主要发生在私房租赁和生产、经营用房租赁中，公房转租长期以来是国家法律所禁止的。

四、房地产抵押法律制度

1. 房地产抵押的概念

所谓房地产抵押，是指抵押人以其合法房地产以不转移占有的方式向抵押人提供债务履行担保的行为，当债务人不履行债务时，抵押权人有权依法以抵押的房地产拍卖所得的价款优先受偿。

2. 房地产抵押的范围

根据《城市房地产管理法》的规定，设定房地产抵押的范围为：

(1) 依法获得的出让土地使用权；

(2) 依法获得所有权的房屋及其占有范围内的土地使用权。

3. 房地产抵押的限制

法律禁止不得设定抵押权的房地产包括：

(1) 行政划拨方式获得的尚未建有地上房屋及其他附属物的土地使用权；

(2) 文物建筑和有纪念意义的其他建筑；

(3) 出租的公有居住房屋；

(4) 依法列入拆迁范围的房屋或列入集体所有土地征用范围内的房屋；

(5) 政府代管的房地产；

(6) 未经中国注册会计师确认已缴足出资份额的外商投资企业；

(7) 未依法登记领取权属证书的房地产；

(8) 权属不明或有争议的房地产；

(9) 司法机关、行政机关依法裁定房地产；

(10) 依法不得抵押的其他房地产。

4. 房地产抵押的其他特殊规定

(1) 以出让土地使用权设定抵押权的，抵押权设定前原有的地上房屋及其他附属物应当同时抵押。以出让土地使用权地块的全部设定抵押的，该房屋占有范围内的土地使用权随之抵押。以出让土地使用权地块上的部分房屋设定抵押权，该房屋所占相应比例的土地使用权随之抵押。

(2) 以房屋期权设定抵押权的，必须符合房屋预售和建筑承包的有关规定。

(3) 以出租的房地产设定抵押权的,抵押权人应当将已出租的事实名称接受抵押者。抵押合同签订后原租赁关系继续有效。

(4) 按份共有的房地产以抵押人所享有的份额为限,共同共有的房地产必须经过全体共有人同意,抵押人应为全体共有人。

(5) 同一房地产抵押权担保的债务履行期限不得早于前一个抵押权所担保的债务的履行期限。

(6) 抵押合同签订后,土地上新增加的房屋不属于抵押财产。

第五节　房地产的税费制度

一、房 地 产 税

1. 房地产税的概念和作用

房地产税收是国家凭借政治权力,依法强制、无偿、固定地参与房地产收益分配而取得财政收入的一种形式。具体而言,它是指直接以房地产为计税依据,或主要以房地产开发经营流转行为为计税依据的税赋。

房地产税收在经济社会发展过程中发挥重要作用。世界大部分国家与地区对房地产税收都极为重视。房地产税收不仅保证国家稳定地组织、积累财政收入,为城市建设积累资金,促进土地资源合理配置,调节土地级差收益,合理调节各方面的经济利益。而且,它还可以加强国家宏观调控,完善经济运行机制,引导社会资金合理流动,调整产业结构,促进房地产经济快速、稳定、健康地发展。

2. 我国现行的房地产税收体系

我国现行的房地产税收体系以流转税和所得税为主体,其他各种税相结合。根据我国现行税法的分类,按照征税客体作用与性质不同,房地产税收可分为流转税类(营业税)、所得税类(企业所得税、个人所得税)、财产和行为税类(房产税、印花税、城镇土地使用税和契税)以及特定目的税类(土地增值税、固定资产投资方向调节税、城市维护建设税和耕地占用税)。

(1) 房地产财产和行为税类。房产税是以房产为课税对象,向产权所有人征收的一种财产税。凡是中国境内拥有房屋产权的单位与个人都是房产税的纳税人。

城镇土地使用税是以城镇土地为课税对象,向拥有土地使用权的单位和个人征收的一种税。

房地产印花税是指对经济活动中或经济交往中书立的或领受的房地产凭证征收的一种税赋。

契税是指由于土地使用权出让、转让、房屋买卖、赠与交换发生房地产权属转移时产权承受人征收的一种税赋。

(2) 房地产流转税类。营业税是对在中国境内转让土地使用权或销售不动产的单位和个人,就其营业额按率计征的一种税。

(3) 特定目的税类。土地增值税是指对有偿转让国有土地使用权、地上的建筑物及其附着物并取得收入的单位和个人,就其所得的增值额计算征收的一种税。

城市维护建设税是对缴纳消费税、增值税、营业税的单位和个人,就其实缴的消费税、营业税税额为计税依据而征收的一种税赋。

固定资产投资方向调节税是对单位和个人的用于固定资产投资的各种资金征收的一种税。其课税对象为我国境内所有用于固定资产投资的各种资金。

耕地占用税是对占用耕地建房或从事其他非农业建设的单位和个人,以实际占用耕地面积为计税依据,按规定税率一次计算征收的一种税。

二、房 地 产 费

1. 房地产费的概念

房地产费是指在房地产市场活动中所产生的各种费用,它是国家机关为房地产方面提供某种服务(管理)或国家授予国家资源的开发利用而取得的报酬,也是国家从房地产方面取得财政收入的一种形式。对房地产开发经营者来说,房地产费是他们使用对政府部门提供劳务或服务所付出的补偿,按补偿性质不同,房地产费分为设施补偿型、劳务补偿型、工本补偿型等三种费用形式。

2. 我国现行房地产费征收体系

目前在我国,房地产市场结构分为三级:一级市场,即土地使用权的出让;二级市场,即土地使用权出让后的房地产开发经营;三级市场,即投入使用后的房地产交易。所以,房地产费的形式各异。在一级市场中,国家作为土地所有者向土地使用者收取土地使用费。在二、三级市场中,有关行政机关、事业单位向房地产市场的当事人收取各种管理费用和服务费用。根据有关规定,我国现行的房地产费主要有三类,即土地使用费、房地产行政性收费和房地产事业性收费。

(1) 土地使用费(1990 年改为土地使用权出让金),是指取得国有土地使用权的单位和个人,按照规定向国家交付的使用土地的费用。出让金实际上是地价款,是土地所有者凭借土地所有权取得的土地收益,是一定时期的地租或租金。但在实践中,土地使用权出让金价格构成除地租外,还包括国家对土地的开发成本,征用土地补偿费、安置补助费。

(2) 房地产行政性收费是指房地产行政管理机关或其授权机关,履行行政管理职能管理房地产业所收取的费用,主要包括:

① 房地产权管理收费,如登记费(总登记费、转移登记费、转换变更登记费和其他权利登记费)、勘丈费、权证费和手续费(房地

产买卖手续费、上首白契手续费、办理房地产继承、分析、分割、赠与等手续费)等。

② 房屋租赁管理费及其监证费,包括房屋租赁登记费和房屋租赁手续费等。

(3) 房地产事业性收费,是指房地产行政管理机关及其所属单位为社会或个人提供特定服务所收取的费用,如拆迁管理费、房屋估价收费等。

三、我国税费制度改革中征收物业税的设想

1. 物业税的概念

物业税是我国目前在税费制度改革的进程中,为了改变现行的繁杂重复的不合理税费体制而研究和筹划的重要税种,目前还在讨论中,因此还没有一个明确的定义。但是,按中国人民银行行长周小川在发表《从税收改革的趋势看城市土地管理》主题演讲时的诠释,物业税是现行的房产税、城市房地产税、城镇土地使用税,以及土地出让费等税费的合并,是借鉴国外房地产保有税的做法,在房产保有阶段统一收取的税种。

2. 物业税的特点

(1) 简并税种。根据上述概念,物业税是现行的多种税费的合并,它是清理现行的房地产税费体系,构建统一规范的房地产税制的重要设想。

(2) 分期缴纳。目前,我国实行的是"批租"土地使用制度,用地者向政府购买一定期限内的土地使用权,而其中大部分税费,用地者须一次性支付。这样,购房者购房时的房价中就包含了土地批租期限内的几乎全部的房地产税费。而如果推行物业税,就意味着将现行的按照房地产原值扣除一定比例的征收方法,改为每隔一定的年限就对房地产评估市值,按照评估价值按年对房地产征税。这样,开发商把第一期分摊费用计入成本中,而剩下的分摊

费用由消费者在使用年限里逐年缴纳。

3. 物业税的作用

(1) 均衡地方政府土地收入,稳定地方建设。土地收入是目前我国大部分城市地区的地方政府财政收入的重要来源。在城市土地采用批租的形式下,政府出卖土地使用权的收入是一次性的,因此,政府往往加大对城市基础设施的投入,以抬高土地价格,这种做法容易导致地方的盲目投资,实际上是一种短视行为。而通过定期的土地的使用评估,并在此基础上征收物业税,虽会使土地初始价格比较低,但能均衡政府土地收入,实现政府的经常性收益,从而保障了城市长期建设的资金来源。

(2) 物业税的征收还能有效降低房地产开发成本和购房成本,以抑制房地产业中的泡沫成分。据分析,在我国目前的房价构成中,税费及房产商利润占 60%,建筑成本只占 40%。而在国外的房价中,建筑成本占房价的 70%,税费及房产商利润约占 30%。占到 20%—40%的房地产税费成为抬高房价,滋生泡沫的力量之一,居高不下的土地出让金也加剧了国内房地产开发投资的风险,而最终这一风险又将加剧金融部门尤其是银行的风险。物业税的推行,在理论上,可以挤出土地出让金的泡沫,促使开发成本下降从而削低房价。这样不仅有助于加快房屋周转率,活跃二级市场,还能减少房地产投资开发风险,最终使金融系统摆脱房地产泡沫的冲击。

本 章 小 结

构建完善的房地产法律体系,对于房地产业的健康成长至关重要。本章对房地产经营与管理过程中所涉及的众多法律问题作了系统性阐述。

房地产土地管理法的核心在于理顺与土地相关的产权关系；房地产开发管理法则从房地产开发企业自身和开发建设过程两方面对整个房地产开发过程作了规范；房地产交易法规范的是房地产产品的流通过程；房地产税费具有特定的强制性，因此本书也把它放到房地产管理法中来，如何推出符合中国房地产市场发展的物业税则是其中的重点。

附录一

财务数学的基本知识

各种投资计划都具有一种共有的特性,即以现有的资金谋求未来的收益。但是,由于资金存在着时间价值的问题,把不同时期的资金简单地汇总显然是不合理的,这就需要通过计算把不同时期的资金折算到同一时点。一个投资计划是否可行,要视这些经过折算的现金流入(Cash Inflows)价值是否超过现金流出(Cash Outflows)价值。若投资计划所带来的现金流入超过所需的现金流出,则该投资计划是可行的;反之,则该投资计划不可行。我们要将不同时期资金进行折算,就要用到财务数学的方法,以下对财务数学作一下简单的介绍。

一、资金的时间价值

大家到银行去存款,通常可以看见这样一块利率的公告牌:

	计息期	月利率(‰)	年利率(%)	每100元到期利息(元)	每100元到期可支取的本息总和(元)
活期		1.650			
定期	3个月				
	半年期				
	一年期	6.225	7.47	7.47	107.47
	二年期				
	三年期	6.900	8.28	24.84	124.84
	五年期	7.500	9.00	45.00	145.00

注:以上利率是假定的。

公告牌上清晰明白地写明了各种存款方式的不同利率和到期利息，这说明将资金存入银行是能够获得利息的，通俗一点讲就是"钱能生钱"。"钱能生钱"指的是资金在一段时间后能够孳生利息，这就是资金的时间价值。所谓利息就是在一段时间内因使用货币而付出的代价。

资金的时间价值说明在不同时点上，同一笔资金的数额是不同的。

例 1-1

张三向银行存入一年期定期存款 10 000 元，假定现在的一年定期存款的年利率是 7.47%，问一年后到期时张三能提出多少元?

答：$10\,000 \times (1 + 7.47\%) = 10\,747$(元)

开始时，张三拥有的资金是 10 000 元，这时(期初)资金的价值可称之为现值(Present Value, PV)，到一年后(期末)变成了 10 747 元，这时资金的价值称之为未来值(Future Value, FV)，期初与期末这两个时点之间的时期称为计息期。

上面的存款利率公告牌中，最后一列到期支取的本息总和就是 100 元现值的未来价值。这就是最典型的现值与未来值的例子。

二、现值和未来值

现值和未来值是财务数学中最为重要和最为基本的概念，整个财务数学的观念都建立在现值(Present Value)和未来值(Future Value)的关系上，它们之间的关系可以用以下公式来表示：

$$FV = PV(1 + r)^N \qquad (1-1)$$

式中：FV 为未来值；PV 为现值；r 为利息率；N 为计息次数。

对于公式(1－1)，需要注意以下四个问题。

(1) 单利与复利。单利指利息期为1的计息方式，其本金固定不变。而复利是有多个计息期，在每一计息期结束时将本金与当期利息之和作为下一期的本金。上述公式是一般公式，当 N 等于1时化为单利公式。

例 1－2

张三有一笔10 000元的现金，准备存入银行，假定现在一年期定期存款的年利率是7.47%，3年期定期存款的年利率是8.28%，若张三在3年内不动用这笔款项，问采用哪种存款方式更合算？

答：采用一年期到期可得：

$$10\,000 \times (1 + 7.47\%)^3 = 12\,412.57(\text{元})$$

采用3年期到期可得：

$$10\,000 \times (1 + 8.28\% \times 3) = 12\,484.00(\text{元})$$

12 484.00元＞12 412.57元，所以3年期的存款更合算。

分析：这一题中，采用一年期定期方式存款应按复利计算；3年期定期存款以3年为一个计息期，但已知条件中仅有年利率，应将其折算成整个计息期的期间利息率(即8.28%×3)来计算。

在例1－2中，N 计息次数为整数，但在实际应用中常常碰到计息次数 N 不是整数，那怎么求复利终值呢？可用下面方法进行计算：求非整数期的复利终值，先求出整数部分期数的复利终值，然后以此复利终值作为本金，以单利法计算出不是整数部分期数的本利和，即为所求非整数期的复利终值。

例 1－3

某投资公司，以年利率0.057，日利率0.057/360，于每年3月31日，6月30日，9月30日，12月31日结账，将投资者的利息记入账户。张三于12月31日将5 000元投资于此公司，次年7月6

日全部取出，可得本利和多少？

答：12 月 31 日投资 5 000 元，到次年 6 月 30 日结账后的复利终值：

$$5\,000(1+0.057\times 3/12)^2=5\,071.25(\text{元})$$

到次年 7 月 5 日全部取出时的本利和：

$$5\,071.25\,(1+0.057\times 6/360)=5\,076.07(\text{元})$$

实际计算时，可将两个式子合并成一个，12 月 31 日投资5 000 元，到次年 7 月 6 日全部取出时的本利和为：

$$5\,000\,(1+0.057\times 3/12)^2(1+0.057\times 6/360)$$
$$=5\,076.07(\text{元})$$

(2) 年数和计息次数。计息次数是计息期的个数，举例而言，当计息期为 1 个月时，1 年就相当于 12 个计息期；当计息期为 3 年时，6 年的计息次数是 2。

(3) 利息率和年利率。利息率是指一个计息期的期间利率，这和计息期的长短有密切的联系。当计息期为年时，利息率就等同于年利率；当计息期为 N 年时，利息率就等于 N 乘以年利率；当计息期为 N 个月时，利息率就等于 $N/12$ 乘以年利率。

例 1－4

将 10 000 元存入银行，年利率是 7.47%，若每一个月计息一次，一年后可得本息和多少？每 3 个月计息一次，又可得多少？

答：每月计息一次：计息次数 $N=12$，利息率 $r=7.47\%/12=6.225‰$

到期可得：$10\,000\times(1+6.225‰)^{12}=10\,773.11$(元)

每 3 个月计息一次：计息次数 $N=12/3=4$

$$\text{利息率 } r=7.47\%/4=1.867\,5\%$$

到期可得：$10\,000 \times (1 + 1.867\,5\%)^4 = 10\,768.19$(元)

(4) 现值和未来值是期初值和期末值的关系，计算中不能把现在的资金数简单地当成现值。

例 1－5

张三有一笔一年期的定期存款到期(年利率 7.47%)，可以提出现金 10 747 元，问当初他存入多少元？

分析：这例的条件实际上就是例 1－1 的答案，答案就不赘述了。

例 1－5 虽然是已知了现有的资金数额，但却是已知期末值求期初值的问题，即已知未来值求现值。其公式可从公式(1－1) 转换而成，这就是贴现公式

$$PV = FV \cdot \frac{1}{(1+r)^N} \tag{1-2}$$

例 1－6

张三想在 2 年后购买东芝火箭炮彩电 1 台，价值 10 000 元，那他现在应该在银行存入一年期的定期存款(年利率 7.47%)多少元？

答：应存入：

$$10\,000 \times \frac{1}{(1+7.47\%)^2} = 8\,658.16(\text{元})$$

从(1－1)、(1－2) 两式可以看出，现值和未来值之间的换算是通过 $(1+r)^N$ 完成的，我们把 $(1+r)^N$ 称为未来值系数(Future Value Factor)，记作 $FF(r, N)$，把 $1/(1+r)^N$ 称为贴现系数(Discount Factor，DF)，记作 $DF(r, N)$。可以看出未来值系数和贴现系数互为倒数关系。

因此(1－1) 、(1－2) 两式可以简化为以下两个公式

$$FV = PV \times FF(r, N) \tag{1-3}$$

$$PV = FV \times DF(r, N) \qquad (1-4)$$

为了方便工作，减少繁复的计算量，财务专家们编制了一系列利率系数表，这些利率系数包括贴现系数、未来值系数、年金现值系数、年金未来值系数、还贷系数、沉入系数，通过查表找出相应的利率系数，再利用公式

$$求值 = 已知值 \times 利率系数$$

即可迅速准确地求出所需答案。

例 1－7

1999 年 1 月 1 日的 10 000 元，2000 年 1 月 1 日的 10 000 元，2005 年 1 月 1 日的 10 000 元，每月计息一次，按照贴现率为 5‰，折算到 1997 年 7 月 1 日各为多少？

答：现通过查表得知贴现系数，再作计算。

计息次数、贴现率、贴现系数和答案见表附 1－1 所示。

表附 1－1　计息次数、贴现率、贴现系数

年　份	计息次数 N	贴现率 r	体现系数 $DF(r,N)$	答案（$=10\,000\times DF(r,N)$）
1999 年	18	5‰	0.914 136	9 141.36
2000 年	30	5‰	0.861 030	8 610.30
2005 年	90	5‰	0.638 344	6 383.44

三、贴　　现

贴现就是贴付利息兑现票据。在证券交易所中，国库券、公债等未到期的票据可以兑现，但得向交易所贴付利息。这种以贴付利息来兑现票据的方法称为贴现。

票据贴现时所付利息称为贴现息；票据上表明的金额称为面值；票据上表明的利率称为票面利率；票据贴现时的值（简称现值）

就是净收额；到期时凭票据应得的金额称为到期值；带息票据到期值大于面值；无息票据到期值等于面值；票据开出日至到期日，这一段时间称为票据时期；票据贴现日至到期日，这一段时间称为贴现时期。

票据贴现有四种方法，即单利率贴现、单贴现率贴现、复利率贴现、复贴现率贴现。

1. 单利率贴现

将票据的到期值作为本利和，用单利法算出本金，作为净收额，然后按下式计算贴现息。

$$贴现息 = 到期值 - 净收额$$

这种贴现称为单利率贴现。

设 S 为到期值，P 为净收额，r 为贴现利率，t 为贴现时期，I 为贴现息，则

$$S = P(1 + rt)$$

得到单利率贴现的净收额为

$$P = S(1 + rt)^{-1}$$

从而单利率贴现的贴现息为

$$I = S - S(1 + rt)^{-1}$$

例 1－8

张三拿了一张六个月后到期，面值 10 000 元的无息票据，去证券交易所以单利率贴现，贴现年利率 0.16，求净收额与贴现息。

答：无息票据到期值即为面值，将面值 $S = 10\,000$ 元，贴现年利率 $r = 0.16$，贴现时期 $t = 6/12$，代入单利率贴现的净收额计算公式

$$P = S(1 + rt)^{-1}$$

得到净收额：

$$P = 10\,000 \times (1 + 0.16 \times 6/12)^{-1} = 9\,259.26(\text{元})$$

从而该付贴现息：

$$I = S - P = 740.74(\text{元})$$

例 1－9

张三拿了一张面值 30 万元，三个月后到期的无息票据，请求以单利率贴现。证券交易所告诉他要付贴现息 7 038.76 元，求贴现年利率 r。

答：无息票据到期值等于面值，已知到期值 $S = 300\,000$ 元和贴现息 $I = 7\,038.76$ 元，得净收额：

$$P = 300\,000 - 7\,038.76 = 292\,961.24(\text{元})$$

由单利率贴现净收额的计算公式

$$P = S(1 + rt)^{-1}$$

得到贴现利率的计算公式

$$r = \frac{1}{t}\left(\frac{S}{P} - 1\right)$$

将到期值 $S = 300\,000$ 元，净收额 $P = 292\,961.24$ 元，贴现时期 $t = 3/12$ 年代入 r 的计算公式，得以单利率贴现的年利率：

$$r = \frac{1}{3/12}\left(\frac{300\,000}{292\,961.24} - 1\right) = 0.096$$

2. 单贴现率贴现

单利率贴现，是将到期值作为本利和，用单利法求得本金，作为净收额，然后按下式计算贴现息。

贴现息＝到期值－净收额

单贴现率贴现,就是将到期值作为本金,用单利法求得利息作为贴现息,然后按下式计算净收额。

净收额=到期值-贴现息

银行常用单贴现率贴现,所以又称银行贴现法。

设 S 为到期值,P 为净收额,r 为贴现利率,t 为贴现时期,I 为贴现息,则以单贴现率贴现的贴现息及净收额的计算公式为

$$I = Srt$$

$$P = S(1 - rt)$$

例 1 - 10

张三拿了一张九个月后到期,面值 10 000 元的无息票据,去银行以单贴现率贴现,贴现年利率 0.12,求净收额和贴现息。

答:无息票据面值等于到期值,以单贴现率贴现,将到期值 $S = 10\,000$ 元,贴现年利率 $r = 0.12$,贴现时期 $t = 9/12$ 年,代入贴现息的计算公式,得以单贴现率贴现的贴现息:

$$I = 10\,000 \times 0.12 \times 9/12 = 900(\text{元})$$

代入净收额的计算公式,得以单贴现率贴现的净收额:

$$P = 10\,000(1 - 0.12 \times 9/12) = 9\,100(\text{元})$$

3. 复利率贴现

将票据的到期值作为复利终值,用复利法算得现值作为净收额,然后按下式计算贴现息。

贴现息=到期值-净收额

这种贴现方法称为复利率贴现。

设 S 为到期值,P 为净收额,r 为贴现期利率,N 为复利期数,I 为贴现息,则以复利率贴现的净收额及贴现息的计算公式为

$$P = S(1+r)^{-N}$$

$$I = S[1-(1+r)^{-N}] = S - P$$

例 1-11

张三有一张 2003 年 9 月 5 日开出的无息票据，面值 10 000 元，票据时期四年，2004 年 9 月 5 日请求以复利率贴现，贴现年利率 0.12，每年复利两次，求净收额与贴现息。

答：无息票据，到期值就是面值，以复利率贴现，将到期值 $S = 10\,000$ 元，贴现期利率 $r = 0.12/2$，贴现期数 $N = 2$ 代入公式得以复利贴现的净收额：

$$P = 10\,000(1+0.12/2)^{-2} = 8\,899.96(\text{元})$$

贴现息：

$$I = S - P = 1\,100.04(\text{元})$$

4. 复贴现率贴现

单贴现率贴现时将到期值作为本金，用单利法算出贴现息，然后按下式计算净收额。

$$\text{净收额} = \text{到期值} - \text{贴现息}$$

复贴现率贴现，就是将到期值作为本金，逐期反复用单贴现率贴现。直至贴现日，求出净收额，然后按下式计算贴现息。

$$\text{贴现息} = \text{到期值} - \text{净收额}$$

逐期反复用单贴现率贴现：第一次将到期值作为本金，求出贴现一期的净收额；第二次将这个净收额作为本金，求出再贴现一期的净收额；以后各次都将前一期的净收额作为本金，逐次单贴现率贴现直至贴现日。

设票据的到期值为 S，贴现的期利率为 r，贴现的期数为 N，则

用复贴现率贴现的净收额为

$$P = S(1-r)^N$$

贴现息：

$$I = S - P$$

例 1 - 12

张三有一张 2003 年 3 月 22 日开出的票据。面值 10 000 元，票面年利率 0.12，每六个月复利一次计息，票据时期 4 年，2004 年 3 月 22 日去证券交易所，以复贴现率贴现，贴现年利率 0.12，每三个月贴现一次，求此票据的净收额及贴现息。

答：带息票据，每六个月复利一次，票据时期 4 年，即为 8 个复利期，到期值：

$$S = 10\,000(1+0.12/2)^8 = 15\,938.48(\text{元})$$

以复贴现率贴现，每三个月贴现一次，贴现时期三年即为 12 期，将到期值 $S = 15\,938.48$ 元，贴现期利率 $r = 0.12/4$，贴现期数 $N = 12$，代入公式得净收额：

$$P = 15\,938.48\ (1-0.12/4)^{12} = 11\,058.79(\text{元})$$

从而贴现息：

$$I = S - P = 4\,879.69(\text{元})$$

四、年　　金

1. 年金的基本概念

狭义的年金概念，是指在若干年内每年发生（支付或收取）一次相同金额的财务问题。广义的年金概念，是指在一定时期内每隔一定期间发生一次金额的财务问题。目前广泛采用的是广义的年金概念，也就是说，相邻两次金额的发生间隔不一定是一年，而可以是一季、一月，甚至是一日，也可以是半年、二年、二年半，甚至更长；而且每次发生的金额不一定都相同，甚至其中有几次可以是零(即不发生金额收支)。在经济生活中存在着各种形式的年金，如偿还基金、折旧基金、保险费、租金、分期付款、零存整取或整存零取的储蓄存款、科研奖基金、奖学金、投资回收额以及利息等等，都存在年金问题。

一般地，把每次发生的金额称为每次(或每期)年金额，简称年金。相邻两次年金额间隔时间称为年金发生期间，简称年金期间，算作一期。整个年金问题的财务核算起讫期间称为年金时期。

2. 年金的分类

年金可按不同的标准分类成许多种，主要有以下五类。

(1) 依年金起讫日期可划分为确定年金和不确定年金。确定年金是指起讫日期都确定的年金。不确定年金是指起始日期或终了日期取决于某种意外事故的发生而发生的年金。例如，人寿保险、财产保险都属于不确定年金，它有可能发生，也可能不发生，而且什么时候将会发生也无法预先知道；在每月初支付房租，租期一年，这一年的租金就是一个确定年金。

(2) 依每期年金额可划分为定额年金和变额年金。定额年金是指在年金时期内每期发生的年金额都相同的年金。变额年金是指在年金时期内每期发生的年金额不完全相同的年金。

(3) 依每期年金额发生的时刻可划分为期末年金和期初年金。期末年金是指在分析核算的年金时期内每期年金额都在每期末发生的年金。期初年金是指在分析核算的年金时期内每期年金额都在每期初发生的年金。

(4) 依年金期数是否有限可以划分为有限年金和无限年金。有限年金是指年金时期有限的年金。无限年金是指年金时期无限长的年金。

(5) 依年金发生期间与计息期间的关系可划分为简单年金和

一般年金。简单年金是指年金发生期间与计息期间相同的年金。否则称为一般年金。

除上述分类以外，还有一个重要的概念，就是延期年金，它是指迟延若干期后才开始发生年金额或提前结束年金额仍拖延若干期的年金。

3. 年金的现值和未来值

假设市场利率不变，则年金的现值相当于将每一期的年金都折合成当期的现值，再加总的总额。又由折现公式得

$$PV_1 = \frac{A}{(1+r)^1}$$

$$PV_2 = \frac{A}{(1+r)^2}$$

……

$$PV_N = \frac{A}{(1+r)^N}$$

$$PV = \frac{A}{1+r} + \frac{A}{(1+r)^2} + \cdots + \frac{A}{(1+r)^N}$$

$$= \frac{A}{r}\left[1 - \frac{1}{(1+r)^N}\right]$$

$$PV = \frac{A}{r}\left[1 - \frac{1}{(1+r)^N}\right] \tag{1-5}$$

公式(1－5)就是年金的贴现公式。式中 A 表示年金，$\frac{1}{r}\left[1 - \frac{1}{(1+r)^N}\right]$ 为年金现值系数，记作 $APF[r,N]$，其在数值上等于1元年金在利率为 r、期数为 N 时的现值。当年金的期限 N 趋向于无穷大时，$\left[1 - \frac{1}{(1+r)^N}\right]$ 趋向于1，年金公式就转变为

$$PV = \frac{A}{r}$$

例 1 - 13

张三因参加了某一保险公司的人寿保险，每年要交付保费 1 000 元，交付期限为 20 年，现在的长期国情的利率是 10%，问这些保费的现值是多少？

答：已知 $A = 1\,000$，$r = 10\%$，$N = 20$

$$PV = \frac{A}{r}\left[1 - \frac{1}{(1+r)^N}\right] = \frac{1\,000}{10\%}\left[1 - \frac{1}{(1+10\%)^{20}}\right]$$

$$= 8\,513.56$$

年金现值系数 $APF[r,N]$ 的值通常可以在编制的表中直接查出，因此计算时可以使用年金现值系数，通过公式 $PV = A \cdot APF[r,N]$ 求出。年金的未来值可以通过年金现值乘以未来值系数来求出，年金的未来值系数 $AFV[r,N]$ (Annuity Future Value) 的计算公式为

$$AFV[r,N] = APV[r,N] \cdot (1+r)^N$$

$$= \frac{A}{r}\left[1 - \frac{1}{(1-r)^N}\right](1+r)^N$$

$$= \frac{A}{r}[(1+r)^N - 1]$$

我们定义年金未来值系数为

$$AFV[r,\ N] = \frac{1}{r}[(1+r)^N - 1]$$

$$FV = A \cdot AFV[r,\ N]$$

年金的现值和未来值系数都可以从专门制定的表中查到。

附录二

Microsoft Excel 软件在财务分析中的简单运用

在财务分析的过程中,常常需要用到财务分析软件,它们主要由数据库软件和财务分析软件两大部分组成。数据库软件用于储存整理分析所需的数据,并可根据需要将数据列表打印输出或输出到财务分析软件以供分析;财务分析软件则侧重于将获得的大量数据通过计算得出结果。常见的数据库软件有:DBase、Oracle、FoxPro 等,这些软件也分别含有不同功能的编程模块以及财务分析函数,可以根据各企业的不同需要编制符合自己企业的计算机管理系统。常见的财务分析软件有 SPSS、SAS 等专业性统计与分析软件,MONEY、QUICKNOWLEDGE — BASED ECONOMYN 等理财软件,以下主要介绍最常用的 Microsoft Excel 软件在财务分析方面的简单运用。

一、利率系数表的制作

我们假设您在阅读本书时,已经初步了解了 Excel 的基本操作,故关于这一部分内容就不再赘述了。若您对 Excel 了解不多,请参阅有关 Excel 基本操作的参考书籍。

让我们以贴现系数表为例来说明利率系数表的制作过程:

(1) 运行 EXCEL 2000。

(2) 建立并保存该新文件,在本例中,文件名为“教程. XLS”。

(3) 在 B_1 - U_1 单元格中分别填上 1%,2%,…, 20%。

(4) 在 A_2 - A_{31} 单元格中分别填上 1,2,…, 30。

(5) 选定单元格 B_2,输入公式"=-PV(B$1,$A2,1)"并按回车键确认,注意引号只是说明输入的内容,不用键入,下文的引号除非特别说明亦是如此,不用键入。

因为 EXCEL 的自动计算机功能,所以在确认公式后,单元格中显示的不是公式,而是计算出的结果。

(6) 重新选定单元格 B_2 - U_{31},选择菜单中的"格式","单元格格式",单击"数字"标签,选中"分类"中的"自定义",再在下面的格式栏中填入"0.000000",单击"确定"按钮。这样就把单元格内数字的格式变成取 6 个小数位的数。当然,若您想取更多的小数位,也可以在格式栏中填入更多的 0。

(7) 把鼠标光标移到 B_2 单元格边界右下角的填充句柄(即一个黑色小方块),此时鼠标光标变成一个实心的十字,拖动到 B_{31},这项操作将 B_2 内的公式填充(复制)到了 B_3 - B_{31} 单元格。

(8) 再把鼠标移到 B_{31} 单元格边界右下角的填充句柄,拖动到 U_{31}(注意此时应为在选定了 B_2 - B_{31} 的状态下),这项操作将 B_2 - B_{31} 内的公式填充到了 C_3 - U_{31} 单元格。

(9) 双击表标签,将其名称为"贴现系数表",这样,1 张利率从 1%—20%,计息期数从 1—30 的贴现系数表现完成了,最后,不要忘记存盘。

第(5)步操作中的公式说。

① 在 EXCEL 中,公式中由一个等号开始,比如可在 C_3 单元格中输入"$=A_3+B_3$",这时,C_3 单元格中的数值随 A_3 和 B_3 值而动态变化,如果漏掉了等号,则 EXCEL 将把输入的内容当作文本来处理。

② EXCEL 提供了许多函数,如求和函数 SUM,上述中的"$=A_3+B_3$"可以写作"=SUM(A_3,B_3)"。这些函数为使用者带来了

很多便利。比如“$=A_3+A_4+A_5+A_6+A_7$”就可简化为“=SUM(A_3：A_7)”，这里要注意冒号“:”它表示“到”的意思，“A_3：A_7”即相当于“A_3，A_4，A_5，A_6，A_7”。

又比如，利用净现值法衡量一个不动产投资项目(该项目的要求回报率为10%，各期的净现金流记录在单元格 A_1 到 D_1 中)是否可行，就可能要构造如下一个公式

$$=(A_1/(1+.1))+B_1/(1+.1)\hat{}2)$$

$$+(C_1+(1+.1)\hat{}3)+(D_1/(.1)\hat{}4)$$ ①

使用 NPV 函数，只要输入 14 个字符就可以执行相同的计算：

$$=NPV(.1,A_1:D_1)$$

至于 NPV 函数，下文会详细予以介绍。

③ 关于 PV 函数。PV 函数是用来求取现值的 EXCEL 函数，包括已知未来值求现值和已知年金求现值都可以用 PV 函数来求取。PV 函数的格式是：

=PV(RATE,NPER,A,FV,TYPE)

函数中各参数的含义是：RATE 贴现率，NPER 期数；A 年金；FV 未来值；TYPE 类型参数，用以说明现金流发生时是每一计息期的期初还是期末，0=计息期末，1=计息期初，缺省值是0。

本例中我们使用的公式是

PV=－PV(B$1,$A$_2$,1)

公式前我们加了一个负号，是因为在 EXCEL 中，PV 函数用以说明当前投资额价值，参数中的年金、未来值都是投资收益，用

---

① 在 Excel 中，“0.1”可以省略小数点前面的 0，简写为“.1”。

正数表示,返回值是投资现金流出,故其为负数。而我们要求取的贴现系数为正数,所以,应该加一个负号以人为地调整其符号。

根据前文,我们知道贴现系数在数值上等于1元未来值的现值,故出现FV参数的地方填入1。由于本例要求取的是贴现系数,不使用系数A,所以在公式中必须加入1个逗号作为未使用参数A的位置标志符,以便让EXCEL知道1是FV参数而不是A参数。若缺少这个逗号,公式就变成年金现值系数的公式了。

因为贴现系数值随两个变量R和N而变化,R位于行1,N位于列A,所以,公式中引用了列A和行1的值作为参数,每一所求单元格的值都引用其所对应的位于行1的贴现率和位于列A的计息期数。即B_2单元格引用B_1单元格中的贴现率和A_2单元格中的计息期数,E_5单元格引用E_1单元格中的贴现率和A_5单元格中的计息期数。不难看出,X_1单元格引用的是X_1单元格中的贴现率和A_1单元格中的计息期数。由于贴现率R位于1,故对贴现率引用时要引用X_1单元格中的值,即行号1是不变的,列号X是变化的,这就是需要对列号X做出相对引用,对行号1做绝对引用。

同样,计息期数N位于列A,故对计息期数引用时要引用A_1单元格中的值,即行号1是变的,列号A是不变的,这就是需要对行号做相对引用,对列号A做绝对引用。

在EXCEL中,$符号是绝对引用符,在行号或列号前加上绝对引用符$说明对该行号或列号做绝对引用,若无,则为相对引用。

本例中,第一个参数R引用了B_1单元格中的数值为贴现率,并且需要对列号B做相对引用,对行号I做绝对引用,所以写作B$1。这样,当复制该公式到其他单元格时,绝对引用的行号I不会改变,而相对引用的列号B将随着其他单元格的具体位置变化而变化。

第二个参数写作 $\$A_2$ 是指以引用 A_2 单元格中的数值为计息期数，并且对行号 2 做相对引用，对列号 A 做绝对引用。

关于绝对引用与相对引用的讨论请看下面的例子（见表附 2－1所示）。

表附 2－1

	A	B	C	D	E	F	G
1		第一季度	第二季度	第三季度	第四季度	总计	
2	收　入	45	50	52	48		
3	成　本	35	37	38	32		
4	利　润						
5	当期利润占总利润的比例					—	

年总收入位于单元格 F_2，单元格 F_2，中应填入"$=SUM(B_2:E_2)$"这里的 B_2，E_2 采用相对引用，这样当公式复制到 F_3 格时，EXCEL 会自动将期改成"$=SUM(B_3:E_3)$"，因为 F_2 格向下移动了 1 格，则相对引用的 B_2 等都自动向下移动 1 格，同理，当公式复制单元格 C_4 时，EXCEL 则自动将其改为"$=SUM(C_4:F_4)$"。

同样，计算利润时构造的公式"$=B_2-B_3$"也应该采用相对引用。

单元格 B_5 到 E_5 的情况稍有不同，B_5 应等于 B_4 与 F_4 的商，但用公式"$=B_4/F_4$"就会产生问题。当公式复制到 C_5 时变成"$=C_4/G_4$"，由于总利值仍位于 F_4 格，所以计算出现了差错。这时应该对 F_4 格进行绝对引用，正确的公式应为："$=B_4/\$F\$4$"。

二、其他有关财务数学的 EXCEL 函数

前面，我们介绍了如何制作贴现系数表，那么如何构造其他利率系数表呢？其实方法完全一样，只是应用的公式稍有不同而已。现在，我们就介绍一些其他 EXCEL 函数。

由于大多数财务函数都采用相似的参数，为了本节叙述流畅我们给出一个公用的参数定义表(见表附 2－2 所示)。

表附 2－2

参　　数	说　　明
RATE	贴现率或利息率(Discount Rate)
NPER	计息期数(Number of Periods)
CF_1，CF_2，…，CF_N	各期的现金流(Cash Flow)
PV	现值(Present Value)
FV	未来值(Future Value)
A	年金(Annuity)
PER	现金流发生的期次(PERIOD)
TYPE	现金流发生的时点 0＝计息期末 1＝计息期初 缺省值为 0
GUESS	计算收益率时用来指定迭代计算的起点，缺省值是 0.1(10%)

1. FV 函数

FV 函数计算投资将来某个时点的价值，这笔投资可以是一次性的，也可以是定期投入相等的资金(比如零存整取)。其格式是

＝FV(RATE,NPER,A,PV,TYRE)

该函数可以解决已知 PV(现值)或 A(年金)时求取未来值的问题，从上面的公式中可以看出 FV 函数的格式和 PV 函数非常相似。

在制作未来值系数表时使用公式

＝FV(RATE,NPER,…,－1)

未来值系统数同现值系统一样，没有年金变量，所以在参数 N 后用逗号来作为使用参数 A 的位置标志符；由于现值作为投入资

金，所以 PV 参数负值－1。

年金的未来值系数则应使用如下公式

$$=FV(RATE,NPER,-1)$$

从以上公式中我们发现，未来系数和年金的未来值系数都没有使用类型参数，这是因为在这些利率系数的现金流量都是发生在计息期末，所以在使用查表法计算时需要特别注意，如果现金流量发生在计息期初时，就不能简单地套用利率系数公式，需要做一些变换。

例如，张三从 2003 年 1 月起，每月初(每月 1 日)存入银行 100 元，到 2004 年 1 月 1 日取出，若利息率为月利率 2‰，问到期能取出多少，答案若为 FV＝100×FVA(2‰，12)就错了，因为，这里是在计息期初投入资金，所以不能直接套用公式，在 EXCEL 中计算可以直接使用公式

$$=FV(2‰,12,-100,1)$$

2. PMT 函数

PMT 函数用来计算在一定时期内分期偿还货款的分期偿还额。采用的格式是

$$=PMT(RATE,NPER,PV,FV,TYPE)$$

PMT 函数用以解决已知现值或未来值求取年值、年金的问题。比如，张三获得了 320 000 元的贷款，每月等额支付，15 年还清，还贷期 N＝180，年利率为 12％，则月利率为 1％，他每月应还的贷款额是

$$=PMT(1\%,180,320\ 000)$$

返回值是－3 840.54，负号表示现金流出。

这样，可以得出还贷系数公式

$$= -PMT(RATE, NRER, 1)$$

沉入系数公式是

$$= PMT(RATE, NRER, \cdots, -1)$$

3. NPV 函数

NPV 函数即净现值函数，用以求取一系列现金流的净现值。该函数采用格式

$$= NPV(R, CF_1, CF_2, \cdots, CF_{29})$$

公式中参数的定义参见本节开始处给出的参数表。NPV 函数中最多允许 29 个 CF 值(现值流量)作为参数，这些值可以放在一个数组中为一个参数加入到公式中。

例如，有一个投资项目，其各年的现金流量分别为－2 000，－1 500，1 000，1 000，2 500，在平均报酬率为 12%的要求下，求其净现值应使用公式

$$= NPV(12\%, -2\,000, -1\,500, 1\,000, 1\,000, 2\,500)$$

需要注意的是，NPV 函数中的 CF 参数代表的现金流量都是发生在计息期末。

4. IPMT 函数

IPMT 函数，用以计算固定利率抵押贷款的每期偿还金额的利息部分，IPMT 函数的格式是

$$= IPMT(P, PER, MPER, PV, FV, TYPE)$$

和前面的例子一样，假定以 12%的利率得 15 年期的贷款 320 000 元，公式

$$= IPMT(1\%, 1, 180, 320\,000)$$

告诉最后一个月偿还金额的利息部分是－3 200 元，负号表示

现金流出。公式

=IPMT(1%, 180, 180, 320 000)

告诉最后一个月偿还金额的利息部分是-38.03 元。

5. PPMT 函数

PPMT 函数,用以计算在固定利率抵押贷款分期付款的每期偿还金额的本金部分,PPMT 函数的格式是

=PPMT(R, PER, NPER, PV, FV, TYPE)

再以上面的例子来分析,公式

=PPMT(1%, 1, 180, 320 000)

告诉第一个月偿还金额的本金部分是-640.54 元,公式

=PPMT(1%, 180, 180, 320 000)

告诉最后一个偿还金额的本金部分是-3 802.51 元。

同一偿还时期的 PPMT 函数与 IPMT 函数值的总和就是该偿还时期的偿还总额,亦即相应 PMT 函数计算结果。如

"=IPMT(5‰, 3, 120, 100 000)"

+"=PPMT(5‰, 3, 120, 100 000)"

="=PMT(5‰, 120, 100 000)"

又如上例,我们可以列表附 2-3。

表附 2-3

还款期次(月)	1	2	3	…	5	…	180
需偿还金额	3 840.54	3 840.54	3 840.54	…	3 840.54	…	3 840.54
本　　金	640.54	646.94	653.41	…	1 715.38	…	3 802.51
利　　息	3 200.00	3 193.59	3 138.13	…	2 125.16	…	38.03

6. RATE 函数

RATE 函数用以确定投资的收益率,这类投资可以是分期定额偿还,也可以是一次性偿还,这个函数采用格式

=RATE(NPER,A,PV,FV,TYPE,GUESS)

GUESS 参数同 TYPE 参数一样是可选的,它为 EXCEL 指定计算偿还率的起点。如果省略了 GUESS 参数,EXCEL 则从 GUESS 等于 0.1(10%)开始计算。

RATE 函数用迭代过程计算偿还率。函数首先用 GUESS 比率计算投资的净现值,如果净现值大于零,该函数则选择一个更小的比率进行下一步迭代,RATE 函数继续这个迭代过程直到计算达到正确的收益率,若已经进行了 20 次迭代仍未能计算出正确的收益率,则函数输出出错值 #NUM! 这时可以试着输入一个不同的 GUESS 值让函数重新计算一次,一般通言,10%—100%之间的比率通常是可行的。

例如,一项投资能在今后的 5 年内每年收益 1 000 元,投资金额为 3 000 元,则可以用以下公式来计算其收益率:

=RATE(5,1 000,−3 000)

返回值 20%,精确的值应该是 0.198 577 51,但由于收益率通常用百分数来表示,故 EXCEL,在缺省状态下把这个单元格的格式设定为百分数格式。

7. IRR 函数

IRR 函数即内部收益函数,用以计算一项投资计划的报酬率。IRR 函数与 RATE 函数紧密相关,其区别在于 RATE 函数用于计算一系列收益等额偿还的收益率,而 IRR 函数则能用于各期收益不同的投资收益率。IRR 函数采用格式

=IRR(VALUES,GUESS)

VALUES 参数是一个数组或者是含有数值的单元格区域的引用。在 IRR 函数中只允许有一个 VALUES 参数，且其必须至少含有一个正数和一个负数，否则将返回出错值。IRR 函数忽略含有文本，逻辑值以及空白的单元格。IRR 假定收益现金流发生在各投资期末。

和 RATE 函数相同，GRESS 参数是可选的，它为 EXCEL 指定计算的起始点，输入 IRR 函数时若收到 #NUM! 的出错值，那么应该在函数中加入 GUESS 参数以帮助 EXCEL 完成计算。

假设购买一处商场，投资 1 000 000 元，在以后的 5 年内预期能收到的纯收益为 200 000 元，270 000 元，310 000 元，340 000 元，420 000 元。可以在 EXCEL 中构造一个含有投资和收益信息的工作表，把这六个值输入到这个工作表的单元格 $A_1:A_6$ 中，注意首期投资现金流出，要用负数，如表附 2－4 所示。

表附 2－4

	A		A		A
1	1 000 000	3	270 000	5	340 000
2	200 000	4	310 000	6	420 000

公式为

$$=\mathrm{IRR}(A_1:A_6)$$

返回值为 14.44%，如果要求的报酬率是 12%，则该投资计划是可行的。

参 考 书 目

1. 尹伯成主编:《房地产投资学》,复旦大学出版社,2002
2. 桑荣林主编:《房地产经营管理》,高等教育出版社,1998
3. 李清立主编:《房地产开发与经营》,清华大学出版社,2004
4. 刘翼生编著:《企业战略管理》,清华大学出版社,2003
5. 邵一朋编著:《企业战略管理》,立信会议出版社,2002
6. 吴伟良著:《房地产企业战略管理基础》,上海人民出版社,2003
7. 唐元虎主编:《资产经营》,高等教育出版社,2001
8. 朱玉辰著:《企业资本运营》,中国财政经济出版社,2000
9. 赵世强编著:《房地产开发风险管理》,中国建材工业出版社,2003
10. 杜海鹏主编:《房地产投资风险与防范》,经济科学出版社,1998
11. 王全民主编:《房地产经济学》,东北财经大学出版社,2002
12. 王文群主编:《房地产经济学》,经济管理出版社,2003
13. 杜耀星:《房地产经营管理》,厦门大学出版社,1996
14. 乔志敏编著:《房地产经营管理教程》,立信会计出版社,2001
15. 陈龙乾、黄贤金编著:《房地产经营与管理》,中国矿业大学出版社,1996
16. 严治仁编著:《房地产企业管理学》,科学出版社,1999
17. 谭术魁主编:《房地产项目管理》,机械工业出版社,2004
18. 李延荣主编:《房地产管理法》,中国人民大学出版社,2002

19. 申立银、余明轩编著:《房地产市场风险》,天津大学出版社,1996
20. 乔志敏主编:《房地产经营管理教程》,立信会计出版社,2001
21. 陈琳、潘蜀健:《房地产项目投资》,中国建筑工业出版社,2004
22. 王伟、张锦波:《房地产投资》,西南财经大学出版社,2004
23. 宋念慈、钟百根:《财务数学》,对外经济贸易大学出版社,1995
24. 梅建平、廖咸兴、李阿乙:《不动产投资概论》,上海人民出版社,1996
25. 王鹏著:《网络经济中房地产企业经营变革》,中国人民大学出版社,2003
26. Richard M. Betts:《不动产评估基础》,汤姆森学习出版集团,2002

后　　记

在本书的撰写过程中，我们参阅了大量相关著作和论文，借鉴和吸收了国内外专家学者的许多研究成果，谨将其中一些著作、教材在书中列出，如有疏漏，恳请谅解，在此深表感谢。

全书共分十章，王新军编写了本书的第一章、第二章、第五章、第八章、第九章及附录，王霞编写了本书的第三章、第四章、第六章、第七章及第十章。

图书在版编目(CIP)数据

房地产经营与管理/王新军等编著. —上海:复旦大学出版社, 2005.3(2024.8 重印)
(房地产系列教材)
ISBN 978-7-309-04345-7

Ⅰ. 房…　Ⅱ. 王…　Ⅲ. 房地产-经济管理-教材　Ⅳ. F293.3

中国版本图书馆 CIP 数据核字(2005)第 000880 号

房地产经营与管理
王新军　王　霞　编著
责任编辑/盛寿云　戚雅斯

复旦大学出版社有限公司出版发行
上海市国权路 579 号　邮编: 200433
网址: fupnet@fudanpress.com　http://www.fudanpress.com
门市零售: 86-21-65102580　团体订购: 86-21-65104505
出版部电话: 86-21-65642845
常熟市华顺印刷有限公司

开本 850 毫米×1168 毫米　1/32　印张 11.5　字数 288 千字
2024 年 8 月第 1 版第 14 次印刷
印数 30 101—31 700

ISBN 978-7-309-04345-7/F · 960
定价: 28.00 元